Super Mums

Parfaitement imparfaites !

DELINDA DANE, LUDIVINE DELAUNE,
SONIA ESKA, NOÉMIE LORENA

Super Mums
Parfaitement imparfaites !

Déliées

À toutes les femmes parfaitement imparfaites.

1

Ninon

Ouvrir la porte tout doucement, entrer dans l'appartement à pas de loup… Autant qu'un loup fatigué peut le faire, et poser tout son barda à même le sol parce que… parce qu'il est deux heures du matin, parce que je repars dans peu de temps et parce que… merde, je suis chez moi, je fais ce que je veux !

– Tu rentres ou tu sors ?

Je sursaute et me retourne pour contempler ma mère qui s'avance vers moi, enroulée dans sa robe de chambre. Elle a les cheveux en bataille, le visage épuisé d'une veuve de 60 ans qui vit avec sa fille et ses deux petits-enfants.

– Je rentre. J'ai été appelée pour une enquête décès. Rien de grave, maman…

– Ninon, je ne m'habituerai jamais à t'entendre dire « décès » et « rien de grave » dans la même phrase. Tu es en intervention depuis quelle heure ?

– La salle de commandement m'a contactée à minuit. Je m'étais couchée à peine une demi-heure avant… J'espère que le reste de la nuit va être calme. Va dormir, maman, désolée de t'avoir réveillée.

– Ne t'inquiète pas, je bois un verre d'eau et je me recouche. Au lit, ma fille ! Ce téléphone de malheur peut sonner d'une minute à l'autre.

Je passe devant elle, dépose un baiser sur sa tempe et entre dans le couloir menant aux chambres. Je devrais suivre ses conseils, mais mon instinct me pousse à ouvrir la porte de droite pour entendre la respiration régulière de ma petite puce. J'approche du lit et me penche afin de remettre la couette sur le corps miniature, endormi et paisible de ma fille de 5 ans. Un doux baiser sur sa joue rebondie me redonne une sorte d'énergie improbable, je ressors en marche arrière, la gardant le plus longtemps possible dans mon champ de vision. Puis, j'ouvre la porte grinçante de la chambre suivante et vois le buste de mon fils se relever par surprise.

– C'est maman, mon chaton…

Son torse s'écroule en arrière et le petit ronflement adorable de mon dynamique garçon de 3 ans reprend. Encore cette couette à replacer, ce baiser tendre à déposer et cette fuite, sans le lâcher des yeux. Mon Dieu, que j'aime mes enfants, plus que tout l'or du monde ! Mais lorsqu'ils dorment, je crois que je les vénère. Ils sont beaux, sentent bon, acceptent ma douceur sans bruit.

Quel bonheur !

Maintenant, c'est ma chambre, mon lit, ma respiration qui se calme et je sombre dans les bras de Morphée. Quelle sensation délicieuse, la tension baisse au même rythme que mes paupières et je me sens déjà toute légère, prête à faire des rêves à n'en plus…

– Mamaaaaaaaaaaaaaan !

Oh, putain ! Finalement, je les déteste !

Je me relève d'un bond et cours dans le couloir pour rejoindre Salomé. Pourtant, c'est elle la plus sage, elle qui se débrouille le mieux… Pourquoi faut-il qu'elle m'appelle l'unique nuit où son frère dort ?

Pourquoi ?

– Qu'est-ce qu'il y a, ma puce ?

– Bah, j'ai eu peur parce que j'avais enlevé ma couette, mais elle est revenue toute seule sur moi. Tu crois qu'elle a des pouvoirs magiques ?

Eh bien voilà…

À quoi ça sert de faire la mère parfaite et d'embrasser ses enfants en pleine nuit ? La prochaine fois, elle pourra bien congeler sur place que je ne l'aiderai pas !

Chier !

– C'est moi qui suis venue te border, mon ange. Les couettes n'ont pas de pouvoirs.

– Mais pourquoi tu m'embêtes ? T'es pas gentille, maman !

Mâchoire serrée, inspiration lente et contenue…

– Oui, moi aussi je t'aime, bonne nuit.

Je sors en essayant de me calmer, tombe nez à nez avec ma mère et son air accusateur.

– Quelle idée d'aller les border à cette heure-ci ! Je ne faisais pas cette erreur, moi.

– Ça ne risquait pas, tu n'étais jamais là.

– Tu ne peux plus me faire de reproches, je me rattrape nettement maintenant.

Surtout ne pas rentrer dans ce débat en plein milieu de la nuit et profiter de l'occasion pour lui demander de jouer à la baby-sitter parfaite.

– Tu as raison. D'ailleurs, samedi prochain, j'ai une soirée avec Lynéa, donc je t'embauche comme nounou. Merci !

Je n'attends pas sa réponse, ferme la porte de ma chambre et saute dans mon lit, espérant m'endormir le plus rapidement possible.

***

Une sale musique me perce les tympans, j'ai du mal à repérer d'où elle peut provenir… Mon cerveau s'extrait péniblement de son sommeil profond et s'active tout à coup à la vitesse de la lumière.

Bouge ton cul, Ninon, c'est le boulot !

Je grogne, de dépit, de fatigue et d'excitation en entendant mon téléphone sonner. Il est greffé à mon corps depuis le vendredi matin où je prends mon astreinte, jusqu'au vendredi suivant, où je la rends. Toujours cette même ébullition au départ et ce soulagement à la fin, oscillant entre les constatations d'accidents, de violences en tout genre et autres faits délictuels et criminels ; mon quotidien est dénué de routine. Dimanche a disparu, la lueur du lundi commence à pointer son nez, et j'ai dormi à peine six heures depuis que je suis en possession de ce mobile de malheur… Je tends difficilement le bras jusqu'à la table de chevet et décroche.

– Identité judiciaire, j'écoute !

– Salut, c'est encore la salle de commandement. Je te réveille ?

– Non, il est cinq heures du mat', je faisais une séance de stretching. C'est pour quoi ?

– Ninon, j'adore ton humeur matinale… Tu dois te rendre

au 95, rue Maréchal-Juin pour un incendie. Le feu a ravagé la Maison des associations et certains appartements des immeubles alentour ont également chauffé.

– Je peux y aller dès maintenant ou ça crame encore ?

– Les pompiers terminent et l'officier t'attend sur place.

Je m'habille à la hâte, prends le temps de griffonner un mot pour ma famille sur le bloc-notes posé sur la table de la cuisine et file faire le travail que j'aime !

***

J'ai dit quoi déjà ?

Ça fait deux heures que je mitraille les décombres fumants de la Maison des associations avec mon appareil photo. C'est sale, ça pue, il pleut et j'ai faim. Et sommeil aussi… c'est la misère ! Les enfants sont à l'appartement, au chaud, et avalent leur petit déjeuner. J'ai envie d'être avec eux, de les prendre dans mes bras, de leur faire des câlins et de parler de leur journée…

Quoique…

Lenzo va bien réussir à renverser son bol de lait et ébouillanter sa sœur, tandis que Salomé va hurler lorsqu'il faudra lui brosser les cheveux. Finalement, j'opte pour la pluie et la suie, mais si je pouvais juste avoir un croissant ou un truc à me mettre sous la dent, ça ne serait pas de refus.

– Ninon, viens par ici !

Marc, l'officier de liaison, approche en faisant de grands signes. Je m'extrais des décombres pour le rejoindre.

– Je te présente le commandant Lebraux, il organise les opérations et a une demande particulière à formuler.

Je réponds par un hochement de tête, attendant que le pompier enlève son casque rutilant. J'imagine que ce n'est pas lui qui a passé des heures à éteindre ce feu, vu la propreté de son uniforme. Je n'aime pas la hiérarchie, les grades et la discipline que cela entraîne. Pourquoi alors suis-je fonctionnaire de police ? La question est intéressante, mais ce n'est ni le lieu ni l'heure d'ouvrir ce genre de débat. J'ai à peine commencé ma journée et je suis déjà trop épuisée pour philosopher.

Mais non, suis-je bête, ma journée a débuté il y a soixante-douze heures !

Le commandant se découvre enfin la tête et je reste quelques secondes à observer les traits de son visage cachés sous une barbe fournie mais entretenue. Je remonte un peu et évite de montrer mon plaisir en plongeant dans son regard océan.

Finalement, je veux bien qu'il me donne des ordres.

Il a tout ! Il est grand, large d'épaules – je peux le déceler sous son gros manteau ignifugé –, certainement musclé vu son métier. J'ai envie de coller sa bouche pulpeuse entre mes jambes et je reste en haleine lorsqu'il ôte ses gants pour me serrer la main.

Par pitié, faites qu'il n'y ait pas d'alliance... Et merde !

– Bonjour, Marc dit que vous seriez la personne idéale pour mes exigences.

Ce n'est pas faux, je suis même la personne idéale pour tes nuits, et peut-être bien pour ta vie, si jamais tu penses un jour enlever cet anneau de malheur !

En attendant, mon excitation est au point mort et ma motivation a foutu le camp. Je lui fais signe malgré tout de continuer à parler, puisant dans mon instinct professionnel. Il poursuit en me souriant, puis pointe son doigt vers une tour voisine.

– Pour avoir une vision d'ensemble, j'aimerais que vous preniez des photos depuis les toits de l'immeuble. Cela nous permettrait de déterminer le lieu du départ de feu.

Mais bien sûr !

J'ai dormi trois heures cette nuit, donc, pour me fatiguer un peu plus, autant grimper un bâtiment de sept étages par les escaliers. Faut pas me prendre pour une demeurée, je sais que l'électricité est coupée dans le quartier et que l'ascenseur est hors d'usage. Vive la séance de step gratuite… Et merci qui ? Merci commandant « Beau gosse » Lebraux.

Au cinquième palier, je fouille frénétiquement dans toutes les poches de mon blouson de travail pour trouver mon téléphone qui hurle telle une alarme de voiture. En regardant le nom de l'appelant, j'ai juste envie de raccrocher, ou de le balancer par une fenêtre, mais je glisse malgré tout le doigt vers l'icône verte.

– Oui, maman, il y a un problème ?

– Je cherche le cartable de Lenzo partout. Une idée ?

N'ai-je donc rien d'autre à faire que de savoir où se trouve le sac de mon fils ?

– Aucune idée et je suis occupée, alors qu'il parte sans, c'est pas grave.

La voix de ma mère vrille, je déteste sa façon de dramatiser notre quotidien et souffle un peu plus en accédant au sixième étage.

– Mais tu n'y penses pas, ton fils est désespéré et je ne sais pas quoi faire !

– Son cartable ne sert à rien, Lenzo est en maternelle, bordel ! C'est juste une déco inutile et… Allô ? Allô ?

Ah oui, je déteste aussi lorsqu'elle me raccroche au nez.

Parfois, je rêve de lui hurler dessus ou de la secouer comme un pantin désarticulé, la virer de chez moi, lui botter les fesses, ou… Mais je suis une maman célibataire et je n'ai d'autre choix que d'accepter ses sautes d'humeur en contrepartie de son aide.

C'est ma croix…

J'arrive en haut de l'immeuble. Je ne pense qu'à me laisser tomber dans le vide tant la fatigue et l'énervement m'oppressent. Lorsque je suis d'astreinte, j'aimerais oublier le reste du monde, ne me consacrer qu'à mon travail, à la précision que chaque intervention me demande. C'est compter sans mon quotidien en pagaille et ma vie à mille à l'heure. Je regarde les décombres trente mètres plus bas, ça fume toujours. Ce tableau résume bien mon humeur du jour, un désordre sombre et dangereux dont on ne connaît pas encore la cause. Vivement le week-end et cette soirée entre copines que j'attends avec impatience. C'est mon seul moment de répit, mon unique récréation… Quelques heures négociées pour souffler et redevenir une femme.

J'ai besoin de picoler !

Je pense au cocktail que je pourrai me préparer tout en déclenchant mon appareil photo. Je balaye la zone pour n'oublier aucun détail et envisage de redescendre, vu que mes cuisses ont fini de souffrir, lorsque mon portable sonne.

Pitié, mais foutez-moi la paix !

Je retrouve mon téléphone perso rapidement pour constater que c'est mon mobile professionnel qui hurle dans une autre de mes poches. Je touche le fond, avec l'envie furieuse de me cacher sous la couette et me réveiller le jour de ma retraite. Je veux oublier le monde vivant et hiberner dans les profondeurs d'une grotte, mais… pour l'instant, je décroche.

– Oui !

– Euh… Ninon, c'est Thibault. Est-ce que vous pouvez…

– Thibault qui ? Non parce que, soyons clair, entre ma mère qui me tape sur le système, mon manque de sommeil et un pompier sexy qui m'a fait monter sept étages pour établir un beau rapport à sa hiérarchie, je n'ai pas ma journée, alors sois concis !

– C'est le pompier en question… Le commandant Lebraux. Hum, je… je voudrais que vous fassiez des clichés de la zone la plus excentrée. Rapprochez-vous du bord, je vais vous montrer d'où je suis.

– Je peux savoir qui vous a donné ce numéro ?

– C'est Marc. L'interrogatoire est terminé, on peut travailler ?

Respire Ninon, respiiiiiire. Tout ça n'est qu'un malentendu. Tu vas t'avancer en oubliant tes idées suicidaires et exécuter les ordres. Rien de plus simple, tu es faite pour ça.

Le commandant me montre ce qu'il veut en pointant la main vers l'entrée opposée. Il est séduisant, même d'ici, ce qui lui donne un sacré avantage pour ne pas se faire envoyer balader.

– C'est bon, vous avez réussi à zoomer sur la zone ? me demande-t-il avec insistance.

– Évidemment, vous croyez quoi ? Vous avez d'autres instructions ou je peux descendre ?

– Je vous attends en bas, merci.

« Je vous attends en bas… Je vous attends en bas… » Il n'a pas autre chose à faire, sérieux ? Il n'a pas d'hommes à aider, un rapport à pondre, des consignes à diffuser à son équipe ? Je n'ai pas besoin qu'il m'attende, je n'ai pas envie de parler. Je veux juste rentrer au bureau, avoir le temps de boire un litre de café serré et m'abrutir devant mon ordinateur pour sortir les albums photographiques de mes dernières interventions. Je ne suis pas très sociable lorsqu'il me manque quelques heures de sommeil, donc quand il s'agit de plusieurs nuits, je deviens exécrable.

Je tente de l'éviter en m'écartant de la zone sinistrée, mais il m'alpague et parle d'une voix plus douce.

– Merci pour votre travail, je pense que notre expert en incendie serait intéressé par vos clichés. Est-il possible de les récupérer ?

Je lui dis ou pas que je ne bosse pas pour les autres, que mes photos sont pour les enquêteurs et que son expert à la con peut aller se faire... ?

Non, je ne lui dis pas.

– Je donnerai mon album à Marc, il le fera suivre si besoin.

Le soldat du feu penche la tête et commence à sourire en continuant ses interrogations. Mon Dieu qu'il est attirant, quel dommage que son large manteau cache son corps ! J'aurais aimé le détailler, par curiosité, par envie, pour récompense.

– Mauvaise nuit ?

– Courte. Vous avez besoin d'autre chose ?

– Une dernière question, si vous me le permettez...

Ai-je une alternative ? Je lui fais un signe du menton en essayant de ne pas être trop désagréable. Il continue sur sa lancée, sans se départir de ce sourire insupportablement délicieux.

– Vous êtes toujours comme ça ou c'est le manque de sommeil ?

– Je choisis la seconde option. Je peux y aller ?

– Je vais attendre un peu pour le reste. Bonne journée, Ninon.

Il se retourne déjà et je réagis avant qu'il ne sorte de mon champ de vision.

– Attendre pour quoi ?

Il ne répond pas et, après tout, peu importe. Il patientera pour avoir ses clichés et les précisions que je peux apporter à l'affaire. Je me dirige vers mon véhicule d'intervention avec une motivation toute feinte et je range mon matériel dans le coffre : appareil photo, bottes, veste, masque de protection… Je récupère mon blouson de civil sur la banquette arrière et m'insulte en contemplant ce qui se cachait dessous.

Le cartable de mon Lenzo.

Je suis la pire des mamans de l'univers. Parce qu'une vraie maman foncerait à l'école y déposer le précieux de son fils. Je n'ai pas le temps, alors je vais relever le menton et continuer ma journée.

Je suis une mauvaise mère, mais j'assume… Enfin, presque.

2

Lynéa

Elle s'appelle Lynéa, 34 ans, heureuse maman de jumeaux de 6 ans. Un sourire blanc éclatant, des cheveux bruns, longs, ondulés grâce à Rodrigue, le coiffeur du bout de la rue. Un regard chocolat un peu éteint, mais rehaussé d'un maquillage savamment étudié. Depuis des années, elle sait gommer ses défauts et mettre en avant ses atouts. Une aide précieuse quand on évolue, comme elle, dans le monde d'une importante maison d'édition parisienne.

Parce que oui, Lynéa est agent littéraire. Un boulot de rêve, des heures de lecture, d'organisation d'événements et de discussions avec les auteurs. Mais tout rêve a un prix, elle en a conscience, pourtant, elle ne veut pas encore se l'avouer…

On la surnomme Line, elle est mariée depuis dix ans à Marcus, un aristocrate. Digne héritier des hôtels les plus prisés du pays. Un homme socialement charmant, déraisonnablement attiré par les courses automobiles et hautement cultivé. Jamais Line ne s'ennuie avec lui, sauf les soirs en semaine et le dimanche. La solitude prend le dessus, mais sa force de caractère l'aide à combler le vide.

Line n'aime pas raconter leur rencontre, parce qu'elle en a honte, même après plus de treize ans. Il y a des blessures qui ne se referment pas complètement. Et la perte de ses parents en est une…

Cette soirée-là, elle avait loué la plus belle suite de l'hôtel. Avec un lit rond qu'elle n'a jamais utilisé. Une baignoire jacuzzi dont elle ne s'est jamais servie. Une fois le minibar vidé de son contenu, elle avait enfilé la robe offerte par son père et ses escarpins. La même tenue qu'elle portait à l'enterrement, la semaine précédente. Une couche de mascara n'avait pas réussi à faire oublier ses yeux gonflés par les larmes.

Courage. Dans quelques minutes, tout sera terminé.

Dans la vie, on se rassure comme on peut. Elle surtout, en manque de repères, en manque d'amour, en manque d'espoir, en manque de tout…

Quand elle a ouvert en grand la porte-fenêtre, l'air était venu fouetter son visage. La vue était imprenable sur les toits parisiens. En se penchant sur le côté, elle avait même aperçu un bout de la tour Eiffel illuminée. Dans la rue, en bas, les passants se promenaient. Les gens faisaient la queue pour entrer dans le restaurant d'en face. Les rires fusaient. Le monde continuait de tourner et ça, Line ne pouvait le supporter. Parce que le sien s'était arrêté le soir de l'accident…

La vue depuis le toit-terrasse était splendide. Le vide tellement tentant. La douleur trop présente. Line pensait qu'il suffisait d'abandonner pour ne plus souffrir. Alors elle s'était hissée sur le rebord. Les bras le long du corps et le cœur explosé. Elle avait porté à ses lèvres sa dernière cigarette. En fredonnant la chanson « Sail to the Moon » de Radiohead, elle avait fermé les yeux. Se souvenant de la voix de son père quand il la lui chantait le soir. Se rappelant la douceur de sa mère…

Papa et maman, j'arrive.

Et puis une voix avait brisé son silence. Neutre. Avec un accent, sous lequel perçait une pointe d'aristocratie.

– Ton corps sera éparpillé en des dizaines de morceaux. Franchement, ce serait du gâchis, tu ne trouves pas ?

En sursautant, elle avait failli tomber.

Manquerait plus que je me suicide sans le faire exprès !

Une chute de trente-six étages, ça se prépare, bon sang ! Contemplant ce grand brun en costume-cravate, Lynéa lui avait littéralement craché sa haine.

– Dégage de ma chambre !

– Techniquement, j'appellerais plutôt ce lieu une terrasse.

Plus il parlait, plus il s'approchait. Et plus elle l'écoutait, plus elle revenait dans le monde réel. Ne se laissant plus dominer par une profonde tristesse, mais par un tout autre sentiment : la colère.

– Qu'est-ce que tu fous ?

– Je te sauve la vie.

Sans lui donner le choix, il l'avait attrapée par le bras. En tirant d'un coup sec, il l'avait fait basculer contre son torse. Se débattant, Lynéa avait voulu remonter sur le bord de la terrasse. Pour, cette fois-ci, voler dans le vide. Il l'avait alors ramenée à lui.

– Lâche-moi !

– Jamais.

Les sanglots enrouaient sa voix à elle. Tandis que sa volonté à lui grandissait.

– Pourquoi tu ne me laisses pas sauter, merde ?

– Parce que j'aurais aimé que quelqu'un empêche mon frère de le faire…

Puis il avait passé la main dans ses cheveux, l'odeur de son parfum ambré et épicé était venue s'infiltrer dans l'air. Ses yeux bleu foncé, sa bouche charnue, sa barbe naissante et surtout son aura. Tout en lui avait réveillé ses sens à elle.

Depuis, Marcus ne l'avait plus lâchée…

Lynéa, cette enfant qui rêvait de parcourir le monde en bateau, cette petite fille brisée d'avoir perdu ses parents, cette femme éprise de liberté, oui, c'est moi !

***

Plongée dans mes souvenirs, je finis de me préparer en vaporisant un peu de parfum *La Petite Robe noire* sur ma propre tenue. Jupe crayon bleu marine, veste cintrée rouge et petit haut fluide blanc en dessous. J'insère des anneaux en or à mes oreilles et je tente de dompter mes cheveux, en vain. J'attrape un élastique, entortille ma crinière en un chignon coiffé-décoiffé. Un terme qui ne veut rien dire, d'ailleurs : soit c'est l'un, soit c'est l'autre. Par exemple, on ne peut pas dire propre-sale. C'est inconcevable ! J'applique une couche de mascara noir sur mon œil droit quand ma tranquillité est mise à mal.

– Mamaaaaaaan ! Hugo a caché mon cartable !

Oh non !

La voix de Nolan me ramène à la réalité. Il est sept heures cinquante-cinq, l'école commence à huit heures vingt.

Faites que la route ne soit pas encombrée !

Prier pour ne pas avoir de bouchons, c'est comme espérer ne pas grossir en étant gourmande. Inconcevable aussi ! Je rentre la tête dans les épaules sans répondre à mon fils. Grave erreur ! Il crie de plus en plus fort.

– MAMAAAAAAN !

Prise au piège, je pars les rejoindre dans l'entrée. Mes petits monstres bruns se chamaillent à coups de tirage de langue et de grimace. De la violence silencieuse, c'est nettement mieux que des coups de poing ! Je n'ai pas le temps de les admirer, de constater que leur ressemblance est si frappante que peu de personnes arrivent à la différencier. Ils mesurent la même taille, leurs cheveux ont la même implantation et leurs yeux chocolat possèdent les mêmes reflets dorés. Le comble, c'est qu'ils pèsent le même poids à vingt grammes près, comme à leur naissance. Six ans d'un bonheur multiplié par deux, et tous les inconvénients aussi !

– Stop ! Vous avez de la chance d'avoir un frère et vous ne vous en rendez pas compte !

– C'est lui qui a commencé !

Hugo tente de se justifier ; dénoncer l'autre, c'est leur jeu favori.

– Mais maman !

Nolan est dans la négociation, mais je n'ai ni l'énergie ni l'envie de faire l'avocat du diable !

– Je ne veux pas de disputes, bon sang !

– J'aurais préféré avoir un chien !

Je reconnais bien là l'humour un peu douteux de mon Nolan.

– Au moins, tu n'as pas besoin de ramasser les cacas d'Hugo. Et crois-moi, c'est une chance non négligeable !

– Beurk, maman !

Ils se pincent tous les deux l'arête du nez. Je souris en regardant ma montre et manque de m'étrangler.

Ça recommence !

– Argggggggghh ! Viiiiiite ! Enfilez vos manteaux. Hugo, où est ta basket gauche ?

Je me jette à terre pour chercher sous le meuble à chaussures. Rien. Mon regard balaye le sol tel un chien de chasse. Rien. Je m'apprête à me relever quand mes yeux se posent d'instinct sur les pieds de Nolan.

– Tu n'as pas remarqué que tu avais mis deux baskets gauches ?

Mon fils, plein d'innocence et de flegme, me sourit de toutes ses dents.

– Bah non, maman !

Je n'ai plus assez de temps pour m'énerver. J'attrape au hasard des chaussures que je fourre dans un sac en plastique. Mes escarpins noirs enfilés, mon trench passé, je presse un peu plus la troupe.

– Hugo, prends les cartables, Nolan, appelle l'ascenseur !

Chaque seconde compte dans ces moments-là. J'ai l'impression d'être aux Jeux olympiques. Avec un chronomètre dans le cœur.

Tic tac.

– Il arrive, bon sang !

– Je suis sûre qu'il est bloqué à l'étage de Mme Bouvard.

Je peste. Cette rombière se croit tout permis. Je suis sûre qu'elle le monopolise exprès !

Tic tac.

Je tapote du pied jusqu'à ce que j'entende le bip m'indiquant la présence de l'ascenseur. Il nous descend au sous-sol.

Une fois la voiture récupérée, je slalome dans les rues de Paris. Bloquée à un feu rouge, je jette à l'arrière le sac de chaussures.

– On va faire un jeu. Vous allez devoir retrouver votre deuxième basket.

– Moi, j'ai pas envie.

Je vois Nolan bouder. Ça sent la crise à plein nez ! Je dois déjouer le processus qui s'enclenche !

– Si tu la trouves, tu auras droit à un dessin animé ce soir !

Le chantage ! Mon arme ultime ! Celle dont je suis le moins fière, mais qui a le don de fonctionner à chaque fois.

– Moi aussi, maman ?

– Bien sûr, Hugo !

Quand j'aperçois un camion poubelle au loin, je bifurque dans la rue Marie-Curie.

Bravo, Lynéa, tu as gagné deux minutes sur ton chrono !

Les petites victoires sont les plus importantes, à mes yeux. Je rétrograde, regarde dans mon rétroviseur. Quand on est une maman souvent en retard, comme moi, on connaît par cœur les raccourcis ! Quinze minutes plus tard, j'ai réussi ! Je suis presque à l'heure.

Je gare la voiture en double file, attrape les mains de mes garçons et cours. J'ai l'impression de moins culpabiliser si j'arrive essoufflée devant la grille de l'école ! Je m'arrête juste avant et m'agenouille. Exercice périlleux avec une jupe crayon ! Je ferme quelques secondes les yeux pour trouver mon équilibre. Mes bras s'ouvrent pour accueillir les câlins de mes enfants, pour sentir leur odeur, pour embrasser leurs petites joues moelleuses. Sauf que rien ne se passe. Mes paupières se soulèvent et je les vois de dos en train de courir jusqu'à leur cour.

Une pointe de tristesse me pique le ventre. Ma voix chevrote quand je leur crie :

– Et mon bisou ?

– Demain !

Qu'ils sont ingrats ! Je balaye des yeux les parents qui repartent de l'école. Je ne vois pas le visage souriant de Ninon ce matin. C'est un problème. Parce que le lundi matin, je déteste. Je boude quelques secondes. Puis je me rappelle qu'elle est d'astreinte aujourd'hui. Elle aura des choses croustillantes à me raconter samedi… D'ailleurs, je demanderais bien à Delilah, ma collègue, de venir aussi. Une soirée filles, sans tabous, j'aime ! Cette idée me remonte un peu le moral, et je repars le cœur plus léger jusqu'à ma voiture.

Tic tac.

La course reprend ! Trente minutes plus tard, je suis dans les locaux de la maison d'édition la plus connue du pays. Une fois mon trench accroché au portemanteau et mon ordinateur allumé, je me dirige vers la machine à café dans la salle de pause.

– Ah, Lynéa, te voilà !

J'entends la voix de mon amie avant de l'apercevoir.

– Quand vas-tu arrêter avec cette blague ?

Mi-amusée, mi-exaspérée, je me retourne pour lui faire face.

– Tu devrais être flattée, Alinéa a sorti une superbe gamme de canapés !

– Moi aussi, je suis contente de te voir, Delilah !

Nous nous faisons la bise. Sans elle, mes journées au travail seraient bien monotones. C'est le soleil de la boîte !

– Je dois te laisser, j'ai rendez-vous avec Jo Renolds dans dix minutes !

– Celui qui a écrit *De rouge et de boue* ?

– Lui-même !

– Bon courage, ma Line !

Il m'en faudra, avec un énergumène comme lui ! Un auteur grandiose, mais qui croit que se doucher enlève le talent de ses pores. Avant que je ne passe la porte de la salle, Delilah m'interpelle.

– Tu penseras à maquiller ton deuxième œil !

Je sens que la journée va être longue…

3

Delilah
Une heure plus tôt

Mes mains tremblent sans que je ne puisse rien y faire, fichu stress ! Je n'avais vraiment pas besoin de ça en ce moment, et encore moins de deux semaines de retard. Quand vais-je arrêter de l'être pour tout ? Même jusque dans mes… grrr.

Seigneur !

Ne serait-ce que d'envisager la possibilité que… C'en est trop ! Putain, non ! À genoux sur le marbre gelé, j'adresse une prière muette pour que ce satané test se révèle négatif. Les membres inférieurs engourdis par le froid, sensation désagréable, et tellement, mais tellement dérisoire, par rapport à ce qui m'attend si jamais…

Du bout des dents, je déchire l'emballage, en retire l'objet qui scellera mon sort et me place sur la cuvette en espérant viser juste. Quand c'est fait, je referme le test et attends. Les secondes s'égrènent. Vite. Trop vite.

Une barre.

Je retiens mon souffle, secoue machinalement la tête de gauche à droite.

Puis une seconde apparaît. Je cille. Ne veux pas y croire. Pourtant, les deux traits roses sont bien là... Telle une gifle, ils me percutent violemment. Viennent me narguer comme pour me prouver à quel point je suis nulle.

Je suffoque. Le besoin d'air se fait sentir. Sous mes pieds, le sol vacille, se dérobe. Au dernier moment, je me raccroche à la vasque. Des points noirs dansent sous mes paupières. Merde, je sens poindre la crise d'angoisse.

Reprends-toi, Delilah !

Sur la boîte, ils parlent de cinq minutes. Pourquoi toute mon existence se trouve-t-elle alors bouleversée en moins de quinze secondes ? Cinq minutes de répit, était-ce trop demander ? Visiblement, oui. Il me restait pourtant quatre minutes et quarante-cinq secondes, que l'on vient de me voler et durant lesquelles ma vie aurait encore été la même. Pas tout à fait parfaite, mais qui me convenait parfaitement. Je sèche mes larmes silencieuses d'un revers de la main, réajuste ma jupe droite – cadeau que je venais de m'offrir pour fêter la perte de mes kilos en trop, souvenir de ma grossesse. Cette dernière remonte tout juste à un. Deux. Trois. Quatre. Cinq. Six.

Six mois.

Un coup d'œil sur ma montre m'indique que je risque d'être en retard si je ne me bouge pas immédiatement. J'inspire profondément. Tamponne délicatement le coin de mes yeux dégoulinants de noir. Pince mes joues, une fois, puis deux. Me débarrasse des indices de la scène de crime dans la corbeille et planque le test sous la pile de serviettes de toilette. Je m'accorde une journée pour prétendre que tout va bien… En apparence, uniquement.

Je sors de la salle de bains et trouve ma petite merveille qui m'attend dans ma chambre. Sauter sur mon lit, elle adore ! Mon moral au ras des pâquerettes remonte instantanément.

– Ma chipie, qu'est-ce que maman te répète tout le temps ?

Elle lève son visage d'ange vers moi sans pour autant s'arrêter de sauter joyeusement. Dieu qu'elle est belle ! Un parfait mélange de lui et de moi.

– De ne pas sauter sur ton lit ?

Ses yeux : chocolat et noisette. Malicieux. Innocents. Si doux.

Ma fille, une miniversion de moi, en beaucoup plus parfaite.

– Et donc ?

– Mais maman, le tien est trop bien ! Il rebondit plus que le mien.

– Ça, je n'en doute pas.

Je pourrais rester des heures à la contempler sans jamais me lasser. Sauf que je n'ai pas des heures, j'ai à peine dix minutes.

– Mon bisou, ma puce, maman va être très en retard au bureau.

J'ouvre grand les bras pour accueillir ma petite canaille qui se jette à mon cou. Je la respire. J'emplis mes poumons de son odeur sucrée, de rose et miel. Mon parfum préféré au monde.

Ma dose de bonheur.

– Maman, pourquoi tu dois travailler ?

Bonne question…

– Parce qu'il le faut, ma puce.

– D'accord, maman.

Ai-je mentionné combien je l'aime ? Ma fille, ma chair, mon sang, mon âme. La meilleure partie de moi.

Avec un sourire et un geste de sa petite main, Hana me quitte pour trottiner jusqu'à sa chambre où elle va probablement faire la classe à ses poupées en attendant l'heure d'aller à l'école.

Dans le séjour, Louise, ma nounou – qui touchera bientôt plus que moi – donne son petit déjeuner à Loan, 6 mois depuis une semaine. Deux petites mains potelées de part et d'autre de son biberon.

Qu'il grandit vite... Très vite, trop vite. Mon cœur bondit dans ma cage thoracique quand il me regarde avec ses grands yeux gris. En admiration devant mon bébé, le temps s'arrête...

– Delilah, vous allez être encore en retard !

Elle n'a pas tort.

– Très juste. Merci, Louise.

Un bisou à mon fils, le deuxième homme de ma vie après son père.

– À ce soir, mon cœur.

Hana et son petit frère sont ma raison de vivre. Aucun doute là-dessus ! En revanche, et c'est bien le hic : je n'en désirais pas d'autre. Et certainement pas aussi rapproché de Loan. Sur cette note, tout à coup moins positive et douloureux rappel de ce qui grandit en moi, je me dirige vers l'entrée. Ma bonne humeur envolée, j'enfile ma veste, attrape mon sac à main et quitte mon appartement qui deviendra, dans quelques mois, trop petit pour nous quatre.

Comment vais-je l'annoncer à Auxence ? Il adore nos enfants, ce n'est pas le souci. Étant fils unique, il a toujours rêvé de fonder une famille nombreuse. L'ennui, c'est qu'il travaille déjà énormément. Agent immobilier à son compte, nous ne le voyons vraiment pas beaucoup. Alors avec un autre petit bout en plus, je n'imagine pas ce que ça va donner ! Il va forcément devoir enchaîner les heures sup' !

Quant à ma belle-famille… J'ai la chance d'avoir une BM (comprendre « ma belle-mère » et non « ma caisse », n'est-ce pas ?) qui ne me porte pas dans son cœur pour avoir « volé » celui de son fils. Là, c'est clair, je peux toujours courir pour espérer qu'elle m'apprécie ne serait-ce qu'un peu. D'ailleurs, c'est ce que je suis précisément en train de faire afin de choper mon train. Parce que je suis en retard… de deux putains de semaines !

Rien que d'y songer, une boule de la taille d'une maison m'obstrue la gorge.

N'y pense pas… Une courte trêve, tu te souviens ?

Oui !

Non…

Moins de vingt minutes plus tard, un éclatant sourire de façade plaqué sur la tronche, je tire sur la lourde porte en verre trempé et pénètre dans les locaux de la maison d'édition la plus en vogue du moment, « Et Si Éditions ». Une place que beaucoup m'envient, celle d'éditrice.

Désolée, les garces… ce job… j'en ai rêvé et il est à moi !

J'ai même dû reprendre mes études pour parvenir au niveau de certains de mes collègues « bardés de diplômes ». Je me suis battue de toutes mes forces pour avoir le poste, et ce n'est pas qu'une métaphore ! Si, si, j'ai bien dû donner quelques coups d'épaule le jour de l'entretien. Heureusement, rien de trop méchant. J'en veux, mais pas au point de finir en garde à vue… Quoique, avec l'amie de Line, la flic, ça pourrait être drôle, non ? Ninon est plus que géniale. Cependant, pour la case prison, je préfère tout de même passer mon tour.

Où en étais-je ? Ah oui, un café. J'entre dans mon bureau, dépose manteau et sac à main en vrac sur le fauteuil et allume l'ordinateur. Un tintement sonore jaillit, ainsi qu'un bruit de turbines. Pendant que l'antiquité se met en marche, je file à la salle de pause pour ma dose de nectar des dieux.

Des pas dans le couloir accompagnés d'une démarche que je reconnais immédiatement. C'est Lynéa ! Ma collègue et amie. Je ne peux m'empêcher de la taquiner en remarquant son visage : la pauvre n'a maquillé qu'un œil. Soit elle lance une nouvelle mode, soit elle en bave autant que moi… Je penche plus pour la seconde hypothèse. Avec ses deux beaux diables de 6 ans, je n'en doute pas une seconde !

Lynéa, je l'adore ! Nous sommes entrées dans la boîte quasiment en même temps. Ce genre de chose, ce n'est pas rien. Ça a créé un lien entre nous. Étroit, indéfectible.

Nous nous soutenons.

Nous nous aidons, nous nous épaulons.

Nous ne lâchons rien malgré les coups durs.

Un gobelet fumant dans les mains, elle m'explique qu'elle a rendez-vous avec Jo Renolds.

– Celui qui a écrit *De rouge et de boue* ?

– Lui-même !

Je lui souhaite bien du courage, parce qu'avec ce gros dégueulasse, il lui en faut ! On pourrait jurer que le type se roule dans une mare de boue avant de venir nous faire grâce de sa présence. Beurk !

Quant à moi, ce n'est pas tellement mieux. Mon poulain est un auteur en herbe qui doit certainement en fumer parce qu'il est toujours un peu trop… jovial pour que ce soit naturel. Il a certes écrit un bijou criant de vérité sur la société de consommation, faisant un parallèle avec l'amour, mais le type se comporte comme s'il avait découvert comment lutter contre la faim dans le monde.

Bref, ce que j'attends de ce petit génie maintenant, c'est qu'il réitère l'expérience. Un one shot [1], c'est bien. Cependant, j'en veux plus ! Sauf que l'enfoiré me fait du chantage pour un rencard en échange de ses chapitres. Sale con !

– Delilah, bonjooour ! Ciel, mais vous irradiez de charme !

Quel mytho. Je porte la main à ma bouche et tousse légèrement pour dissimuler la grimace que je contiens difficilement.

– Bonjour, Terrence.

Il croise les bras sur le torse, l'air suffisant.

– Alors venons-en au fait, avez-vous réfléchi à ma proposition ? N'oubliez pas que je suis votre client et le client est roi, dit-il d'un ton plein d'arrogance.

Je relâche un souffle que je ne pensais pas retenir. Dieu que cette journée risque d'être longue…

---

1. Une publication dont l'intrigue tient en un seul volume.

4

Shiloh

Merde, merde, merde... Cinq minutes que je peste dans ce fichu embouteillage ! Il est à peine huit heures vingt, tous les parents sont en route pour l'école et la circulation est saturée. J'aurais dû partir plus tôt !

Mes doigts se resserrent sur le volant quand la litanie d'Emy se mélange au gong répété du G.I. Joe d'Allen sur la vitre et au fredonnement incessant de Violet. Je jure que j'émasculerai le créateur de cet hymne à la liberté si je le rencontre un jour. Libérée, délivrée... *Bullshit !*[2]

– ... et moi, je lui ai répondu que ça ne se pouvait pas ! Tu ne peux pas comparer Vianney à Bruno Mars ! Tu vois, c'est comme si on comparait ton gâteau au yaourt avec l'éclair au caramel de Cyril Lignac !

BIM ! Ça, c'était gratuit.

– ... de toute façon, je lui ai dit que, quand elle ira au concert, elle verra, moi j'irai un jour, hein, maman ? Hein, t'as promis, tu te souviens ?

---

2. Connerie !

Je passe enfin la troisième et m'insère tant bien que mal sur la voie rapide, tout en tentant de trouver une réponse à la hauteur de ses attentes et de mon porte-monnaie.

– Oui, oui, j'ai promis, je regarderai, mais tu sais… *FUUUUCK!*[3]

J'enfonce la pédale de frein jusqu'au plancher en priant, les mâchoires serrées, pour que rien ne se passe. Les secondes s'écoulent au ralenti, la voiture sur ma gauche se rapproche, l'impact pourrait faire mal ! Le bras d'Emy se tend pour amortir mon freinage excessif et le brouhaha collectif cesse, à se demander si nous n'avons pas tous arrêté de respirer. Puis, à la façon d'un vieux film sur bobine, les images accélèrent et le bruit ambiant se mêle de nouveau au ronronnement du moteur.

J'ai cru mourir… Nous ne roulions pas à plus de soixante kilomètres à l'heure, mais l'accident aurait pu nous coûter, au mieux, des frais que j'aurais peiné à payer, au pire, la vie ! Une goutte de sueur perle sur ma tempe quand j'abaisse ma vitre pour hurler sur l'enfoiré qui, penaud, s'excuse en me faisant un signe de la main.

– *Go to hell, you fuckin' bastard!*[4]

– M'maaaaaaaan !

Oh, ça va, hein!

– Tu dois un euro dans le pot à gros mots, ça fait deux euros si on compte ton « lutin » de ce matin.

Ces enfants n'oublient rien, jamais ! Et moi, je me mords l'intérieur de la joue pour ne pas insulter cette jolie nana de 10 ans à côté de moi. Oui, je l'aime, mais là… bref !

---

3. Putain !
4. Va te faire voir, espèce d'enfoiré !

Je me remets de mes émotions et allume la radio par automatisme. Je me fous de la station, de toute façon, c'est à peine si j'entends le titre qui passe. Violet continue de muscler ses cordes vocales sur la bande-son de *La Reine des neiges*. Ai-je besoin de préciser que c'est son dessin animé préféré ? Non, bien sûr que non… Allen, lui, semble apprécier ce qu'il entend et babille en rythme avec sa sœur. Je soupire lorsque Emy repart dans une explication farfelue sur les règles de son cercle de copines.

Dire que les vacances approchent… Je n'ai toujours pas rempli le dossier d'inscription au centre aéré et, avec la chance que j'ai, les effectifs seront déjà au complet et je devrai dire adieu à ce nouveau poste. Je serais tellement déçue de tirer un trait sur cette opportunité de boulot. J'ai conscience qu'elle n'est pas démentielle, mais c'est le seul job qu'on m'ait proposé en onze mois.

Je dépose les enfants dix minutes plus tard, les yeux régulièrement rivés à ma montre. Emy et Violet disparaissent derrière le portail de l'école élémentaire après un baiser volé, tandis que je contourne le bâtiment en pressant le pas, Allen dans les bras. La maîtresse me gronde du regard en me voyant arriver avec mes cinq minutes de retard habituelles. Euh…

Fuck ya, bitch ![5] *Viens dans mes escarpins et mon tailleur-pantalon trop serré avant de juger.*

Cette quarantenaire porte une belle alliance dorée à l'annulaire gauche, ses vêtements proviennent toujours d'une grande enseigne de prêt-à-porter et son parfum empeste le Chanel ou le Gucci. Alors, c'est sûr qu'à côté, je

5. Va te faire foutre, salope !

fais tache, je n'ai qu'une trace au doigt, vieille de quelques mois, ma garde-robe n'a pas été renouvelée depuis plus de trois ans et mon parfum, que j'ai subtilisé à Emy, s'appelle *La Belle et la Bête* de Nocibé.

Vis ma vie de mère expatriée, veuve, débordée et au solde bancaire négatif…

Mon cœur se serre quelques secondes devant les yeux bruns larmoyants de mon petit monstre. Les adieux sont déchirants, comme chaque matin, mais aujourd'hui, ils me piquent davantage la poitrine. Je ne pourrai pas le récupérer à midi, il devra donc, du haut de ses presque 3 ans, rester toute la journée à l'école.

Je n'ai pas le choix. Je ne l'ai jamais vraiment eu.

Je ravale la boule de tristesse dans ma gorge et souris en lui promettant de revenir vite. Comme s'il avait compris que je ne pouvais pas faire autrement aujourd'hui, il cesse de pleurer et renifle en nichant son nez dans le cou de l'ATSEM qui l'empêche de filer en douce. Je rebrousse chemin et m'impose une stature confiante et déterminée, soit l'inverse de ce que je suis d'ordinaire. Mon naturel angoissé me gâche la vie et gâche celle de mes loulous aussi. Peut-être. Sûrement.

En m'enfonçant dans la circulation matinale toujours dense, mon estomac se serre. Je n'aime pas les matins, de la même façon que je n'aime ni le café ni les viennoiseries. Certains jours, mon pays me manque, ma petite ville du Dakota du Sud aussi. La simplicité des habitants, la sympathie des commerçants, la bienveillance de nos voisins… L'odeur de la gomme chaude sur les chemins en terre aussi. J'adorais voir la poussière s'élever dans les airs comme un début de tempête de sable, puis retomber en brume sur mes vêtements et ma peau humide.

Ouais, c'était chouette.

Je chasse la nostalgie des souvenirs en garant la voiture sur le parking attenant à l'Institut médico-légal. J'ai toujours ce fichu nœud à l'estomac en passant la lourde porte d'accès. Le hall est plutôt grand et très lumineux grâce à une splendide verrière en devanture. Je me repère à l'aide des indications annotées sur quelques pancartes aux murs et appelle l'ascenseur. Mes paumes sont moites et mon cœur bat à toute vitesse lorsque j'appuie sur le bouton qui m'amènera au sous-sol.

La descente ne dure que quelques secondes, pas assez pour que mon souffle se régule. Je regarde de chaque côté du couloir en quittant la cabine et aperçois la porte semi-vitrée dont m'avait parlé la responsable des entretiens d'embauche. À mesure que j'avance, une odeur âcre me prend au nez et me soulève le cœur. C'est pire encore lorsque j'ouvre le battant après avoir frappé pour m'annoncer.

For God's sake ![6]

C'est horrible, dire que ça sent mauvais serait bien en dessous de la réalité. Peut-être n'y suis-je simplement pas habituée ? Il n'empêche que je grimace toujours en pénétrant dans le petit bureau, ma main recouvrant partiellement mon nez et ma bouche.

– Bonjour, jeune demoiselle !

Je sursaute et fais volte-face. Le médecin légiste sourit, toutes dents dehors, fier de son effet. Sérieusement, on n'a pas idée de faire peur à quelqu'un dans ce genre d'endroit, ça reviendrait à se planquer derrière une pierre tombale en plein Halloween et hurler, couvert d'un drap, pour effrayer

6. Pour l'amour de Dieu !

les visiteurs ! J'ai effectivement un humour particulier, mais certainement pas celui-là !

Je lui rends sa poignée de main et tente de sourire malgré un début de nausée. L'atmosphère confinée est difficilement respirable, je ne suis pas sûre de tenir la journée. Pourtant il le faut, ce poste d'assistante est une véritable aubaine ; en plus d'être bien payé, les horaires sont corrects.

– Bonjour, monsieur Méto…

– Paul. Juste Paul.

Son air sérieux additionné à son sourire exagéré me fout la frousse. Légèrement mal à l'aise, j'acquiesce et le regarde s'installer derrière le bureau. Avec une décontraction totale, il me montre la chaise face à lui, puis ouvre les derniers boutons de sa blouse avant de s'affaler dans son fauteuil.

– Allez-y, dites-moi tout !

– Ah… d'accord. Je suis diplômée de…

– Je connais votre CV, je veux vous connaître, vous !

Glauque ! Je déglutis, déjà pressée d'être à la fin de cette première journée. Le médecin me fixe toujours avec cet air de bienheureux. *Damn*[7], il est étrange. Ses grands yeux clairs sont ce qui m'effraie le moins. Ses cheveux grisonnants, coiffés en joyeux vrac, alimentent les bizarreries de l'homme. Sur son nez bosselé, une lourde paire de lunettes, et quelques centimètres plus bas, une moustache épaisse et mal taillée.

Il hausse ses sourcils en bataille devant mon mutisme, et je me force à donner le change.

– Alors, je suis Shiloh Autel, j'ai 29 ans et… je suis maman de trois enfants… J'aime jardiner, et euh… lire quand je trouve le temps.

---

7. Mince.

– Bien, bien. D'où vient votre délicieux accent ?

Beurk, je ne suis pas fan de ce mot dans sa bouche. Je souris malgré tout et résume mes origines.

– Je suis née aux États-Unis, dans une petite ville du Dakota. J'y ai vécu jusqu'à mes 17 ans, j'ai rencontré mon mari et je l'ai suivi dans votre beau pays. Paris est une ville… dynamique ! Je m'y sens bien.

Je mens en appuyant mon sourire. Il n'a pas besoin de savoir que je ne m'y plais plus depuis quelque temps déjà. Mes parents me manquent, ma sœur et les amis que j'ai laissés là-bas aussi.

– Très bien. Alors, je vous fais visiter ?

Je hoche la tête et me lève en imitant son mouvement hâtif. En plus d'être louche, ce type a une énergie de dingue, comme un junky sous acide. *Shit*[8], et s'il se droguait ?

Allez, Shiloh, arrête de stresser pour rien, ça ne fait que cinq minutes que tu es là et c'est déjà l'angoisse. Détends-toi… Respire… Ah, non, ne respire pas trop fort. Par la bouche, c'est bien par la bouche !

M. Paul me montre mon espace de travail, qui se révèle être l'endroit même où nous nous trouvons. Je fais le tour du bureau et tente d'assimiler toutes les consignes malgré la barrière de la langue. Je suis bilingue, c'est une certitude, mais le vocabulaire technique m'échappe un peu. Je comprends que j'aurai pour missions de répondre au téléphone, de recevoir et d'accueillir les personnes qui se présenteront à la morgue, aussi bien vivantes que décédées. Je devrai aussi retranscrire chaque compte rendu d'autopsie, créer les dossiers, fournir les pièces nécessaires pour les

8. Merde.

archives… Et tout un tas de tâches administratives qui ne me font pas peur. Je suis secrétaire médicale de formation, donc familiarisée avec toute cette paperasse.

Nous faisons également le tour de la salle d'autopsie où deux corps sont déjà en place, mais par miracle recouverts d'un drap. Je ne sais pas si je suis prête pour ça, ni si j'ai le cœur suffisamment accroché. Je secoue la tête frénétiquement lorsque le médecin, l'air amusé, me propose en approchant d'un des corps :

– Vous voulez voir ?

Cet homme est spécial, très spécial ! Il me donne l'impression de prendre son pied à décortiquer les dépouilles. Et si c'était un *serial killer* planqué sous un costume de légiste ?

Respiiiiiire… La bouche !

Mon pouls déconne un grand coup quand un tintement résonne dans la salle d'autopsie. Mon regard étonné trouve celui du docteur qui répond à ma question silencieuse sans attendre :

– C'est le signal qu'une personne vous attend au bureau. Allez, ma p'tite, au boulot !

Je fais demi-tour lorsqu'il enfile son masque chirurgical et sifflote en avançant vers une des tables d'autopsie. Un frisson parcourt mon buste. C'est quand même très glauque ! Alors c'est vrai, j'imagine une seconde quitter la pièce et m'enfuir pour de bon. Mais l'image de mes trois affreux se plaque devant mes yeux. J'ai promis le concert de Bruno Mars à Emy, une journée à Disneyland à Violet et toute une armée de super-héros à Allen. Je ne peux pas m'en aller et faire une croix sur le revenu que m'offre ce nouveau poste, parce que j'en ai marre d'être une maman lassée, blasée, fatiguée de courir après l'argent que nous n'avons pas.

Je me retiens de respirer à fond en pénétrant dans mon bureau et me transforme en secrétaire médicale. Je salue l'infirmier appuyé contre mon plan de travail. C'est parti !

5

Ninon

Je tape un énième rapport, le téléphone tient en équilibre entre mon épaule et ma joue, ma mère me fait une liste de courses longue comme mon bras. Je l'imagine tranquillement installée sur le canapé ou en train de se faire les ongles. Elle aime le calme qui règne dans la maison lorsque les gamins sont à l'école. Je râle autant sur la forme que sur le fond, et peut-être aussi un peu pour l'emmerder.

– Non, mais maman, j'ai fait les courses mercredi dernier, tu ne vas pas me dire qu'il manque tant de choses !

– Bien sûr que si, tes enfants dévorent tout ce qui passe. Ils tiennent ça de leur père, c'est incroyable.

Je grimace à l'image que peut représenter mon ex pour moi et réponds mollement :

– S'ils pouvaient éviter de trop prendre de lui, ça m'arrangerait un poil… Envoie-moi une liste par texto, c'est plus simple, je n'ai pas le temps de noter.

– Tu n'as le temps pour rien de toute façon…

Non, maman… Pas maintenant ! Je suis à deux jours de

terminer mon astreinte, ne gaspille pas mon énergie avec ce genre de conneries.

– N'oublie pas les graines de chia, s'il te plaît, j'aimerais essayer la recette du magazine. Ça ferait du bien à tes enfants de varier leur alimentation.

– Des graines de quoi ? Ah non, maman, je ne suis pas encore remise de ta dernière crise existentielle, ne me sors pas un délire vegan. On va en rester aux coquillettes-jambon, c'est une valeur sûre.

Elle raccroche en marmonnant je ne sais quel reproche, je laisse glisser mon mobile sur le bureau. J'aurais pu m'en saisir et le poser délicatement, mais pour ça non plus, je n'ai pas le temps. Mes doigts filent à vive allure sur le clavier de mon ordinateur, je relis le texte que je viens de taper et pourrais me mettre à pleurer en contemplant mes erreurs.

« Sur place, en présence constante de l'officier de police judiciaire, décidons de procéder à la recherche de traces et indices par coquillettes. »

Quadrillage, Ninon, quadrillage !

N'importe quel autre jour, ça m'aurait certainement fait rire, mais aujourd'hui, j'ai juste envie de hurler, me sentant incapable d'avancer correctement. Je merde partout, je suis une demi-maman, trop attachée à mes miniatures et culpabilisant d'être si peu présente ; un demi-flic, car je bosse à quatre-vingts pour cent ; une demi-fille, vu que je semble égoïste ; et le quart du cinquième d'une femme puisque je n'ai pas baisé depuis…

… trop longtemps pour essayer de comptabiliser !

Je m'adosse au siège en tenant mon front en étau et contemple les photos de mes deux bambins placées dans un cadre bricolé pour la fête des Mères. Je soupire en pensant aux bisous que j'ai loupés ce matin, ceux auxquels j'ai droit les mercredis où je ne suis pas d'astreinte.

C'est dur. Encore. Et je prends sur moi. Toujours.

J'ai à peine le temps de me flageller mentalement que l'équipe arrive. Pas forcément pour me voir : simplement, la cafetière se situe dans mon bureau. Après les bises et paroles de politesse, chacun trouve sa place contre un mur ou sur un coin de table pour discuter avant de se lancer dans ses missions respectives. Au bout de dix minutes, Bruno, avec qui je partage le bureau, se tourne vers moi en affichant un air que je ne connais que trop.

– Tu fais quoi ce week-end ?

– Laisse tomber les politesses et pose ta question, ça ira plus vite !

Tout le monde rit et Bruno me traite de connasse. Ici, c'est comme à la maison, il n'y a aucun filtre. Quoique le jour où l'un de mes gamins me traite de connasse, je le balance par la fenêtre, vais le chercher trois étages plus bas et recommence ! Mon collègue reprend, sans se départir de son sourire intéressé.

– Aurais-tu l'immense amabilité de me remplacer dimanche ? C'est la fête du quartier et…

Soupir bruyant.

– Tu n'as pas l'impression que j'enchaîne une permanence où je ne dors quasiment pas ?

– Tu as dormi cette nuit !

Il n'a pas tort, mais je suis certaine que je serai encore épuisée après une semaine complète de sommeil profond. Pour autant, je refuse de le remplacer pour la meilleure des raisons :

– Je ne suis pas disponible dimanche, j'ai une gueule de bois au programme ce jour-là !

Les rires redoublent, mais cessent instantanément lorsque l'on entend la sonnerie de mon téléphone professionnel. Je n'en peux plus, dès qu'elle retentit, mes poils se hérissent, ma tension monte et cette attente impatiente me déglingue.

– Identité judiciaire, j'écoute.

– Ninon, c'est le lieutenant Pascal. Suite à l'enquête décès d'hier, nous avons une autopsie prévue dans une heure, je te rejoins à l'Institut médico-légal directement.

– Ce n'est que la deuxième de la semaine… C'est noté, j'y serai.

Avec quelques mots doux du genre : « Dégagez, j'ai du boulot », mon bureau retrouve le calme que j'aime tant. Je prends quelques secondes pour imprimer les photographies du lieu du décès de la veille, à l'intention du médecin légiste, puis je me tourne vers Bruno et son rire machiavélique en plissant les yeux.

– Quoi ?

– Oh, rien, je viens de consulter le planning, ton cher docteur Méto est de permanence à la morgue. Tu en as de la chance !

J'aimerais pester, car je vais encore entendre les réflexions déplacées de ce porc, mais je cherche déjà mon téléphone personnel dans mon sac à main en mode spéléologue claustrophobe. Je trouve un gâteau écrasé, une tétine et deux sucettes hors de leurs emballages avant d'attraper mon précieux. Je réponds sans regarder mon écran :

– Oui !

– Nin', c'est Will, ça va ?

Merde... Toujours consulter l'appelant avant de décrocher... TOUJOURS !

– Salut, nickel et toi ?

– Bien, mais... bon, voilà, je ne vais pas y aller par quatre chemins, j'ai une grosse galère pour dimanche.

Oh non, pas ça... Pas encore, pas comme ça, si peu de jours avant...

– William, s'il te plaît, dis-moi que c'est une blague.

– Écoute, je suis sur un super plan et si je laisse filer ma chance, je vais...

– Tu es toujours sur des plans à la con, alors oublie-le cette fois ! Donne un peu d'importance à tes enfants, ça changera !

J'aimerais l'insulter et hurler de colère, mais je vois déjà la tête de mes gosses quand je vais leur dire que leur papa ne peut pas venir, encore... Je tempère donc mes propos et la rage de mon intonation, espérant qu'il change d'avis. Lui semble me supplier d'accepter, mais après avoir entendu une petite voix chuchoter derrière lui, son ton devient dur et ferme.

– Je ne les prendrai pas, c'est comme ça.

Sombre connard ! Trop peu courageux pour choisir l'amour de ses enfants face à celui d'une bimbo de dix ans de moins que moi.

– Tu ne peux pas leur faire ça, ils ne t'ont pas vu depuis des mois et se faisaient une joie de cette unique journée en ta compagnie.

– Ce n'est pas ma faute, j'ai tenté de m'arranger, sans succès. Tu peux comprendre, non ?

Non, espèce d'enflure !

Je ne saisis pas comment son rôle de père peut passer après tout le reste, ni n'arrive à admettre qu'il ne veuille même pas les voir malgré quatre mois d'absence ! Je ne l'accepterai jamais, mais je tente néanmoins de trouver une parade.

– On peut décaler au samedi, ou au week-end prochain. Il faut que tu leur donnes une autre date, ça atténuera leur peine.

– Je n'en sais rien, j'appellerai à l'occasion. Et puis, c'est des gamins, offre-leur un bonbon et ils seront contents. C'est pas compliqué !

Et dire que j'ai aimé ce type ! Est-il possible que son instinct paternel ait foutu le camp en même temps que son goût pour la fidélité ? Ma voix monte dans les aigus lorsque je prends enfin conscience qu'il ne changera pas d'avis.

– Non, Will ! Ce n'est pas simple d'élever un enfant et de voir la déception dans son regard en lui apprenant une mauvaise nouvelle, je crois que tu ne te rends pas compte ! Et… comment je fais dimanche, moi ? J'avais autre chose de prévu, vu que tu gérais, pour une fois.

– Tu les laisses à ta mère. Elle est là pour ça, non ?

– Toi aussi, à la base… Si, si, rappelle-toi, quand on fait un enfant, on est censé assurer et assumer son rôle, à vie.

Connard ! Je l'ai déjà dit ? Ouais, ben je pourrais le répéter à l'infini tant ce type en est un !

– Laisse tomber tes leçons de morale et sois déjà heureuse que je te prévienne.

Et il raccroche, sans que je puisse déverser mon venin et lui attraper les burnes à travers le téléphone pour m'en faire un collier ! Je me lève, fourre mes affaires dans mon sac à main avec rage, histoire d'écraser un peu plus le petit-beurre à moitié cassé, et sors du bureau pour me rendre à la morgue.

Bruno me suit du regard et lance un « désolé ». Je sais qu'il est sincère, ce seul petit mot m'aide à décompresser. Nous en avons parlé assez souvent pour savoir que William n'a pas intérêt à croiser mon collègue dans la rue. Un léger sourire de remerciement plus tard, je quitte ma peau de maman solo et redeviens la flic que je me dois d'être.

Chaque problème en son temps.

***

Avant de ranger mon téléphone personnel dans la boîte à gants du véhicule, je prends le temps d'ouvrir un message reçu en début de matinée. Maman m'a envoyé une photo de mes deux amours devant les portes de l'école. Ils semblent heureux, je devrais ressentir la même chose, mais je ravale un sanglot en essayant de refouler ce sentiment de culpabilité trop lourd à gérer. C'est moi qui devrais les déposer, c'est aussi moi qui vais leur ôter leur sourire ce soir. Toujours moi qui balance les mauvaises nouvelles, moi qu'ils vont détester, moi qui vais me plier en quatre pour leur trouver des activités qui les feront, je l'espère, oublier la déception que leur offre leur géniteur.

Pense à autre chose, Ninon, ou tu ne survivras pas à cette journée !

Je ne suis pas sortie de la voiture que je jongle encore avec l'autre portable. Est-ce que je peux être tranquille une minute sans entendre une sonnerie de malheur ? Oui ? Non ?

Merde !

– Oui !

– Euh, on n'est pas censé dire : identité judici…

– Accouche, Jérémy, j'ai pas ma journée !

Encore un collègue que j'adore et qui essuie ma mauvaise humeur. Je n'ai pas le temps d'avoir de regret, au pire j'apporterai des viennoiseries vendredi matin et tout sera oublié, je connais mes morfales.

– OK, j'essaie de te la faire courte. Vu que tu es occupée, Léo part à ta place sur un incendie.

– Encore des flammes ? C'est une semaine à thème ou quoi ? Je te laisse, si je suis en retard, le doc va réussir à me faire un chantage salace…

– Amuse-toi bien !

Sa joie me cause une grimace de dégoût en pensant au médecin qui m'attend. Je souffle longuement et frappe trois fois à la porte métallique de la morgue. Nous avons un accès particulier qui nous évite de traverser les nombreux couloirs du sous-sol de l'hôpital. La porte s'ouvre sur une jeune femme qui me salue très formellement avec un accent américain à couper au couteau. Nous nous présentons, elle m'apprend qu'elle est la secrétaire du docteur Méto. Une nouvelle… Les quatre dernières n'ont pas tenu plus de six mois et deux d'entre elles sont venues déposer plainte au service pour harcèlement moral et physique. Les paris vont encore fuser chez nous, je vais sonder cette Shiloh, voir ce qu'elle a dans le ventre afin de miser correctement.

J'entends les pas énergiques du docteur, sa respiration d'ours en rut, et je me retourne avant qu'il ne puisse reluquer mes fesses en tendant la main pour le saluer.

– Mon experte préférée… Depuis le temps que l'on se connaît, nous pourrions nous faire la bise. Au moins !

Je raidis un peu plus mon bras sans me défaire d'un masque professionnel et enchaîne, en espérant qu'il m'oublie :

– Nous en resterons à la poignée de main. Je vous ai apporté les clichés de la scène, en avez-vous besoin ?

Le docteur me salue et me toise en approchant un peu trop près. Pense-t-il vraiment m'impressionner ? Omettrait-il que je passe ma vie à défier les hommes qui travaillent avec moi, car je dois faire mes preuves à chaque instant, me démarquer autrement qu'en tant que femme ? Le lieutenant Pascal se racle la gorge et avance, il tente de cacher son sourire espiègle sans y parvenir.

– On pourrait commencer ? Je pense que tout le monde est pressé de sortir d'ici.

Il ponctue sa phrase en me claquant deux bises bruyantes. Mon collègue est aussi sympa que charmant, je me laisse faire avec plaisir sous le regard désapprobateur de l'homme en blouse blanche. La nouvelle secrétaire baisse les yeux et passe devant son supérieur pour déposer une liasse de documents dans la salle d'autopsie. Je donne les photos au lieutenant et la rejoins.

– Shiloh, puis-je être franche avec toi ?

– Oh, on se tutoie ?

Ouais, dans le milieu, tout le monde se tutoie, pas la peine de faire ta farouche !

– Méfie-toi de ton patron. S'il essaie quoi que ce soit, tu dois te barrer et le dénoncer, d'accord ?

– Merci, mais je n'ai pas besoin d'une nounou, je me débrouille très bien toute seule.

La connaaaasse ! Je devrais être vexée, pourtant j'adore son répondant. Bizarre. Non ?

Une heure que l'autopsie a commencé et je sens qu'elle va durer un temps infini. Des internes font la joie de notre docteur qui peut se pavaner et offrir sa science à qui veut bien l'entendre.

Est-ce que ça va se voir, si j'ose une microsieste ?

Je jette un œil à ma voisine. Shiloh a eu la curiosité de venir y assister, une grande première pour elle. Elle devient de plus en plus pâle et ses yeux coulent tout seuls. Je crois deviner que cela n'a rien à voir avec une quelconque tristesse ou empathie pour la victime. La débutante qu'elle est s'est badigeonné le nez avec de la crème mentholée. C'est malin, les odeurs nauséabondes ne passent pas cette barrière, mais la menthe pique fortement les yeux.

Finalement, le spectacle qu'elle m'offre vaut bien plus qu'un repos mérité. Elle a deux options : rester et s'évanouir, ou partir et vomir…

Alors, alors, que choisira l'Américaine ?

La voir sortir de la salle et entendre des pas rapides dans le couloir me fait sourire. Je confie mon appareil photo à mon collègue pour qu'il fige les potentielles marques sur le corps de la victime et je vais rejoindre Shiloh. Je la trouve assise sur le carrelage des W.-C., en larmes. Je ressors aussi vite et reviens quelques secondes plus tard avec une chaise que je pose devant elle.

– Il faut mettre tes jambes en hauteur.

Elle ouvre la bouche, pensant répliquer, mais son état ne lui permet pas d'être assez rapide. Je continue sur ma lancée en m'asseyant à ses côtés :

– Tu as fait un tas d'erreurs pour une première. Je t'aurais bien conseillée, mais comme tu n'as pas besoin de nounou...

– Oh, ça va... J'ai peut-être un peu trop surjoué tout à l'heure. Comment y arrives-tu ?

– C'est une question d'habitude, t'inquiète. Sinon, tu fais quoi samedi soir ?

– Mais... quel rapport avec ça ?

– Aucun, seulement, picoler va devenir une nécessité après une semaine de boulot ici, donc... Un seul détail et pas le plus insignifiant : c'est une virée sans gosses, au cas où tu aurais eu, toi aussi, la bonne idée de te multiplier.

– Je... J'en sais rien, tu me prends de court...

– Bon, on fait un deal. Si je reviens ici avant samedi pour une autre intervention, tu sors avec moi. Sinon, on remet ça à une prochaine fois.

– Ce deal est complètement débile.

Je m'esclaffe en me redressant. Elle n'a pas tort, c'est nul, mais pour une raison qui m'échappe, j'ai envie de connaître cette nana.

Vingt clichés photographiques, quatorze allusions douteuses et trois heures d'intervention plus tard, je ressors prendre une bouffée d'air frais salutaire. Il est treize heures, j'ai faim, mais j'ai surtout trop de boulot pour avoir le temps d'acheter un sandwich. Encore une fois, le café sera mon repas. Je suis à peine entrée dans mon véhicule qu'une sonnerie retentit. Je pense que je vais exploser mes deux téléphones avant la fin de la semaine... Je prends quelques secondes pour consulter le texto reçu sur mon mobile professionnel avant de démarrer.

[Un incendie sans jolie brune
à mes côtés n'a pas autant de charme.
Thibault]

Oh putain !

C'est quoi le code, déjà ? Je réponds ? Je le laisse mariner ? Je fous le feu à mon appart ?

6

Lynéa

Après avoir passé plus de trois heures avec mon auteur du jour, Jo – un mélange d'odeurs entre le cabillaud et le chameau –, je suis éreintée ! Je suis restée le plus possible en apnée pour que sa fragrance ne s'infiltre pas dans ma bouche. Peine perdue, même mes cheveux sentent sa transpiration à lui !

Beurk !

Par-dessus le marché, j'ai dû choper une pneumonie à force de laisser la fenêtre ouverte pour tenter de ventiler cette puanteur. C'est hallucinant d'être si brillant en tant qu'auteur et si merdique en tant qu'être humain ! Un peu de respect, quand même. Un bain n'a jamais tué personne ! Sauf peut-être Claude François, mais c'est un cas particulier.

Et là, comme attiré par une force descendue des cieux, mon regard tombe sur une ignominie ! Je compose le numéro interne de Delilah avec une main sur la bouche et les yeux révulsés !

– SOS. Viens tout de suite, Del !

Je suis au bord du malaise, le dégoût me prend à la gorge. Le sang tambourine contre mes tempes, mes paumes deviennent moites. Je vois enfin mon amie arriver, tout essoufflée, les lunettes de travers et la panique en fond de teint.

– Que se passe-t-il, Al ?

Je ne parviens toujours pas à me faire à ce surnom d'Alynéa donné par ma collègue, mais j'ai une préoccupation majeure à l'instant même. Je pointe un doigt tremblant vers le bord de mon bureau.

– Même nos enfants n'en ont pas de si grosses, Del !

Comme au ralenti, craignant de découvrir un cadavre, Delilah pose son regard sur LA chose. Sa bouche forme un O de stupeur. Elle couvre ses lèvres avec la paume de sa main et recule de quelques pas.

– Ne me dis pas que c'est…

– Une méga crotte de nez de Jo le chameau !

– J'en avais encore jamais vu de si verte !

– Il va falloir que tu l'enlèves, Del.

Elle se tourne vers moi, indignée.

– Et pourquoi moi ?

– Parce que, de nous deux, c'est toi la plus mature. Tu es apte à gérer des situations compliquées. Et puis tu as un bébé !

– Quelle excuse bidon !

Croisant les bras sous sa poitrine, elle secoue la tête. Je sais qu'elle n'acceptera pas, à moins que…

– On se le fait à chifoumi alors !

Nous sommes joueuses de nature : les défis, c'est notre créneau ! Après avoir utilisé trois fois la paire de ciseaux, je dois me résigner, j'ai perdu. Delilah jubile en me regardant paniquer !

– J'ai hâte de voir ça !

– Rigole bien, parce que je vais te la coller dans la bouche !

Je saisis un paquet de feuilles blanches, m'approche doucement et, d'un coup sec, fais passer la crotte de nez sur le papier.

– Argggggh !

Je détourne le regard et jette le tas entier directement dans la poubelle !

– Quand je pense que tu as survécu à des jumeaux et que tu ne peux pas affronter une malheureuse crotte riquiqui !

– Attends, c'était une huître vivante !

Nous rions ensemble et mes yeux se posent sur ma montre.

– Putain !

– Tu es en retard… !

Même joueuse, encore à toi ! Mais à l'envers cette fois-ci ! J'éteins mon ordinateur, plaque un bisou sur la joue de mon amie et dévale les escaliers. Du pied, je pousse la porte de la maison d'édition. Renonçant à me griller une clope salvatrice après cette journée éreintante, j'enfile mon trench en trottinant jusqu'à ma voiture.

Courir est un bien grand mot avec des chaussures à talons. Cette peau de vache de Delilah doit se marrer en me regardant galoper comme une antilope unijambiste. Si je ne l'aimais pas autant, je lui pourrirais la vie juste pour le plaisir !

Il est seize heures quatre quand je boucle ma ceinture. Si tout va bien, à seize heures trente-deux, je suis devant la grille de l'école. Il leur faut trois minutes pour sortir de la classe. Donc techniquement, j'ai une minute de rab ! Mais je suis à l'aise en fait ! Alors je prends le temps d'inspirer et de souffler plusieurs fois pour chasser le stress nocif de la vie d'aujourd'hui et accueillir le bien-être de l'instant présent. Tu parles de conneries, débitées par la sophrologue au boulot !

J'ai encore trente secondes d'avance, je peux prendre le luxe de choisir la station de radio ! Ma Mini fonce rue Girardin. Au feu rouge, la voiture devant moi a le malheur de ne pas démarrer dès qu'il passe au vert, je klaxonne. Le conducteur lève la main comme pour s'excuser. Rue Renonceau, une Fiat vert dégueulis ne s'arrête pas totalement au stop au moment où je tourne, je klaxonne, elle pile. Au rond-point du Chesne, celui avec les fontaines d'eau au milieu, je ne marque pas le cédez-le-passage et je joue du klaxon face à la voiture qui s'insère sous mon nez. En faisant exactement la même chose que moi. Le conducteur lève la main en signe de pardon.

Putain, j'adore faire ça !

Comme la sensation d'être maîtresse de la route, une sorte de déesse grecque !

J'appelle ça la thérapie du klaxon. Une journée de merde avec un auteur horrible et trois coups d'avertisseur sonore plus tard, tout va mieux !

Et comble du comble, je trouve une vraie place pour me garer ! Pas en double file, pas sur un stationnement réservé aux livraisons. Une belle place avec des traits blancs pour matérialiser mon emplacement. La classe !

Le cœur léger et un petit sourire de fierté aux lèvres, je presse le pas pour arriver à seize heures trente-deux tout pile ! Je me fais un auto-check. Satisfaite !

Les parents sont déjà agglutinés devant les grilles de l'école primaire, prêts à intercepter leur chérubin. On ne sait jamais, si une mère se trompe d'enfant !

Je reste en retrait pour chercher Ninon des yeux. Ne l'apercevant pas, je dégaine le téléphone de mon sac à main pour lui envoyer un texto.

[Je ne vois pas ta tignasse mal coiffée.
Ça fait des jours, sors de ta bulle
et viens dans le monde des vivants.
T'en as pas marre de faire
passer les morts avant ?]

Sa réponse ne se fait pas attendre.

[C'est déjà un exploit que je sois habillée.
Au moins les morts ne me gonflent pas
avec ma coiffure ou mon maquillage !]

[J'ai hâte de te voir, râleuse !]

[Moi aussi. Ma tignasse nettement moins.
Je ramène une nana avec moi samedi.]

Je n'ai pas le temps de répondre, deux tornades s'abattent sur moi, me balancent leur sac aux pieds et tirent sur mes vêtements.

– Maman, tu sais pas que…

– Maman, Mathis a cassé…

– J'ai appris à lire un mot…

– Le pied de sa chaise…

– C'est lundi !

– Il est tombé !

Bienvenue dans mon monde ! Celui où il me faudrait quatre oreilles et deux cerveaux pour réussir à suivre la conversation de chacun de mes enfants. Je leur laisse d'ailleurs quelques secondes pour continuer comme ça avant de… trop tard.

– Nolan, c'est moi qui parle à maman !

– Non, c'est moi !

– Je suis arrivé le premier.

– Mais je suis né avant toi !

J'inspire et j'expire une fois pour chasser le stress nocif de la vie d'aujourd'hui et accueillir le bien-être de l'instant présent.

– TAISEZ-VOUS !

Mon self-control ne tient qu'à un fil !

– Bah alors, ma petite Lynéa, on manque de patience ?

Elle tombe bien celle-là ! La fameuse mère de Ninon, une spécialiste des reproches et piques en tout genre !

– Bonjour.

Je lui fais la bise rapidement et j'essaye de trouver quelque chose pour ne pas lancer la conversation, j'en aurais pour une quinzaine de minutes sinon.

– Euh… Si on prenait une photo pour envoyer à Ninon ?

Ni une ni deux, je mets mon téléphone en mode selfie. J'attrape Salomé et Lenzo, Hugo et Nolan, et tends le bras.

– On dit « frite » !

– FRIIIIITE !

J'embrasse les enfants de mon amie, qui sont un peu comme mes propres neveux et nièces, en leur promettant qu'ils viendront jouer chez nous pendant les vacances. Je prends congé de leur grand-mère en mettant les cartables de mes garçons sur mon dos. Direction la maison pour un timing assez serré entre les devoirs, les bains, la préparation du repas.

Tic tac…

***

J'aime ce moment où nous sommes tous les quatre à table. Je ne suis pas une grande cuisinière, mais les livreurs des restaurants alentour connaissent nos goûts.

Nous profitons de cet instant pour nous raconter notre journée. Chacun à tour de rôle. Marcus est d'un caractère discret et assez calme. Quand je lui parle de mon rendez-vous avec l'auteur Jo Renolds, il ne pipe mot. Pourtant, je lui ai raconté ses penchants pour l'odeur corporelle naturelle et la masturbation en public.

J'ai besoin d'un réconfort gustatif, ma salade César n'est pas assez consistante pour me remplir le cœur. Mon fils est mon sauveur.

– Maman, je n'en veux pas, de mon dessert.

– Donne, Hugo, maman va le manger.

Je verse les petites billes au chocolat dans le yaourt. Mes yeux pétillent de gourmandise. J'essaye de mettre le nombre juste de billes pour qu'il m'en reste jusqu'à la fin du yaourt. Mes paupières se ferment quand le mélange des saveurs me chatouille les papilles. L'extase !

– Tu ne devrais pas faire ça, Lynéa.

L'œil noir, je regarde mon mari sévèrement.

– Tu as un message à me faire passer, Marcus ?

– Juste le souvenir de tes jérémiades sur des complexes qui n'ont pas lieu d'être.

Il ne comprend rien de rien !

Je vais lui planter ma fourchette dans la cuisse. Non, je vais le gaver jusqu'à ce que son corps parfait soit déformé !

– Les jumeaux ont laissé des traces sur mon corps et…

– Eh bien, prends-toi en main, Line.

Je reste sans voix ! S'il était si facile de gommer les

imperfections physiques, de le vouloir pour y parvenir, il y a longtemps que j'aurais retrouvé ma silhouette harmonieuse.

– Si tu ne le fais pas, personne ne le fera pour toi. Tout ce que je peux faire, c'est te dire de reposer ce yaourt et de faire attention, ajoute-t-il complaisant.

Il se lève, m'embrasse sur le front et part s'enfermer dans son bureau. Effectivement, je ne peux pas m'occuper de ma famille, du travail, de la maison et de mon corps et ce dernier en souffre… J'envoie les garçons se brosser les dents et je les laisse lire dans leur lit quelques instants.

Je ressens le besoin de m'isoler, de décompresser. Je sors sur le balcon et j'allume enfin ma clope. Seule, je profite d'un peu de temps, de me poser vraiment. De respirer. De me parler à moi-même.

Les volutes de fumée s'envolent dans l'air frais, la nuit est sans étoiles, comme tous les soirs dans la capitale. À travers mon pull en laine, je passe la main sur mes côtes. Je devine les oiseaux tatoués sur ma peau, souvenir de mon voyage de noces. Mes pensées s'élancent dans l'obscurité, vers une soirée diamétralement opposée à celle-ci. Dans la chaleur d'une île des Seychelles, sous une voûte céleste spectaculaire…

***

Dix ans et demi plus tôt. Bird Island, Seychelles

Le soleil de janvier se couche sur l'océan Indien, laissant dans le ciel des traînées orangées. La vue sur la mer est incroyable et le bruit de l'eau, un délice. Marcus est assis à côté de moi, un bras autour de mes épaules et une coupe de champagne dans la main. Nous sommes installés à une petite table ronde sur le sable, pour dîner. Notre voyage de noces est idyllique. Des flambeaux nous éclairent, la lune inonde de lumière le visage souriant de mon mari. Je n'ai jamais été aussi heureuse de ma vie.

– Quand nous aurons des moments difficiles, je veux que tu te souviennes de cet instant, ma femme. Que tu prennes deux minutes pour fermer les yeux. Tu nous reverras assis ici, tournés vers l'horizon et le cœur comblé.

Je frissonne. Mes sentiments pour cet homme sont tellement forts. Il m'a sauvée de bien des façons et il m'offre l'avenir d'une vie. Et cela n'a pas de prix.

– N'oublie jamais que nous nous sommes dit oui pour le meilleur, et pour le pire aussi. Mais dans le pire, tu seras toujours mon meilleur. Ma femme…

Ses lèvres ont le goût du soleil et des bulles de champagne. Jamais je n'oublierai ce moment…

***

Aïe !

Je me brûle les doigts avec mon mégot, que je balance dans le cendrier.

Retour à la réalité, ma Line !

Pourtant je souris ! Je relève la manche de mon pull pour contempler la phrase tatouée sur ma peau :

« Dans le pire, tu seras toujours mon meilleur… »

7

Delilah

« Il était une fois, dans une contrée lointaine et sauvage, où jadis une flore luxuriante aux antipodes du monde moderne pullulait. La nymphe du lac, apparition fertile, écume… »

Ma tête penche dangereusement sur le côté, un filet de bave au bord des lèvres et les paupières lourdes, très lourdes… trop lourdes. OK, stop !

J'inspire profondément puis expire par saccades avant de me frotter vigoureusement les yeux. Je lève mon bras et, de façon que l'on peut qualifier de tout sauf d'élégante, j'essuie le coin de ma bouche avec la manche de mon chemisier. Je remercie la déesse du style d'avoir eu la bonne idée de me faire porter du monochrome, parce que les traces de rouge à lèvres, ce n'est sexy que sur la chemise d'un mec. Je m'éclaircis la gorge et reprends ma lecture.

« Il déverse son sirop d'orgeat sur le poitrail de la nymphe, corsage charnel candide et opulent. Les remembrances abondantes de l'assouvissement de leur postéromanie

transportent la sylphide dans un honteux margouillis... »

De nouveau, je pique du nez. Mais, c'est quoi ça ? On m'a droguée ou quoi ? Bon sang ! J'en suis à me demander si je ne lis pas par erreur la notice médicamenteuse du Donormyl. Ceci expliquerait cela...

Sérieux, ça fait à peine cinq minutes que je suis sur ce manuscrit et j'ai déjà envie de me laisser glisser sous mon bureau et de m'allonger sur la moquette duveteuse, en position fœtale, pour sombrer dans les bras de Morphée.

Et puis, très franchement, verser du sirop d'orgeat sur une paire de nichons, c'est vraiment dégueulasse, sans compter que ça colle, ce merdier ! J'en sais quelque chose... surtout après en avoir fait les frais le week-end dernier quand ma naine a eu l'idée absolument géniale de se préparer une menthe à l'eau, toute seule. Je l'aime, mon Hana, mais il y a des fois où elle est vraiment très con. C'est dans ces moments-là que je remarque qu'elle tient vachement plus de son père.

Par ailleurs, si je suis honnête avec moi-même, je ne pige pas un traître mot de ce que je suis en train de lire. « Des remembrances... » Qui parle encore comme ça de nos jours, à part peut-être la reine d'Angleterre ?

Bon, cette fois, ça suffit ! J'abandonne. Je referme le document qui ne fait pas loin de mille pages. Ouais, un putain de pavé ! Dans ma grande générosité, je me dis que je l'offrirais bien à un insomniaque. Pour l'assommer avec, bien évidemment.

Après mon entretien mi-figue, mi-raisin avec Terrence, et plus d'une heure à supplier cet auteur de mes deux... – sans en avoir l'air – de me pondre un nouveau bébé... Merde !

Non ! Pas de bébé ! On avait dit une trêve, non ? Bien, alors ta gueule, maudite conscience !

Je réfléchis à la vitesse d'un *moonwalk* du *King of Pop* et me corrige mentalement… Best-seller. Voilà ! Best-seller, c'est nettement mieux.

Donc, où en étais-je ? Ah oui, j'ai supplié à genoux ce morveux de Terrence pour qu'il me ponde un autre chef-d'œuvre pointant la cruelle vérité de notre société, sauf que le salaud ne lâche pas l'affaire avec son rendez-vous. Est-ce que j'ai un corps à avoir des rencards, moi ?

Note à moi-même : au prochain rendez-vous, soulever mon chemisier et montrer à Terrence de Villeneuve les magnifiques vergetures qui zèbrent mon giron, vestige effrayant du fruit de mes entrailles. Je suis certaine qu'après ça, il n'aura plus du tout envie de manger avec moi, mais plutôt de gerber son quatre-heures sur mes chaussures.

Sur ces mots pleins de poésie, j'enchaîne avec des textes tous plus « soporifiques » les uns que les autres. Non, mais c'est une caméra cachée ou bien ? Parce que si c'est le cas, ça ne me fait pas marrer du tout ! Soudain, une idée s'imbrique dans la partie de mon cerveau qui n'a pas sombré à l'appel du marchand de sable, et me souffle que peut-être (je dis bien peut-être) Line n'y serait pas pour rien dans ce traitement « spécial » contre l'insomnie.

C'est vrai qu'en y repensant plus en détail, elle gloussait comme une gamine quand elle m'a déposé ma part de la pile à lire. Lynéa, un grand sourire aux lèvres un lundi matin, ça aurait dû me mettre tout de suite la puce à l'oreille ! Sympa. Paie ton amitié au bureau !

Bon, je vous l'accorde, je m'éclate à la taquiner aussi,

mais ce n'est pas si méchant que ça et puis, c'est connu : qui aime bien, châtie bien. Je pense que la prochaine fois, c'est moi qui m'occuperai de trier le courrier… La vibration de mon téléphone me coupe dans mes plans « en château de cartes », je grimace quand je lis le numéro qui s'affiche sur l'écran. Belle-maman.

Je décroche à contrecœur après avoir enfilé mentalement mon gilet pare-connasses. C'est comme un gilet pare-balles, mais pour… enfin, vous voyez, quoi.

– Dalida.

Connasse.

– C'est Delilah, madame.

– Ah ! Et qu'ai-je dit ?

Sa voix pompeuse à souhait me hérisse les poils du c… des bras.

– Dalida.

– Oh ! Ne soyez pas si à cheval sur des détails aussi insignifiants. Et puis, c'est presque pareil, vous n'êtes pas d'accord ?

Qu'est-ce que je disais ? Une connasse.

– Non. Je ne le suis pas vraiment.

– Ne soyez pas comme ça, ma chère. Pour en venir aux faits, mon Louis et moi souhaitions savoir si Auxence n'avait rien de prévu dans son Filofax pour la fin de la semaine.

Je n'y crois pas…

Écorcher mon prénom pour le confondre avec une chanteuse disco des années soixante ne lui suffit pas ! Voilà maintenant qu'elle me prend aussi pour la secrétaire de son fils, la connasse ! Je ronge mon frein en silence et compte mentalement jusqu'à dix avant de prononcer des paroles qui risqueront de dépasser ma pensée.

Paroles, paroles, paroles et encore des paroles…

Sans faire gaffe, me voilà en train de fredonner le refrain de cette maudite chanson. Putain ! Tu parles d'un cadeau ! Merci bien ! Elle vient juste de me la mettre dans la tête pour la journée ! CONNASSE !

Je m'éclaircis la voix et réponds, les dents serrées :

– Je suis navrée, Antoinette, mais je ne gère pas l'agenda de mon époux.

– Je vous demande pardon, pourriez-vous répéter ?

Parce qu'en plus, elle est dure de la feuille, la mémé…

– Je disais : je suis navrée, Antoinette, mais je n'ai pas accès à son agenda.

– Que voulez-vous dire ?

C'est pourtant clair, putain !

– Que je ne sais fichtrement rien de son emploi du temps !

Un reniflement à l'autre bout du fil me rappelle que je viens peut-être de merder sur ma façon de parler. Bordel…

– Je vous prie de surveiller votre langage, jeune fille, me réprimande ma délicieuse belle-mère. Ce n'est pas parce que vous êtes une roturière qu'il faut vous comporter comme telle. Sincèrement, je suis déçue de votre réaction. Soit, j'appellerai tout aussi bien mon fils, dans ce cas. Je ne désirais pas le déranger avec des futilités, mais puisqu'il le faut, j'en conviendrai ainsi. Au revoir.

Et elle raccroche. Comme ça. Sans être désolée, sans même une petite note gentille à la fin, me laissant pantoise et la bouche grande ouverte. Les yeux écarquillés de colère, je m'en veux de ne pas lui avoir balancé à la figure ses quatre vérités ! Et de ne pas lui avoir rappelé que bien qu'elle prétende le contraire, elle ne fait pas partie d'une quelconque FAMILLE ROYALE ! Moi, une roturière ? Connasse !

Comme vous l'aurez deviné, je ne nourris pas de sentiments amicaux accrus envers la mère d'Auxence. C'est comme ça. Depuis le premier jour, elle ne peut pas m'encadrer. Ce n'est pas faute d'avoir essayé de me plier en quinze pour lui plaire. Cependant, ça n'a pas marché. Ce n'était jamais assez… Aujourd'hui, j'ai décidé de ne plus faire d'effort pour qu'elle m'accepte puisque de toute façon, cela n'est pas près d'arriver.

Je ne suis pas assez bien pour son fils, d'après elle ? Eh bien, moi, je dis qu'elle peut aller se faire pénétrer le soupirail fécal par un hérisson. Hum… Qu'on ne vienne pas me reprocher mon impolitesse, non mais !

Je balance rageusement mon téléphone au fond de mon sac et tente tant bien que mal de dénicher une perle parmi le monticule de bouses de vache qui recouvre mon bureau. Un nouveau best-seller signifierait pour moi une super opportunité de carrière et peut-être même une augmentation. Toutefois, ma joie retombe comme un soufflé lorsque je me rappelle que dans quelques mois, je devrai mettre celle-ci en suspens. Le moral soudain dans les chaussettes, je m'accorde une pause avec une tasse de café qui certainement calmera mes nerfs en pelote.

En plein milieu de l'après-midi, le nez littéralement plongé dans un texte de littérature anglaise, je ne vois pas les minutes défiler jusqu'à ce que je finisse par succomber à l'appel des sirènes du sommeil. Lorsqu'un vrombissement bruyant déchire le silence, je me redresse comme un ressort, prise de panique, et balaie la pièce du regard comme si j'avais été attaquée par une bête sauvage. L'état des lieux est rassurant, car il n'y a personne : fausse alerte.

Merci, Seigneur...

Lanterner au boulot, c'est mal, mais ce qui l'est encore plus, c'est de se faire choper en flagrant délit ! D'un revers de la main, j'éponge mon front sur lequel perle une goutte de sueur froide, et je lance un regard noir à mon sac quand une série de vibrations se fait entendre à nouveau. Grrr... Je m'en saisis avec hargne et l'ouvre pour en sortir mon téléphone portable dont l'écran d'accueil est baigné de lumière. L'adrénaline liquide court encore dans mes veines, sans compter mon cœur qui bat la chamade, et tout ça pour quoi ? Pour un foutu texto !

Eh bien, les gars, heureusement que ce n'était pas un message vidéo, sinon j'aurais frisé l'arrêt cardiaque, me dis-je un poil cynique.

J'attrape l'appareil et clique sur l'enveloppe pour ouvrir ce satané message.

[Ne m'attends pas pour dîner.
Réunion imprévue. Je t'aime. A]

Génial.

Le téléphone encore dans ma main vibre à nouveau.

[PS... Quid de cette histoire
de grossièreté avec maman ?]

Il ne suffit que d'un mot pour que ma jauge de colère passe de zéro à cent en moins d'une demi-seconde, de ce fait, je fulmine de rage. Immédiatement, mes pouces courent sur le clavier afin de taper une réponse haute en couleur dans laquelle j'explique à mon époux combien sa mère est une… connasse. Quand c'est fait, je me relis une dernière fois. Pour une raison inconnue, je relâche un souffle que je ne pensais pas retenir et ferme les yeux. Je me pince l'arête du nez, puis finalement décide de me raviser et appuie sur la touche « effacer » pour composer un nouveau message :

[Un malentendu. Je t'aime aussi, D]

C'est peut-être lâche, mais après tout, ce n'est pas sa faute si je suis à fleur de peau ces derniers temps. Sans compter que l'on ne choisit malheureusement pas sa famille et encore moins ses parents.

Du calme, Del, ce ne sont que ces fichues hormones qui te jouent des tours, me soufflé-je intérieurement pour me rassurer.

Tout compte fait, je crois que pour mes vingt-quatre heures de répit, il faudra repasser… Je fourre mes affaires dans mon sac et traîne des pieds jusqu'à la station de métro la plus proche pour rentrer chez moi. J'évite soigneusement de me dire que la journée est finie, car ce n'est pas le cas…

Dès que je traverse la porte, je prends le relais auprès de ma progéniture tout en remerciant Louise à maintes reprises de me sauver la vie et de s'être si bien occupée d'eux.

Trois heures plus tard, je me décide à dîner, attablée seule, pour finir par m'étendre enfin dans un grand lit froid. L'ennui, c'est que malgré l'évidente fatigue physique, mon cerveau, lui, ne lâche pas prise. Une petite minute…

Antoinette a parlé d'un truc pour Auxence et les enfants, mais pas de moi. Elle ne m'a pas demandé si je n'avais rien dans mon « Filofax », pensé-je en mimant des guillemets avec mes doigts. En d'autres termes, elle ne veut pas de moi chez elle pour ce qu'elle a prévu d'organiser. Qu'à cela ne tienne ! Je vais me faire mon truc de mon côté ! Un truc d'enfer comme une soirée où je vais m'amuser comme une petite folle et où je m'inonderai de mojito bien frais.

Tu ne peux pas boire d'alcool, t'es en cloque... T'as déjà oublié ?

Putain de merde. Alors, ce sera des... virgin mojito ? Des virgin, c'est bien aussi, hein !

J'ai envie de te dire : tant que toi, tu y crois, c'est l'essentiel...

Ta gueule, conscience. Je dois bien être la seule nana à me prendre le bec avec son foutu mental. Il n'y a rien à ajouter, Delilah, tu déchires...

Un texto interrompt la tirade que j'entretiens en mon for intérieur. Il vient de Lynéa qui me propose une sortie samedi soir entre meufs : pile ce dont j'avais besoin. Je lui réponds immédiatement que c'est avec joie que je serai de la partie ! Par contre, quand elle fait mention d'une gueule de bois garantie... j'expire, dépitée... Pour la cuite, je repasserai.

8

Shiloh

J'applique, le poignet raide et les doigts crispés, mon trait d'eye-liner. Ne pas bouger, ne pas essayer de respirer. Tracer droit, tracer droit… *Fuck!* Je grogne devant le miroir de l'entrée et jette mon tube sur la console. Ce n'est que la troisième fois que je reprends l'œil gauche ! En attrapant un nouveau coton-tige imbibé de démaquillant, je me force à inspirer longuement. J'ai conscience d'être stressée aujourd'hui, depuis la seconde où mon pied a foulé le parquet de ma chambre, jusqu'aux allées et venues dans Paris, en passant par l'organisation inhabituelle de cette soirée.

Je suis une femme angoissée, c'est un fait, et je me suis dit que la proposition de Ninon pouvait être une façon de décompresser. Ne pas penser à mon quotidien, mes factures, mes soucis de maman, me recentrer sur la femme que j'ai oublié d'être depuis tant de temps… Grossière erreur ! Je suis née fille, j'ai accédé au statut de femme en perdant ma virginité à 17 ans et depuis qu'Emy a déformé mon périnée, je suis maman.

Je me lève maman, je me coiffe maman, je mange maman, et je me couche maman ! Sans oublier que le lendemain, on recommence…

– Mamaaaaaan !

Qu'est-ce que je disais…

Je termine de nettoyer le carnage sur mon œil quand Emy accourt dans l'entrée, avec à sa suite mes deux autres monstres. Sans leur jeter un regard, je souffle un grand coup et tente une dernière fois d'appliquer le noir sur ma ligne de cils.

– Et si jamais Allen tombe ?

Ne pas bouger. Ne pas essayer de respirer. Tracer droit…

– Et s'il se met à saigner ?

Tracer droit, j'y suis presque. Mon nez me gratte, *shit* !

– Mamaaaaaaaan !

Alors qu'il ne me reste plus qu'un demi-centimètre à noircir, Emy agrippe la manche de mon top en dentelle et me fait dévier ma trajectoire. Le drame ! Je relâche la pression dans mon bras et le laisse retomber ballant contre mon corps. Je ne demandais pas la lune, même pas un bout de nuage, je voulais juste cinq minutes pour essayer d'égayer mon teint terne et mettre de la couleur sur mes joues. Cinq minutes… Je me serais même contentée de quatre…

Mon reflet dans le miroir me frappe lorsque les larmes d'une réelle fatigue physique et émotionnelle brillent dans mes yeux. Je me consume de l'intérieur, il ne reste plus rien de la femme que j'étais à ses côtés, celle qui savait rire, qui chantait sous la douche ou pouvait s'amuser d'un nez plein de confiture. Tout a été réduit en cendres quand il nous a laissés. Et aujourd'hui, plus que jamais, je me perds…

– Maman, qu'est-ce qu'on fera s'il tombe, qu'il pleure, qu'il saigne ou qu'il se casse quelque chose ?

L'inquiétude sincère dans sa voix me fait quitter des yeux mon reflet dépité. Dans cette tragédie familiale, ma grande, celle qui lui ressemble le plus, a hérité de mon anxiété. Cette petite fille formidable m'aide énormément au quotidien. Mais voilà, elle anticipe tout, contrôle les heures, les faits et gestes de ses frères et sœurs, les miens. Elle endosse un rôle qui ne lui revient pas.

– Eh bien, la baby-sitter l'emmènera à l'hôpital et je vous y rejoindrai au plus vite.

Je la vois tenter de ravaler les larmes d'angoisse qui pointent dans ses magnifiques yeux bruns. Mon cœur de maman gonfle et se serre. Mes enfants m'épuisent, me font haïr ce doux surnom de maman, ils ne sont qu'ingratitude et colère certains jours ; pourtant, à cette minute précise, je me jetterais sous un train pour leur épargner une quelconque souffrance. Ils sont tout ce qu'il me reste de la vie et de lui, tout ce qui compte réellement, tout ce pour quoi je me lève et me bats chaque jour.

Je m'agenouille devant Emy en attrapant Allen et Violet pour que nous formions un cercle. Je garde une de leur main à chacun et les enserre des deux miennes avant de forcer un sourire serein.

– Mes papillons, il n'arrivera rien, parce que vous saurez faire attention. Vous aurez le droit de regarder un dessin animé après dîner, peut-être même de manger du pop-corn. Mais pour ça, il faudra être sages, obéissants et polis. Vous aurez à peine le temps de vous endormir que je serai déjà de retour.

Emy semble trouver du réconfort dans mes paroles, ses lèvres ne tremblotent plus et elle étire même un léger sourire. Allen piétine en contemplant ses chaussons Marvel. Mon petit garçon a une imagination débordante, et accessoirement, il se fout complètement de ce que je raconte. Violet, elle, me scrute, les paupières plissées, signe d'une intense réflexion.

– Est-ce qu'on pourra regarder *La Reine des neiges* ?

– Je ne…

Emy me coupe en faisant brusquement face à sa sœur.

– Hors de question, Violet ! J'en peux plus de ton bonhomme de neige et de ta princesse toute gelée, en plus les chansons…

– N'importe quoi, c'est une reine !

– Bah, pas au début, je te ferais dire !

– Pas longtemps, pas assez pour que…

Sur ces dernières paroles, je me redresse, désabusée. À quoi bon tenter le discours rassurant, auquel je peine d'ailleurs à croire, si c'est pour que ça se termine ainsi ? Je me remets à ma tâche, résignée, et attrape cette fois un coton. Tant pis, pas d'eye-liner ce soir, un peu de mascara, du blush et mon rouge à lèvres feront l'affaire.

Une fois ma bouche maquillée, je crois pouvoir dire que le résultat est plutôt correct. J'ai remonté mes cheveux et les ai tressés, j'ai habillé mes oreilles de deux longues torsades argentées et ajouté le pendentif que ma mère m'a offert le jour de mon exil pour la France. Une belle étoile en or blanc sur laquelle brillent de minuscules oxydes blancs.

– M'man ?

– Oui, ma Violet ?

– Comment c'est son nom ?

Je lui jette un coup d'œil furtif avant de fixer à nouveau le miroir en m'évertuant à caler derrière mon oreille les quelques mèches blondes qui ne cessent de s'échapper de ma coiffure.

– À qui ?

– La baby-sitter.

– Elle s'appelle Marley.

Je ne peux m'empêcher de sourire en prononçant ce prénom qui m'est cher. J'ai connu une Marley. Elle est un des meilleurs souvenirs qu'il me reste de ma vie au Dakota. Cette rouquine au rictus espiègle et carnassier, avec qui je me suis roulée dans les flaques de boue, avec qui j'ai escaladé des centaines d'arbres juste pour voir où s'arrêtait le ciel. Celle qui m'a aidée à finir la bouteille de gnôle du vieux Bennett, le soir de mes 15 ans. Enfin, celle qui a essuyé mes larmes le jour où je suis partie. Elle était ma meilleure amie, l'unique. J'aimerais dire que les milliers de kilomètres n'ont pas entaché notre belle amitié, que nous nous donnons toujours régulièrement des nouvelles, que le quotidien de chacune n'a jamais été un frein pour garder contact… Oui, j'aimerais. Certains soirs de nostalgie, je me fais la promesse de lui passer un coup de téléphone dès le lendemain matin, peu importe le décalage horaire, simplement pour l'entendre échapper ce petit couinement de souris quand elle est surprise. Parce qu'elle le serait, nous ne nous sommes plus parlé depuis cinq années. J'ai bien envoyé le faire-part de la naissance d'Allen, mais il m'est revenu. L'adresse était erronée. Elle a déménagé.

Des coups frappés à la porte me font sursauter et effacent la pointe de chagrin qui sillonne ma poitrine. Je consulte l'horloge de l'entrée et me fige. *Damn*, il est déjà l'heure ! Je fais un tour rapide sur moi-même pour contrôler l'état de la maison et me résigne en constatant que mes efforts de cet après-midi n'ont pas tenu plus de deux heures. Allen a vidé sa caisse de jouets en plein milieu du salon, les livres d'Emy traînent sur les escaliers et Violet a investi le canapé avec sa boîte de feutres et son cahier de coloriage.

J'ai en mémoire cette phrase que j'avais lue dans le magazine *Parents*, un jour d'attente interminable chez la pédiatre. Un témoignage d'une maman débordée disait : *« Faire le ménage quand on a des enfants, c'est comme se brosser les dents au Nutella. »* Voilà où j'en suis !

Je soupire en me dirigeant vers la porte. Je ne peux m'en prendre qu'à moi-même, je ne leur ai jamais appris à ranger. Une rafale s'engouffre dans l'entrée lorsque j'ouvre le battant en grand. Un jeune homme se tient sur le perron de notre modeste maison. Je m'étonne une seconde en le scannant des pieds à la tête. Belle carrure, plutôt grand, une paire de jeans, une veste en cuir sur l'épaule, un tee-shirt noir sur son torse joliment dessiné. Et une fichue gueule d'ange ! Des yeux sombres, un nez droit et fier, une peau mate, et une bouche… *My goodness*[9], cette bouche…

– Bonjour. Madame Autel ?

Un sursaut de lucidité place mon regard sur la main que me tend l'inconnu. Et ses mains… robustes, sûrement douces et… Qu'est-ce que je fous ? C'est un gosse ! Je joins ma paume à la sienne pour lui rendre la politesse, et, *fuck*,

9. Mon Dieu.

elles sont super douces ! Après un léger frisson, je plonge dans son regard chocolat et demande :

– Que puis-je faire pour vous ?

Faites qu'il me retourne la question, faites qu'il me retourne la question !

– Je suis Marley, nous avons échangé par mail.

Les rouages de mon cerveau englué dans un désir naissant se remettent tout doucement en marche. Marley, le site de garde à domicile, ce soir, la baby-sitter... LE baby-sitter ?

– Vous êtes un... un homme ?

Un sourire arrogant pointe sur ses lèvres. Ai-je déjà parlé de ses lèvres ?

– C'est ce qui se dit, oui. Ça vous pose un problème ?

Est-ce que ça me pose un problème ? Je n'en sais rien ! Je dirais que oui à partir du moment où je m'attendais à trouver une étudiante fraîchement sortie de son cours de psycho. Je réfléchis rapidement à nos échanges par mail : à aucun moment il ne m'a laissée penser qu'il avait un service trois-pièces dans le pantalon. Ne devrais-je pas, par pur souci du détail, vérifier qu'il est bien ce qu'il prétend ?

Oui, je suis en manque. Trois ans et des poussières que je n'ai pas... ni même... bref ! N'avoir pas goûté au loup depuis une foutue éternité n'est pas un problème en soi, mais que ce gamin d'à peine 20 ans me donne envie de le bouffer jusqu'à satiété en est un !

– Écoutez, madame Autel...

– Shiloh.

– OK. Shiloh, je peux comprendre que le concept de confier vos enfants à un homme vous dérange, ça ne serait pas la première fois que des parents me refusent le job.

Soudain, ses yeux balaient mes jambes à demi nues, remontent sur mon ventre, mes seins et s'arrêtent sur ma bouche. Est-ce que… J'ai honte, je suis en feu !

– J'ai de l'expérience.

Il a prononcé ces quelques mots avec moins de volume dans la voix que les précédents. Des images perverses de ses mains sur mon corps me traversent l'esprit un court moment. Mes sens sont en alerte, prêts à être exploités de la plus délicieuse des façons.

C'est un gosse !

Le goût…

Il est si jeune !

Le toucher…

Tu es juste en manque !

For God's sake, il est magnifique…

Alors que je m'apprête à lui ouvrir grand les portes de ma maison, une Mini s'arrête devant chez moi et klaxonne deux fois. Je peine à détacher complètement mon regard de celui de Marley, sombre, et que Dieu m'en soit témoin, gourmand ! Je me force malgré tout et distingue Ninon au volant, un sourire exagéré sur le visage. Elle est à l'heure, c'est bien ma veine.

– Alors ?

– J'ai bien l'impression que je n'ai pas le choix. Mon chauffeur vient d'arriver et je n'ai aucun plan de secours.

– Parfait. Vous m'invitez à entrer ?

Tout ce que tu veux, sweetheart[10] *!*

Je m'efface pour le laisser entrer après avoir mimé

10. Mon cœur.

à Ninon un truc qui ressemble à : « J'arrive, donne-moi deux minutes. » Une fois dans son dos, je vérifie rapidement ma tenue et lisse par automatisme ma jupe. Je limite la casse, il aurait pu tomber sur un jour jogging-pull en laine, tignasse en deuil sans aucun ravalement de façade ! Il faut que je pense à me maquiller plus souvent !

Je récupère mon sac à main sur la console quand mes trois merveilleux gremlins nous rejoignent dans l'entrée. Je sais que Ninon m'attend, mais je dois au moins lui donner les quelques règles de la maison. Ça va aller vite !

Je pointe chacun des enfants tour à tour :

– Emy, 10 ans, sera votre meilleure alliée. Elle connaît chaque recoin de cette maison. Ici, c'est Violet, 6 ans depuis juillet, et voilà Allen, 3 ans. Pas de consignes particulières, ou alors celle de se brosser les dents avant d'aller au lit. Vous trouverez de quoi faire des sandwichs dans la cuisine.

Marley prend le temps de saluer chacun de mes enfants, un par un, une bise pour Emy et Violet, et un ébouriffage de cheveux pour Allen qui, depuis, cogne son Spiderman de trente centimètres sur la cuisse de sa nouvelle nounou. Le visage du gosse sexy à qui j'ai ouvert s'est détendu pour devenir un ensemble de mimiques joueuses et attentionnées. À cet instant précis, je ne doute pas, je n'ai pas de boule à l'estomac. Ils vont s'entendre.

J'embrasse mes canailles à la va-vite et, après un dernier coup d'œil à Marley, j'abaisse la poignée de la porte.

– J'essaie de ne pas rentrer tard. Mon numéro est sur la console… si besoin, vous… Enfin, je resterai à côté de mon téléphone.

Je passe le seuil à reculons et manque de m'étaler de tout mon long.

Je… il m'a fait un clin d'œil, non ?

9

Ninon

Nous montons les marches en claquant nos talons sur le carrelage blanc, quand j'explique le programme de la soirée à Shiloh.

– Nous allons redevenir femmes, rien de plus et surtout rien de moins. Dis adieu à ton statut de mère pour quelques heures, ma belle. L'objectif est simple : boire, rire et oublier nos responsabilités.

Shiloh soupire et me regarde avec malice.

– C'est exactement ce qu'il me faut.

Bordel, moi aussi !

La fin de mon astreinte n'a pas été des plus calmes et le texto de mon pompier m'a quelque peu déstabilisée. Comment se concentrer sur des rapports tous plus soporifiques les uns que les autres lorsque je ne pense qu'à lui répondre ? Sans parler de mes nuits à chercher l'occupation qui pourrait compenser l'absence paternelle de mes enfants.

Je frappe à la porte de l'appartement de Lynéa, mais

n'attends pas que l'on vienne ouvrir. Je suis chez elle comme chez moi, j'entre et élève la voix pour prévenir de notre arrivée :

– L'apéro est prêt ?

Lynéa sautille vers moi et me serre contre elle. Mon amie est ravissante dans sa combinaison-pantalon vert bouteille. Ses bijoux sont coordonnés et donnent de l'éclat à sa tenue. Je me sens un peu à côté de la plaque avec mon jean et mon chemisier vieillot. J'aurais dû faire un effort, quoique : j'ai déjà eu le temps de me maquiller, il ne faut pas trop m'en demander. Je préfère économiser mon énergie et tenir toute la nuit.

– Ta mère garde les enfants ? me questionne notre hôtesse.

– Figure-toi qu'ils sont tous les trois partis chez ma tante en Bretagne jusqu'à lundi soir. Ouais, ne cherche pas, un coup de tête, histoire de faire oublier les erreurs de mon ex.

– Elle est… euh… pleine de surprises ! Tu aurais pu me rejoindre plus tôt.

– Non, mais ça va pas ! Mon appart pour moi toute seule, aucun bruit, cri ou réflexion insupportables. J'ai adoré mon après-midi.

Je devrais lui dire que, lovée sur mon canapé, après le déjeuner, je me suis empaffée pour me réveiller en sursaut il y a seulement une heure, mais il faut toujours garder son petit jardin secret.

– Oh, et donc, tu as fait du tri dans ton armoire et décidé de porter de vieilles fringues, ce soir… C'est ça ?

– Ferme-la et sers-moi à boire par pitié, j'ai besoin d'alcool.

Après ce bref échange, je prends enfin le temps de présenter Shiloh. Lynéa est très avenante et la met à l'aise directement. Nous entrons dans le salon pour trouver Delilah. Elle pianote sur son mobile et commence à danser au rythme de la musique qui sort de l'ampli du séjour. Elle relève la tête et nous sourit.

– La soirée peut enfin débuter !

***

Lynéa

La nouvelle a l'air plutôt chouette. Un peu mal à l'aise, mais un bon mojito devrait la dévergonder un chouia. Ou pas… Elle n'ose même pas s'asseoir sur mon canapé en cuir de taureau. Une horreur, ce canapé, d'ailleurs ! Le mariage nécessite des concessions… Marcus aura ma peau avec ses goûts de vieux bourgeois et ses héritages tous plus laids et ignobles les uns que les autres.

En parlant de lui, je n'ai toujours pas eu de nouvelles. À cette heure-ci, les jumeaux doivent être en train de retourner le salon Louis XIV de ma belle-mère, sous l'œil hautain de mon beau-père. Et s'ils tombent, se cognent ? Et si jamais son père perd patience et frappe mes enfants comme il le faisait avec les siens ? Supporterai-je de savoir que mon beau-père use de son autorité glaciale pour les punir ? Et si… Et si ma tante en avait une paire, on l'appellerait mon oncle ! Bref ! Bien que l'entente soit juste cordiale entre mes beaux-parents et moi, j'ai toute confiance en mon mari en ce qui concerne la protection de nos garçons.

Je souffle un coup, touche le tatouage sur mon bras :

« Dans le pire, tu seras toujours mon meilleur… »

Ce soir, il n'y a que du positif ! Je soupire doucement et j'apprends à me détendre. À profiter du moment présent.

Bordel de merde, Line, lâche prise !

– Taxi pour tout le monde. Je nous prépare des mojitos !

– Pas pour moi, Line !

À la limite du choc, je me tourne vers Delilah.

– Je suis barbouillée. Sûrement le sandwich de ce midi qui n'est pas passé.

Je fixe Del, les yeux ronds comme des billes. Elle se contente de hausser les épaules en se massant le ventre. Je ne crois pas du tout à son histoire de ballonnement. Je fronce un peu les sourcils pour l'analyser. Elle se dandine d'un pied sur l'autre. Gênée.

Je la connais depuis plusieurs années. À chaque soirée passée ensemble, nous avons bu un petit verre, voire plusieurs. Refaisant le monde une bonne centaine de fois. Nous riions tellement qu'il nous est arrivé de faire quelques gouttes de pipi dans notre culotte. Toutes les deux, nous avons pleuré, avons eu des angoisses, des moments de panique. Nous nous sommes soutenues dans nos grossesses. C'était il n'y a pas si longtemps, d'ailleurs… Et là, elle refuse mon verre !

– Fous-lui la paix, Mamie Line !

Ninon me gronde en rigolant. Je dois avouer qu'elle n'a pas tort. Mais jamais je ne lui dirai ! Qucstion dc ficrté ! N'empêche que ça ne sera pas pareil. Delilah s'approche de moi en riant, elle sait que son sourire me radoucit. La garce, elle me manipule !

– Ne prends pas cet air de déception. Je serai là pour te tenir les cheveux quand tu vomiras dans cette nouvelle boîte de nuit !

Je sautille comme une gamine en tapant des mains.

– Oui ! Je vous propose de refaire une soirée comme quand nous avions 18 ans ! Pas de règles, pas d'interdits !

Je tends le bras et j'attends qu'elles placent leurs paumes sur la mienne pour sceller notre pacte…

***

Delilah

Nous joignons nos mains les unes aux autres et, dans une promesse silencieuse, nous prêtons serment. Ainsi, je n'ai aucun doute : chacune de nous tiendra sa langue. De cette façon solennelle, nous jurons que, peu importe ce qu'il se passera durant notre soirée, rien, absolument rien, ne sortira de notre petit cercle.

Une lumière brille au-dessus de nos têtes, rendant cet instant majestueux, à la manière d'un serment inviolable. Waouh !

Puis finalement, non. Ce n'est pas de la magie… Uniquement le gigantesque lustre en cristal de Lynéa, suspendu au plafond, qui scintille de mille feux.

OK. N'empêche, ce qui est bien avec cette histoire de pacte, c'est qu'il détourne l'attention de mes amies et plus particulièrement celle de Line.

Bon sang ! J'ai eu chaud ! Pendant un instant, j'ai carrément cru qu'elle pouvait lire dans mes pensées. Pire, qu'elle avait flairé le pot aux roses ! Cette femme a un radar à la place des yeux, ce n'est pas possible ! Heureusement, j'ai immédiatement prétexté une excuse vaseuse. Le genre digne d'une blague Carambar… Autrement dit, qui ne vaut pas un clou.

Quoi qu'il en soit, le fait d'être toutes les quatre réunies ainsi me donne l'impression de faire partie d'un groupe et j'adore ça ! Une sorte de confrérie, sauf qu'évidemment, nous ne sommes pas des mecs, mais des nanas. Des nanas qui déchirent !

Donc, on pourrait plutôt parler de *consœurerie* ? Pas d'après Google, qui me propose : *sororité*. Ouais, sauf que je préfère *consœurerie*. Je trouve que ça colle parfaitement ! La consœurerie des buveuses de mojito. Je valide intérieurement le concept en me lançant un *high five* mental à moi-même. D'ailleurs, je trouve qu'il devrait figurer dans le dictionnaire ! Dommage que ce putain de *Robert* ne soit pas d'accord avec le terme... Forcément, c'est un mec !

Finalement, ravie de notre petite sauterie, je m'amuse bien, presque autant que la dernière fois. La seule différence, c'est qu'il n'y avait pas la pote de Ninon... l'Amerloque. Comment s'appelle-t-elle déjà ? Ah, oui ! Shiloh. C'est quand même la classe, un prénom comme la fille des Brangelina. Et cet accent ! J'adore !

Elle me fait penser à cette héroïne de mon enfance. Vous savez, cette blonde volcanique qui dépotait un max. Celle de la série *Hélène et les garçons*. Il ne lui manque plus que son Cricri d'amour et me voilà de retour quelques années en arrière, devant mon poste de télévision en train de visionner un épisode de la sitcom ! L'accent de Shiloh est tout de même un poil plus prononcé.

Un instant plus tard, je trempe mes lèvres dans un mojito. Enfin, plus exactement dans sa pâle copie sans alcool. Je masque la tristesse qui me saisit aux tripes derrière un faux sourire et fais mine de savourer ma boisson.

Les filles proposent de continuer la soirée dans cette boîte branchée dont tout le monde parle. Mais déjà, l'esprit ailleurs, je n'ai plus la tête à faire la fête.

– Del, tout va bien ?

Je redresse vivement le menton. Le regard soucieux de mon amie me transperce. Instinctivement, ma main glisse jusqu'à mon ventre pour le caresser doucement. Quand je prends conscience de ce que je suis en train de faire, je la retire aussitôt avant que cette dernière ne se rende compte de quoi que ce soit… Trop tard.

Merde merde merde !

– Bon, les gonz', on y va ou on y va ?

C'est Ninon qui lance à la cantonade. Ça a le mérite de détourner l'attention de Lynéa qui lui répond par un grand sourire, les pouces en l'air.

Merci, Ninon. Sans le savoir, elle vient de me sauver la mise. Je repose mon verre sur le plateau, tapote le sommet de mes pommettes pour reprendre une contenance et inspire profondément.

Haut les cœurs ! Ce soir, place à la fête !

***

Shiloh

Okay. Okay… Respire, Shiloh.

J'avale une grosse gorgée du cocktail que m'a offert Lynéa – je crois – et les observe tour à tour. Ces femmes sont juste magnifiques, chacune différente et pourtant toutes d'une beauté à couper le souffle. Je jette un coup d'œil rapide à ma tenue et soupire dans mon verre. J'aurais dû opter pour autre chose, un ensemble plus festif, un maquillage avec plus d'eye-liner et une coiffure plus domptable.

Je suis sur le point de m'excuser auprès des filles quand la sonnerie de mon téléphone retentit depuis ma pochette.

Thank you, Lord! [11]

Je lève les yeux au plafond en remerciant silencieusement le Ciel d'avoir entendu mes prières et de me fournir la meilleure des excuses pour me défiler.

– Allô ?

Faites qu'Allen soit malade, faites qu'Allen soit malade !

– Maman, Emy a caché le DVD de *La Reine des neiges* ! Elle l'a fait exprès !

Je m'éclipse dans le petit hall accolé au salon et bouche mon oreille libre pour masquer le brouhaha des filles mélangé au rythme latino qui pulse des enceintes.

– Violet... Tu l'as déjà vu cent fois...

Le fou rire d'Allen me parvient au loin et me tire un sourire. Ce petit bonhomme devrait être au lit, si l'on s'en tient au planning d'une famille parfaite. Autant dire qu'une nuit blanche correspondrait davantage à notre schéma familial... Alors que je m'apprête à capituler et expliquer à ma cadette mon retour imminent, Ninon se plante devant moi et me dévisage, un sourire déjà bien enivré sur le visage.

– Pas de téléphone, ce soir. Pas de gosses, pas de mari, pas de boulot, pas de stress ! Que des mojitos !

– Oui, mais, attends, je... prétexté-je en camouflant l'entrée micro de mon portable.

– Tu... rien du tout, raccroche et viens !

11. Merci, mon Dieu !

C'est qu'elle m'engueulerait presque !

– Mamaaaaaan !

Une pointe d'irritation me gagne. Comment se peut-il que ce mot de cinq lettres, si doux, si beau, si symbolique, soit devenu si rude à mes oreilles ? Il m'arrive parfois de me demander si j'ai toujours un prénom, une identité de femme. Et ce soir, ces trois nanas aux tempéraments visiblement très différents me proposent de retrouver celle que j'étais sans mes enfants. Mais qui suis-je vraiment sans eux ? Je ne sais faire que ça, être une mère. J'ai oublié mon âme de femme, ou plutôt, je l'ai perdue…

Ninon finit son cocktail cul sec et se met à taper du pied à la manière de Panpan, le petit camarade un peu impatient dans *Bambi*. Je souris en imaginant ma nouvelle amie avec des oreilles de lapine flic et tente de mettre fin à la conversation avec Violet.

– Écoute, mon papillon, je ne peux pas régler le problème à distance. Choisis n'importe quel film, dis à Emy que ce sera son tour demain. Je te laisse, maman va…

Je stoppe net. Ce soir, je ne suis plus maman à proprement parler, je suis moi ! Je corrige alors :

– Je vais aller m'amuser un peu.

Elle bougonne, mais ne tente pas plus que ça de me faire rentrer. Avant de décoller le téléphone de mon oreille, le rire grave de Marley vient caresser mes tympans et une onde de chaleur se répand dans ma poitrine. Je me mordille l'intérieur de la joue pour contenir le sourire que ce jeune homme fait naître sur mes lèvres.

– On y vaaaa !

Je n'ai pas le temps de ranger mon portable que Lynéa

éteint les lumières de sa superbe maison et nous entraîne à l'extérieur. Je me retrouve embarquée dans des rires alcoolisés et des déhanchés hystériques. Je me dépêche de vider mon verre avant que Line ne verrouille la porte d'entrée. Je les suis dans la petite allée parfaitement entretenue et m'immobilise à leurs côtés sur le trottoir.

– Ça fait un peu putes de luxe, nan ? glousse Ninon en nous pointant du doigt toutes les quatre alignées.

Un rire sincère s'échappe de ma gorge et réchauffe mon cœur. Plus de culpabilité, juste moi, la Shiloh des jours heureux et l'alcool qui coule doucement dans mes veines. Soudain, une limousine blanche tourne le coin de la rue et s'arrête devant nous. Lynéa sautille sur place, sous le regard complice de Delilah, lorsque le chauffeur contourne le long véhicule pour venir nous ouvrir la portière. Je me penche vers Ninon après avoir rapidement réfléchi à l'état de mon compte en banque :

– *No way* [12], je ne peux pas m'offrir ça. Je… je vais prendre un taxi.

– Tranquille, Shishi…

Shishi ? *My God* [13], c'est immonde !

– … c'est la boîte d'édition des filles qui paie ! Profite, ça ne sera pas tous les jours !

– Le patron est au courant ?

Elle se retourne en continuant son chemin vers la voiture, un sourire de garce lui barrant le visage.

– Pas sûr !

12. Hors de question.
13. Mon Dieu.

10

Ninon

Quelle magnifique idée que d'avoir fait un plongeon dans la penderie de Lynéa avant de sortir en boîte. Je suis assise sur une banquette, dans la pénombre, j'écoute une musique assourdissante et ris en observant mes trois copines se déhancher sur la piste de danse. Je suis bien, belle, sûre de moi et du pouvoir tout-puissant de mes jambes et de mon décolleté.

Bref, je suis bourrée…

Pour réussir une soirée, il faut tenir la règle de base absolue. Ne pas ingurgiter *le* dernier verre, celui qui t'offrira ta gueule de bois en te faisant jurer de ne jamais recommencer. Je goûte à mon merveilleux cocktail et tente d'analyser ce qu'il y a dedans. C'est rose, frais, sucré, alcoolisé, tout est réuni pour m'obliger à le finir.

C'est mon combientième ?

Un simple calcul mental m'aidera à répondre. Sachant que je suis arrivée chez Line à vingt heures, qu'il est maintenant deux heures et demie du matin, que je bois environ un cocktail par demi-heure, j'ôte les trois quarts d'heure de pause, entre l'entrée, le vestiaire et la commande. Ça fait…

Merde, j'ai dépassé mon dernier verre il y a au moins trois cocktails !

Je hausse les épaules et m'empare de mon téléphone par réflexe. La lumière clignotante m'indique un message que j'ouvre discrètement. Un texto de ma mère et des photos des enfants sur la plage, trempés, couverts de sable et heureux, m'offrent un sentiment de culpabilité poignant.

Qu'est-ce que je fous ici ? Je devrais être avec eux, les câliner, partager mon lit en les blottissant contre moi. Est-ce que ma mère a fait exprès de m'envoyer ces photos avant de se coucher, histoire de remuer le couteau dans la plaie ?

Shiloh s'assied à mes côtés en me poussant de l'épaule et s'étonne de mon air las.

– On n'avait pas dit qu'on coupait notre réseau ?

– Ah non, mais je n'étais pas en train de… enfin, c'est juste que comme… ouais, bon, ça va !

– Au fait, c'est quoi cette histoire de pompier dont tu parlais tout à l'heure ? Tu lui as répondu ?

– Toujours pas. J'hésite…

Shiloh semble étonnée et recommence son interrogatoire. Son accent et le bruit environnant m'empêchent de me concentrer pour comprendre toutes ses paroles. J'espère la faire taire en la prenant à son propre jeu.

– Je le contacte si tu t'envoies ton baby-sitter…

Lynéa apparaît et saisit la conversation au vol, déjà au fait du sujet abordé.

– Balance un message au pompier, ça ne coûte pas grand-chose.

Je me renfrogne devant l'idée stupide de mon amie d'enfance.

– On n'est pas censé ne rien faire de tel quand on est bourré ?

– Mais non ! Cette règle ne concerne que les ex ! Tu veux que William débarque ?

– Tu veux que je vomisse ? C'est quoi, les codes de drague des trentenaires ? Je l'invite à me rejoindre ?

Shiloh glousse en me répondant :

– Tu es définitivement trop saoule pour lui plaire.

Ta gueule, l'Américaine !

– Envoie-lui un poème, propose Lynéa.

– Nan ma chérie, je veux baiser, pas conter fleurette !

Mon amie râle, vexée que je n'adhère pas à ses idées. Je joue avec mon téléphone, hésitant à franchir le pas. Je suis une femme courageuse, indépendante et sexy. Si je lui réponds, il faut qu'il puisse déchiffrer tout ça en quelques mots. Je pianote rapidement et clique sur envoi avant de regretter mon geste. J'avale mon cocktail d'une traite et me lève pour aller en recommander, lorsque je m'étonne.

– Elle est où, Delilah ?

***

Lynéa

Putain que c'est bon ! Oh ouiiiiii ! Bouge bébé ! Comme ça ! Oui !

Je retrouve mon déhanché d'il y a dix ans. Ce petit cul que j'avais avant d'avoir des gamins ! Moulée dans un jean Levi's taille trente-six avec des escarpins sublimes et une confiance digne de Beyoncé à Las Vegas.

Je m'autobooste, me complimente et me soutiens. Je suis le couteau suisse de la femme moderne indépendante. Puéril, mais tellement jouissif !

Sur la piste, je suis une étoile de *Danse avec les Stars*. Je fais des moulinés, en haut, en bas, à droite, à gauche. Je termine par des jeux de jambes et des demi-tours. Je prends tout l'espace, bébé ! C'est MA soirée !

Je suis tellement sûre de mon potentiel à cet instant que j'engage la conversation avec un petit jeune comme s'il était mon pote de toujours !

– T'as vu mon mouliné ? Mieux que les Clodettes !

Je lui ai crié dans l'oreille, avec quelques postillons en cadeau. Il hausse les épaules et replace sa mèche de cheveux.

– Que qui ? Connais pas.

J'entame une chorégraphie endiablée sur « Despacito ».

– Ne parle pas avec elle, mon pote, tu vois bien que c'est une cougar bourrée !

Ledit pote à la mèche hausse à nouveau les épaules et replace sa chevelure. Encore.

– Elle est baisable.

– Ouais, dans la nuit et de dos ! Et puis elle va te vomir dans la tignasse.

D'un coup, mon sourire niais disparaît. Ces deux petits puceaux parlent de moi ! Je m'approche au plus près d'eux en titubant un tout petit peu de rien du tout.

– C'est de moi que tu causes comme ça ?

– Et alors, elle a un problème, la cougar ?

Mais il a les couilles qui ont poussé celui-ci ! J'ouvre mon minisac à main en bandoulière. Je suis une maman qui déchire, je dois bien avoir ça quelque part. Je farfouille dedans sous les yeux interloqués des deux minets. VICTOIRE ! Je sors, tel un trophée, la paire de ciseaux pour couper les ongles de mes garçons.

– Je vais raser votre mèche de merde. Quand on vous appuie sur le nez, il y a encore du lait qui coule !

– Putain, elle est givrée, la vieille ! Viens, on se casse.

– C'est ça, dégagez, les mauviettes ! Rien dans le slibard ! Micropénis !

Trop fière de moi, légèrement, mais très légèrement sous l'emprise de l'alcool, je me tourne vers Delilah pour qu'on se tape dans la main !

– T'as vu comme je les ai cassés ? Del ? Delilah ?

Je fais un tour sur moi-même. Où est ma copine ? Elle a le don pour toujours rater le meilleur ! Tant bien que mal, je pars aux toilettes soulager ma vessie. Je m'écroule sur la cuvette et laisse échapper un juron de plaisir.

– Putain, ça fait du bien de pisser !

À côté de moi, j'entends quelqu'un qui vomit tripes et boyaux. J'en ai mal au cœur. Au moment où je sors des toilettes, Vomito ouvre sa porte en même temps que moi et nous tombons nez à nez. C'est Del qui, bien que surprise, m'engueule !

– Liiiine ! Quel déhanché, ma vieille ! Tu vas devoir me donner des leçons ! Au fait, un conseil, tu devrais y aller mollo sur les mojitos…

– Moi ? Mais je n'ai presque pas…

– Line. Arrête de boire !

À la façon qu'elle a de m'interrompre, je sens que quelque chose se trame…

– Moi ? Je n'ai presque pas… OK !

Nous nous lavons les mains côte à côte. Del a le teint tellement blanc qu'on pourrait la confondre avec un carreau de carrelage. Et là, je percute !

– Oh putain, Del, c'est pas vrai ?

***

Delilah

Une perle de sueur glisse le long de ma nuque tandis qu'une autre roule entre mes seins. Pourtant, je ne lâche rien et me déhanche en rythme sur les basses qui crachent toute leur puissance sur le tube de Jennifer Lopez, « Ain't Your Mama ». Mon cœur emprisonné au creux de ma poitrine, comprimé sous une tonne de culpabilité, se débat encore et encore contre les parois de ma cage thoracique. Les paupières closes, je tente de calquer mes pas et mes hanches sur les « boums boum » incessants du son électro. Une brèche dans mon quotidien à laquelle je m'accroche. Je crois que ça marche, car je me surprends à prendre un plaisir monstre. Je m'amuse et oublie tout – absolument tout – afin d'être une autre, l'espace d'un instant, même infime.

Ce soir, je ne suis plus cette femme désabusée par une situation qui lui échappe et dont la carrière professionnelle tout entière sera mise entre parenthèses d'ici quelques mois, parce que c'est son rôle. Parce que le sacrifice lui incombe à elle et non à lui… Je ne suis plus non plus cette épouse sur le point d'annoncer à la personne qui partage son lit une nouvelle qui risque de bousculer cet équilibre si fragile, enfin obtenu après de nombreuses difficultés.

J'oublie tout. Absolument tout. J'oublie ma belle-mère, cette bourgeoise psychorigide et accessoirement reine des garces, pour qui je ne compte pas une seule seconde. J'oublie également que ma famille à MOI a dîné bien sagement chez elle, dans son domicile du 15e… Un repas auquel je n'étais pas conviée. J'oublie également que mon cher et tendre a trop peur de se confronter à ses parents pour oser dire quoi que ce soit et subit la situation autant que moi. C'est chouette, n'est-ce pas ?

Peu importe, balayé-je mentalement du revers de la main. Son invitation ? Elle aurait pu tout aussi bien se la carrer où je pense ! Ce soir, je suis avec mes amies et il n'est pas question que je laisse cette bonne femme venir gâcher ma soirée. Pour quelques heures, je suis juste… moi. Delilah.

Une bousculade met fin presque immédiatement à mes tergiversations. Quand je me retourne les poings levés, prête à en découdre avec le malotru, j'explose de rire devant les moulinés de Line. Je dois avouer qu'elle ne s'en sort pas si mal, elle s'en tire même à merveille !

Un sourire jusqu'aux oreilles, je secoue la tête et me dirige vers le bar, morte de soif. Un verre me fera le plus grand bien. Rien de tel pour chasser les idées noires, sans compter qu'une bonne hydratation est la clé afin d'éviter une sévère gueule de bois.

Devant le comptoir, je me rappelle aussitôt que je suis consignée à la flotte, et ce pour de longs mois. Ma jauge de moral fait une chute vertigineuse jusque dans mes chaussettes, car ce soir, la bibine et moi, on ne sera pas meilleures potes.

Résignée, je commande un cocktail sans alcool et

attends sagement que le barman me l'apporte pendant que j'observe, amusée, les filles qui s'agitent sur la piste. Le claquement du verre sur le comptoir m'arrache à ma contemplation. Très vite, je tourne de nouveau mon attention vers mes amies. Je dois dire que je suis ravie que le feeling soit passé à merveille entre Shiloh et moi. Je renverse la tête en arrière et savoure la fraîcheur du liquide fruité qui parcourt ma gorge. Je manque de recracher ma boisson sur le sol quand l'Américaine effectue une imitation parfaite de la danse du robot.

Puis, sans que je le sente arriver, je plaque une main sur ma bouche et me précipite avec une rapidité qui me surprend moi-même, digne des plus grands athlètes, vers le fond de la salle. Le claquement de mes talons sur le sol est absorbé par le brouhaha ambiant. Quand mon salut apparaît enfin, je ne réfléchis pas une seconde de plus et enfonce mon épaule dans la porte des toilettes. Le visage tourné vers la première cabine disponible, je plonge le nez au-dessus de la cuvette et, secouée par un violent spasme, déverse le contenu de mes tripes à mes pieds. C'est vraiment DÉ-GUEU-LASSE !

Plus que tout, j'aimerais m'arrêter, cependant c'est impossible. Aussi je rends les armes…

Les yeux qui picotent et la mâchoire douloureuse, je tire la chasse d'eau et m'extrais de mon box, épuisée, lessivée et à bout. Parce que ça ne suffit pas, il faut que je me retrouve nez à nez avec Lynéa et ses yeux débordant de soupçons. Une seule solution : détourner son attention.

– Liiiine ! Quel déhanché, ma vieille ! Tu vas devoir me donner des leçons ! Au fait, un conseil, tu devrais y aller mollo sur les mojitos…

– Moi ? Mais je n'ai presque pas…

Quand elle se ravise, je m'empresse de me diriger vers la rangée de lave-mains.

À son regard perplexe, je devine que je ne vais pas pouvoir la duper très longtemps…

***

Shiloh

Les jeux de lumière m'étourdissent, le rythme violent des basses percute mes tympans. Les vapeurs d'alcool m'enivrent et me donnent la nausée en même temps. Pourtant, je danse, je bois, je ris. J'oublie tout. C'est à peine si je me souviens de l'endroit où nous sommes, et je m'en fous ! Je suis bien. Saoule, mais tellement bien ! Je ne me suis pas retrouvée dans cet état d'ivresse et d'insouciance depuis des lustres.

Le temps semble alterner ralenti et grande vitesse. Delilah et Lynéa sont posées sur la banquette en peau de licorne, elles font d'immenses gestes et… Est-ce qu'elles s'engueulent ? On me bouscule, je pouffe… J'aperçois Ninon deux mètres derrière moi, les yeux fermés, en pleine transe musicale. On me bouscule encore. Je glousse et lève les bras en continuant d'onduler sensuellement sur Bruno Mars.

Et puis soudain, plus rien. Plus de son, plus d'image, je ne ris plus, je ne tangue plus. *Fuck !*

– Shishi ! C'est là qu'tu descends.

Toujours plongée dans l'obscurité, je grimace en sentant l'air frais piquer les zones dénudées de ma peau. Et puis, merde, ce surnom est dégueulasse !

– Allez ! Bouge ton cul d'Américaine !

J'ouvre les yeux à la seconde où je bascule dans le vide. Sans vraiment comprendre d'où me vient mon équilibre, je parviens à me réceptionner sur le trottoir malgré mes dix centimètres de talons et mon état éthylique trop avancé.

– J't'appelle !... Ah, Shiloh ?

Je me retourne en tirant sur le revers de ma jupe pour retrouver la décence d'avant-soirée et récupère machinalement le petit papier que me tend Ninon.

– Bouffe-le, n'en laisse pas une miette ! Bonne baiiiiiiiise, ma chérie !

La voiture démarre avant même que Ninon n'ait refermé la portière. Je réponds d'un signe de main à Delilah et Lynéa qui me hurlent des insanités par la fenêtre ouverte. J'ai à peine le temps de rouvrir ma paume que la limousine a disparu. Est-ce que... Je soulève le petit carré d'aluminium et... un préservatif ? Ninon m'a donné un préservatif ! Elle a osé... Pour quel genre d'amie se prend-elle ? Celle qui me pousse à commettre un abus sur mineur ? Ouais, d'accord, il est majeur, mais quand même !

Dans un mouvement très approximatif, je fais face à ma modeste demeure et soupire. Boire, c'est mal, mal, mal ! Je n'ai aucun souvenir de la fin de soirée ni du retour en limo ! Je titube en tentant de rejoindre la porte d'entrée et conclus quc cettc sortie était, je crois, une réussite. Ces trois nanas sont déjantées, flippantes, mais vraiment sympas ! Je ne suis pas certaine de vouloir recommencer les tournées de cocktails dès demain, mais les revoir autour d'un café pourrait s'envisager. Et puis, ce n'est pas comme si mon cercle d'amies était vaste...

Je reste une bonne minute à piétiner mon paillasson, une main appuyée contre la porte pour parer à la houle, l'autre plongée dans ma pochette à la recherche de mon trousseau. Soit la profondeur de mon sac a triplé dans la soirée, soit j'ai perdu mes clés.

Soit t'es trop saoule...

– Son of a... Fuckin' keys ! [14]

Le bourdonnement des basses continue de grésiller dans mes oreilles et m'empêche d'entendre le tour de clé intérieur. Et soudain, la chute. Je me sens plonger en avant, déséquilibrée par l'absence de porte, entraînée par le vide.

Eh merde...

Je ferme les yeux en me laissant tomber comme une pierre ivre de dix tonnes. Alors que je m'attends à percuter le sol, les mâchoires serrées, deux bras puissants me réceptionnent et me hissent sur mes jambes cotonneuses. L'instant suivant, sa chaleur me grise, celle de son torse collé contre ma poitrine, celle de son souffle contre mon visage... Malgré la pénombre de la nuit, son regard me transperce et réveille les parties de mon corps éparpillées dans un tsunami d'alcool.

Il reste immobile sur le seuil de l'entrée, me maintenant fermement dans ses bras. Mon cœur bat à tout rompre contre son torse. Sa bouche n'est qu'à quelques centimètres. Quatre, cinq au maximum...

---

14. Fils de... Putains de clés !

11

Ninon

– Tu es où ? Ça résonne…

J'essaye de répondre à Lynéa entre deux souffles, montant les quatre étages pour atteindre mon bureau. Je suis emmitouflée dans un vieux foulard doux et rassurant, des lunettes de soleil noires cachent le reste de mon visage.

Putain d'objectif que de ne jamais prendre l'ascenseur pour avoir un cul d'enfer, je transpire le rhum !

– Je suis dans la cage d'escalier au boulot. Je suis rentrée à la maison pendant la pause déjeuner.

– Oh, bah alors ? On a du mal à décuver et on a fait un gros dodo ? T'es plus toute jeune…

– Ferme-la ! L'idée était effectivement de faire une sieste réparatrice, mais j'ai passé mon temps à m'occuper du linge et à aspirer le sable que les petits ont rapporté de Bretagne.

Je l'entends glousser. Et plus je lui demande de se calmer, plus elle se moque.

Je la hais !

Pourtant, je reprends doucement, bien décidée à connaître le potin du moment :

– Sinon, il lui arrive quoi, à Delilah ? Sois cool et aie un peu pitié de moi, j'ai besoin de croustillant.

– Je ne peux rien dire, tu comprends, je n'ai pas envie de devenir l'indic d'un flic.

Je ne sais pas pourquoi, mais aujourd'hui son humour m'agace. Elle ne lâchera rien et je peux presque saluer son sens du secret. Tant pis pour les ragots, je vais me tourner vers mon Américaine, avec un peu de chance, elle a réussi à croquer son gamin. Je range dans un coin de ma tête l'idée de lui envoyer un message une fois ma conversation téléphonique terminée.

– Ma chérie, je suis arrivée au bureau, on s'appelle plus tard.

– OK, timing parfait, je vais commencer ma réunion. Bonne après-midiiiiii.

Pourquoi son cri résonne-t-il dans mon crâne ?

Je passe la porte et salue Bruno de la main. J'étais bien, toute seule ce matin, dans le silence apaisant de mon bureau. J'essaye de dégager le foulard qui m'étrangle et pose mon lourd sac en soupirant.

– Ta gueule de bois joue les prolongations ?

Je voudrais lui dire de se taire, mais il a raison, je suis dans un état de fatigue proche du coma.

– Pitié, évite les sarcasmes. J'ai déjà tout donné pour que mon crâne n'explose pas sous les hurlements de Lenzo, j'ai atteint mon quota d'efforts.

– Ah, mince. Il est malade ?

Malade ?

– Mais non, penses-tu ! Il a passé le week-end avec des

fringues mouillées, à courir sur une plage en plein vent, s'est couché à pas d'heure dans une maison mal isolée, le tout assorti de sept heures de route en deux jours. Je hais ma mère… Là, tout de suite, je la déteste d'avoir déposé mes gamins chez moi à la va-vite pour continuer son voyage et rejoindre ses copines pour la semaine.

– Je vois, je vois… Assieds-toi, je vais te préparer un café.

J'aimerais être en mesure de réfléchir, comprendre pourquoi il est aussi avenant, mais je suis une vraie loque, alors je lui pose directement la question. Simple, rapide et moins énergivore. Il répond du bout des lèvres, presque hésitant :

– Oh, euh… Tu serais d'accord pour me remplacer sur les nouvelles constatations de l'incendie de la semaine dernière ?

– Non.

– Tu es sûre ? Parce que comme tu étais sur les lieux, tu connais le dossier sur le bout des doigts et du coup…

– Qu'est-ce que tu n'as pas compris dans le mot « non » ?

C'est vrai, quoi !

Ce n'est pas comme si j'avais assez argumenté pour qu'il ne se souvienne pas de sa question. Faut pas me chercher quand je suis dans cet état ! Il le sait pourtant, six ans qu'il me pratique quotidiennement.

– Et si je te dis qu'un beau pompier ne devrait pas tarder à venir ici, tu ne changes pas d'avis ?

Merde, il me pratique trop, finalement ! Il sait que mes hormones sont maintenant au garde-à-vous, prêtes à aller à la conquête de ce mâle en puissance, ce type des plus sexy, cet homme… marié.

Euh, attends une seconde, Ninon ! Ça ne te ferait pas penser à quelque chose ?

Le temps que ma mémoire se mette en place, fasse tourner les turbines dans le bon sens et pédale assez, je cherche frénétiquement mon téléphone et le trouve après m'être insultée d'avoir oublié la tétine de Lenzo dans mon sac. J'ouvre l'application messagerie et me blâme encore une fois… bien plus fort. Pourtant, oublier la tétine adorée de son fils encore plus adoré est déjà une erreur qui risque de me bouffer la journée, mais là…

– Tu es toute pâle ? Ça va ?

– Bruno, j'ai fait la connerie de ma vie.

– Ah non ! Ne me dis pas que tu as recouché avec Will !

– Hein ? Mais ça va pas ! Plutôt sauter par la fenêtre que de recommencer avec lui !

Bruno prend un air résigné et hausse un de ses sourcils, comme dans les dessins animés.

– Courageuse, dis-moi ! Tu ne tombes que sur la terrasse de l'étage du dessous, poulette !

– Ouais, bah je suis une mère célibataire, je ne peux pas non plus prendre de risques inconsidérés. Non, j'ai envoyé un message à Thibault samedi soir quand j'étais ivre.

– Mais on ne fait jamais…

– Je saiiiiiiis ! Je te dis que j'étais bourrée, ça ne suffit pas comme excuse ?

Je frappe mon front contre le bureau et n'ai aucune force pour relever mon buste. Cette semaine débute vraiment très mal, comme toutes les autres en fait, mais en pire. Pourquoi suis-je sortie avec les filles ? Pourquoi me suis-je laissé entraîner ? Pourquoi avoir apporté mon téléphone ? Cet appareil peut s'avérer être une arme de destruction massive en cas d'alcoolémie avancée !

Je crois que c'est foutu avant même d'avoir commencé… Je pensais être plus intelligente que les autres en réussissant à taper quelques petits mots pour draguer avec classe. Je suis nulle pour minauder à jeun, alors après à un nombre incalculable de verres et une libido exacerbée, je merde à coup sûr.

Je me redresse péniblement et, après avoir jeté mon téléphone sur le bureau, je prends ma tête entre les mains.

– Allez, ça ne peut pas être si terrible, si ?

– Oh bah non, penses-tu ! J'ai seulement noté : « Divorce et viens me lécher », à la place de : « Divorce et viens me chercher » ! Rien de grave, vraiment… Rien. De. Grave.

Bruno réprime un hoquet de rire, se racle la gorge et reprend plus posément. :

– C'est ton T9 qui a merdé ?

– D'où tu trouves une ressemblance entre les mots « lécher » et « chercher » ?

– Euh, la terminaison ?

Je vais le frapper ! Ça me détendrait et, s'il réplique avec un tant soit peu de force, il arrivera sûrement à me plonger dans un coma profond. Je me réveillerai dans vingt ans, lorsque mes enfants seront autonomes, ma mère en maison de retraite et Thibault… divorcé ?

Mon voisin de bureau ne tient plus et explose de rire avec, tout de même, un regard compatissant à mon égard. J'essaye de lui expliquer mon état déplorable, détestable, déprimant.

– J'ai tapé « lécher » parce qu'au moment d'écrire ce putain de texto, je pensais à sa tête entre mes jambes et à sa langue me faisant assez de bien pour jouir sans retenue, tu saisis l'idée ?

Bruno s'approche en essuyant les larmes de son visage et s'installe nonchalamment sur le coin de son bureau.

– J'ai très bien compris, merci pour les détails. Mais… hum, je pense ne pas être le seul.

– Non ?

– Si, si.

Je répète ma toute petite question à voix basse, Bruno réitère avec la même intonation en me faisant des signes de menton pour que je me retourne. Je ne veux pas voir Thibault derrière moi, me fixant avec son air étonné, ou pire encore, horrifié. Alors, tout doucement, je me tords pour regarder par-dessus mon épaule et trouve… la porte ouverte, rien de plus.

– Espèce de connard ! Tu sais la peur que j'ai eue ? Je vais te tuer !

Bruno esquive le poing rageur que je tente d'écraser sur son épaule. Il part en courant dans le couloir, riant à s'en décoller les poumons, pour rejoindre l'*open space* voisin et balancer mes dernières frasques. Je suis habituée à le poursuivre, notre équipe ressemble souvent à une classe de grande section au moment de la récréation. La bonne humeur compense la charge de travail et la lourdeur des affaires qui s'enchaînent. Je suis rouge, oscillant entre rire et colère, je prends une grosse voix pour imiter l'ogre qui fait tant peur à mes enfants le soir.

– Bruno, sors de ce bureau dans le calme. C'est ma dernière sommation.

J'entre en bondissant. En vrai, ça aurait dû être un superbe saut, digne d'une magnifique ballerine, mais je suis en surlendemain de cuite, donc ça ressemble à s'y méprendre à celui d'un éléphant de mer en rut. Peu importe, je ne suis plus à ça près et j'ai assez de dossiers sur mes collègues pour qu'ils ne fassent pas état de ma splendeur du jour. Seul souci, je surprends les gars de la brigade des incendies et, tout au fond, à proximité du dernier bureau…

Thibault.

J'essaye de me redresser et d'être à peu près digne, mais le mal est fait. Le pompier ne me prête aucune attention et discute avec Marlène, une grande blonde, mince, sportive et célibataire. Je ne l'aimais déjà pas beaucoup avant, mais c'est encore pire lorsqu'elle pose sa main sur le bras de MON mec !

Possessive ? Peu réaliste ? Vraiment ?

– Ninon, scande Axel. Nous te cherchions pour savoir si tu voulais nous accompagner sur l'incendie. Tu es dispo ?

Je réponds par l'affirmative et vois Thibault me scruter, sourire et hocher la tête. Surtout ne pas rougir et oublier l'affaire du texto, il y va de ma survie. Je le lâche du regard et me contorsionne pour attraper mon téléphone portable, qui sonne dans la poche arrière de mon jean, afin de décrocher.

Pourquoi le mettre là alors que ça augmente considérablement le volume de mon cul ?

Bref, je réponds sans attendre et tourne le dos à mon équipe pour rejoindre le couloir.

– Oui ?

– Bonjour madame Jean, c'est Mme Alité, la directrice de l'école. Je suis désolée, mais Salomé est malade, vous devriez venir la chercher.

Putain de timing… C'est maintenant officiel, mes enfants se liguent secrètement contre moi pour m'empêcher d'avoir un semblant de vie sexuelle. Je ferme les yeux et pense à ma chérie, certainement toute fiévreuse, sanglotante, et je redeviens la maman anxieuse et surprotectrice que je suis réellement.

– J'imagine que l'état de Lenzo ne s'est pas amélioré depuis ce matin ?

– Oh, non, il est fidèle à lui-même. Il fait le pitre en dérangeant ses camarades pendant la classe.

Oh, ça va, on se calme ! Il est en petite section, ce n'est pas comme si ses « camarades » se penchaient sur le programme de Maths sup !

– J'arrive et je récupère les deux. Merci de m'avoir prévenue.

***

Emmitouflés dans leurs plaids, les enfants sont allongés sur le canapé devant un dessin animé. Je m'évertue à jouer à la maman parfaite en leur préparant la recette que ma mère me faisait lorsque j'étais malade. Je m'assieds ensuite aux côtés de Salomé et lui demande de se redresser en lui présentant un bol.

– Tiens ma chérie, je t'ai fait un tapioca au miel. Ça va te nourrir et te réchauffer par la même occasion.

Elle chouine. Elle fait toujours ça en étant malade, avec une sorte de petit sifflement de chaton que l'on vient d'écraser par inadvertance. Ça m'agace la plupart du temps, mais sa fièvre grandissante apaise mon énervement.

– Je veux pas manger ça. Je veux des pâtes carbo, t'façon.

– Il ne vaut mieux pas, les lardons sont difficiles à vomir et…

Pourquoi ai-je parlé de vomir, moi ?

Salomé me regarde maintenant avec terreur, posant une main sur sa bouche. J'essaye de la calmer, de lui changer les idées, mais rien n'y fait. La petite campe sur ses peurs et surjoue, pensant certainement que je vais tout lui passer. Plus elle râle, plus elle m'irrite. Je me lève d'un bond et m'installe à côté de son frère, lui proposant le bol de sa sœur qui continue à grogner avec véhémence.

– T'façon, t'es pas gentille. C'est ta faute si je vomis ! J'veux manger des pâtes et faire un câlin à mamie, voilà !

Ouais, bah moi je voulais bosser et baiser avec un pompier ! On n'a pas toujours ce qu'on veut dans la vie, voilà !

Je ne sais pas par quel miracle j'arrive à lui répondre avec douceur, et, tandis que Lenzo dévore le tapioca, j'entre en négociation avec l'ennemie.

– Écoute chérie, tu ne peux pas avoir de carbonara, je n'ai pas tous les ingrédients. Je te préparerai ce plat ce week-end quand mamie sera revenue.

La petite se renfrogne et parle sans faire d'effort pour que je la comprenne. Ça aussi, je déteste, quand elle n'articule pas, prend une voix de bébé et une attitude proportionnelle.

– C'est dans trop longtemps, alors à la place, je veux du chocolat blanc !

Elle ne se laissera pas faire, je le sens. Armée de sa fièvre, ma fille est en position de force. D'habitude, j'arrive à camper sur mes positions, mais lorsqu'un de mes petits est souffrant, j'oublie tous mes principes, ou le peu qu'il me reste, et accepte la moindre de leur demande. J'ai beau ne pas avoir de lardons pour les pâtes, j'ai toujours une tablette de chocolat blanc qui traîne. Alors, *oui* ce n'est pas forcément le repas miracle quand on est malade, *oui* manger sucré le soir ne fait pas de bien aux dents, *oui* ça ne la fera pas guérir, mais grossir…

Oui, oui, oui, mais merde !

Je fais ce que je peux avec les armes que j'ai et, ce soir, ces carrés de beurre de cacao de malheur vont m'aider à lui faire manger la bouillie qu'elle refuse.

Deux bols de tapioca, autant de barres chocolatées, un bain – pas trop froid pour ne pas augmenter les frissons, pas trop chaud pour ne pas faire monter la fièvre – deux histoires du soir, un caprice de Lenzo et un quart d'heure de pleurs de Salomé plus tard… Je me retrouve au milieu des deux amours de ma vie, endormis dans mon lit. Je suis allongée, souriante, ravie d'entendre leurs petites respirations apaisées, j'apprécie la chaleur de leurs corps et cette manière involontaire de poser leur main sur moi. Comme si mon contact les rassurait et que leur sommeil ne pouvait être réparateur sans ma présence. Ils me rendent tous les deux la vie impossible, mais à cet instant, je ne regrette rien. Ni mon quotidien à mille à l'heure, ni les galères à répétition, ni Will, car c'est grâce à lui que je suis devenue maman. Là, tout de suite, je suis sur un nuage de bonheur et compte bien m'endormir avec toutes ces images positives n guise de doudou.

Mon mobile m'apprend l'arrivée d'un message et je souris aussitôt en pensant que Shiloh prend enfin le temps de me répondre. Pourvu qu'elle ait de bonnes nouvelles à m'annoncer, me changer les idées me fera du bien. Je me contorsionne et m'étire le plus doucement possible pour ne pas réveiller mes deux amours. En déverrouillant mon téléphone, mon rictus s'évanouit et une chaleur particulière me monte aux joues.

[Je suis séparé depuis plusieurs mois.
On fait comment pour la suite
du programme ?]

12

Lynéa

J'ai réussi à prendre sur moi, comme souvent. Je suis meilleure de jour en jour. Ou pire. Je ne sais pas…

Je raccroche avec mon amie et mon masque tombe. Je n'ai pas voulu que Ninon s'inquiète. Des fois, elle a une tendance à l'hyperprotection assez étouffante. Aujourd'hui, je n'ai pas besoin d'être réconfortée. Aucune envie de m'entendre dire que ma vie est géniale, que je ne manque de rien. Que j'ai de la chance d'avoir un mari tel que Marcus ; il est intelligent, attentionné et descend d'une grande lignée aristocratique, contrairement à moi, la petite provinciale orpheline. Que je dors dans ses hôtels de luxe sans aucune vergogne. Que mon appartement est sublime. Que mon corps n'est pas si marqué que ça après avoir eu des jumeaux. Entendre par là que j'ai pris vingt-neuf kilos pendant ma grossesse et que mes belles-sœurs s'attendaient à ce que mon ventre recouvre entièrement mon pubis.

Elles ont toujours pris un malin plaisir à tenter de me rabaisser. Souvent, ça a marché, d'ailleurs… Surtout pendant que j'attendais mes garçons. J'entends encore leurs voix nasillardes accompagnées de leurs airs supérieurs de Madone :

– Tu ne devrais pas mettre autant de sauce dans ta salade, Lynéa.

– Ce n'est pas bon pour ton cholestérol.

Et patati et patata, toute la journée, ça n'arrête pas.

À chaque fois, j'ai cette chanson de *Cendrillon* qui passe en boucle dans la tête quand je les vois me parler. Parce que je n'écoute pas vraiment ce qu'elles me disent.

– Je n'en ai pas.

– Pas encore, Lynéa !

– Et ton diabète ?

Leurs conseils me gonflent. Leurs remarques d'autant plus. Facile de juger quand on n'a jamais été enceinte. Leurs voix aiguës et hautaines me hérissent encore. Même si cela date de sept ans. Depuis mon accouchement, j'ai vu Bérengère et Capucine de moins en moins souvent. Pour mon plus grand bonheur. Les bébés éloignent les gens. Les jumeaux dix fois plus !

Je pose le front sur mon bureau, le contact du verre me fait du bien. La vérité, c'est que j'ai du mal à me remettre de la soirée de samedi. Je n'ai plus l'âge, je crois. Et mes bras me font atrocement souffrir, c'est encore pire qu'après un cours de Zumba ! J'ai dû inventer des chorégraphies de merde en me prenant pour Beyoncé. Qu'importe, le ridicule m'a déjà tuée plusieurs fois !

Je me sens terriblement nostalgique. Horriblement. Cette soirée de samedi m'a replongée dans mes années d'insouciance. Dans l'euphorie de la jeunesse. Et je vois les années défiler, emportant avec elles mes rêves de grandeur.

Une seule chose s'impose à moi. J'essaye de me battre contre moi-même. De retenir mon bras qui s'avance dangereusement vers l'enfer. Je ne parviens pas à empêcher mes doigts de s'accrocher à la poignée. Je pousse un petit cri de délivrance quand je tire le tiroir ! Mes yeux s'illuminent instantanément. Mon taux d'endorphine augmente en flèche. Un petit sourire de satisfaction illumine mon visage.

Sans aucune pudeur ni retenue, je plonge dans le tiroir. J'en ressors des trésors inestimables que j'ouvre rapidement pour m'en délecter. Putain, quelle jouissance ! Le nirvana même ! Hmmm, je penche la tête en arrière pour savourer chaque précieux moment de pur bonheur orgasmique quand…

– Madame Rivière, que faites-vous ?

Mes yeux se relèvent d'un geste et tombent sur ceux, outrés, de mon directeur. Petit et bedonnant. Il ne cesse de transpirer. C'est un homme des plus intelligents.

– Monsieur Hue, je ne vous attendais pas…

Je me sens honteuse. Prise en flagrant délit. Je jette tous les papiers de gâteaux à la poubelle. Je passe une main sur ma robe portefeuille rouge pour en chasser les miettes.

– Je viens vous présenter votre nouvelle auteure. Paige Costa Cruz.

Merde. J'avais complètement oublié ! Mon directeur se pousse pour la laisser entrer et ce que je vois finit de m'achever. Des jambes superbement mises en valeur par des collants résille. Des escarpins noirs parfaits. Une robe moulante blanche qui avantage sa poitrine généreuse. Une cascade de cheveux roux et un visage de poupée. Cette nana est l'archétype même de la beauté féminine. Et pour enfoncer le clou encore plus loin, son roman est une pure merveille.

J'ai toujours admiré les femmes qui s'assument et sais reconnaître une beauté pure, qu'elle soit masculine ou féminine.

– Je vous laisse faire connaissance, mesdames.

M. Hue part en refermant la porte derrière lui.

Je suis dans une merde noire. Je ne vais pas pouvoir m'occuper d'elle. C'est au-dessus de mes forces. Je ne parviendrai pas à lutter contre mon instinct. Parce que j'ai eu une aventure unique avec une femme, qu'elle a été d'une sensualité absolue et que ce souvenir reste marqué dans mes chairs. Pour autant, je ne me considère pas comme bisexuelle mais comme une testeuse. Les femmes sûres d'elles comme Paige me fascinent et seraient, peut-être, capables de me faire goûter à autre chose…

Il ne s'agit plus de chocolat, il s'agit de sexe. Je ne peux empêcher les mots de sortir de ma bouche. Dans ces moments-là, elle est reliée directement à mes pensées. Et je n'ai aucun filtre. Aucune retenue.

– Parfaite et mouillante.

– Je vous demande pardon, Lynéa ?

Le rouge me monte instantanément aux joues. J'ai chaud. Je perds mes moyens.

– Euh. Veuillez m'excuser, madame Costa Cruz. Je disais juste : « Parfaite mouvante ». C'est un concept nouveau que je mets en place. Où tout s'articule autour de la… euh… mobilité des silhouettes pour créer un… euh… dynamisme.

Rattrape-toi aux branches, Line !

Son corps de liane s'approche de moi. Sa main fine avance vers mon visage. Je n'esquisse pas un mouvement.

Je suis suspendue à sa façon de bouger, sensuellement. Son doigt se pose au-dessus de ma bouche. Je frémis. Je tremble.

– Vous avez un peu de chocolat. Juste ici.

La douceur de son geste laisse une chaleur indescriptible sur ma peau. Je n'ose même pas respirer de peur de craquer. Paige plante son regard vert magnifique dans le mien avant de m'achever.

– Je sens que nous allons très bien nous entendre, Lynéa…

Mayday, Mayday ! Je répète. MAYDAY. La culotte de Line est en train de se noyer. Ouvrez la porte !

***

Je plonge la tête sous l'eau. Laissant le bain m'engloutir. J'entends encore, au creux de mon estomac, le doux son de sa voix quand elle prononce mon prénom.

– Maman. Hugo dit que je ne suis plus son frère.

– C'est parce que Nolan dit qu'il ne veut pas jouer avec moi.

– Oui, mais je n'aime pas quand tu écrases ma ville avec ton tank.

– Les tanks, c'est pour écraser.

Surtout ne pas crier. Ne pas leur montrer qu'ils bousillent mon intimité. Respirer calmement, plaquer un sourire sur mon visage et parler d'une voix douce.

Tu peux le faire, Lynéa.

– Nolan, avec ton tank, tu protèges les bonshommes. Et toi, Hugo, tu fais un garage pour les tanks.

Je m'épate moi-même !

– Oh oui, génial !

Ils repartent aussi vite qu'ils sont arrivés en laissant la

porte de la salle de bains grande ouverte. Comme d'habitude, voyons ! Je me lave rapidement, séchant mes cheveux tant bien que mal. Enfile mon peignoir et me dirige dans la cuisine. La flemme de mitonner des plats me prend souvent et là, je suis en pleine crise. J'attrape le tas de prospectus à côté du micro-ondes. Sushis, ce soir ! Livraison prévue dans quarante-cinq minutes, juste le temps de laver les garçons et d'attendre le retour de Marcus.

La douche est un carnage, comme souvent. De l'eau partout sur le sol, les vêtements enlevés et laissés à l'abandon sur le carrelage et même dans la double vasque. À chaque fois, je me dis que je dois les laver séparément pour éviter cette situation. Et indéniablement, chaque soir, je choisis la facilité. J'ai l'impression d'être une mère indigne. Mon moral descend en chute libre…

– Ton zizi est tout droit ! s'exclame Nolan en regardant son frère.

Fier de lui, Hugo lui répond :

– C'est parce que je suis un chevalier. Mon épée est prête à combattre.

Je suis prise d'un fou rire ! Leur esprit si imaginatif me fait littéralement craquer ! Quand Nolan tourne la tête vers moi avec sa petite moue attendrissante, je suis sous le charme. Et mon moral fait un bond joyeux.

– Maman ? Pourquoi mon épée à moi, elle ne veut pas se battre ?

– Mon cœur, ce n'est pas le moment pour faire la guerre. Viens, on va plutôt faire la paix.

J'enroule autour de lui la grosse serviette de bain blanche. Seuls son visage et ses pieds dépassent. J'en profite pour le serrer fort contre moi et embrasse ses cheveux bruns. Je serais prête à tout pour mes garçons. Même à laisser ma vie de côté. Rien ne compte plus que de voir mes petits hommes heureux.

– Je suis rentré !

– Nous sommes dans la salle de bains, Marcus !

Mon mari pousse la porte et nous contemple avec fierté. Il parvient à se satisfaire de ce qu'il a. Et je trouve cela magique ! J'aimerais tant y arriver aussi. Mais il m'en faut toujours plus. Avoir des projets, des destinations de vacances. Changer la décoration. Choisir un nouveau canapé. Je me sens bien dans l'action. Quand le rush autour de moi me permet de me rendre utile. Il est là mon problème, savoir gérer l'ennui.

La sonnette d'entrée me sort de ma rêverie. Je me mets debout et rejoins le hall.

– Les sushis arrivent !

J'ouvre la porte en tenant mon porte-monnaie.

– Bonsoir, Lynéa.

Ledit porte-monnaie tombe au sol en répandant toutes mes pièces. Cette voix, ce charisme. Je n'en crois pas mes yeux. Je me baisse pour ramasser les pièces. Elle fait de même. Nos genoux se touchent presque. Je suis nue sous mon peignoir. Elle glisse un regard vers ma poitrine. Je la laisse faire.

– J'ai une livraison au nom de Rivière.

Je sursaute en entendant le livreur à quelques mètres de nous. Une nouvelle fois, mes pièces roulent sur le carrelage.

– Donnez. Je vais la prendre.

Mon mari, impeccable dans son costume bleu marine, se trouve derrière moi. Je réajuste mon peignoir avant de me relever.

– Vous pouvez garder la monnaie. Au revoir.

Le livreur s'en va, non sans avoir reluqué Paige d'un œil lubrique. Nous nous faisons face tous les trois. La gêne s'installe. Heureusement, Paige tend la main vers Marcus en se présentant.

– Enchanté de faire votre connaissance.

Tu m'étonnes ! Mon mari a sûrement encore en tête le plan à trois que nous avons fait il y a quelques années… Ou alors c'est moi. Quoi qu'il en soit, nous avions voulu briser un peu les codes de la classe sociale des Rivière en osant tester une activité sexuelle en groupe. Le résultat avait été mitigé puisque je ne supportais pas que notre partenaire féminine de la soirée touche mon homme. Quant à lui, cela ne lui avait posé aucun problème que mes lèvres soient touchées par une autre…

Le piment a été puissant et nous a coupé l'envie de recommencer pour nous consacrer à un plaisir en duo, beaucoup plus serein.

– Je voulais vous déposer cela.

Elle pose un dossier dans mes mains et disparaît soudainement. Je referme la porte et m'y adosse pendant que Marcus place nos sushis sur la table de la cuisine.

– Très mystérieuse, ta cliente, chérie.

Trop. Beaucoup trop…

Je sens une petite poigne tirer sur ma manche.

– Dis maman, est-ce que papa, il a une grosse épée ?

Je souris en contemplant mon fils pendant que son frère trottine dans le couloir. Il est là, mon essentiel. Dans cet appartement. Il faut juste que je m'en rende compte !

13

Delilah

« Le soleil vient de se lever, on est heureux de retrouver, l'ami Ricoré, l'ami du petit déjeuner, l'ami Ricoré… Il vient toujours au bon moment, l'ami… »

Ta gueule ! m'exclamé-je mentalement en direction de l'écran plat accroché au mur de la cuisine, juste au-dessus de ma tête. Le week-end, ma fille adore avaler son bol de lait en visionnant d'anciens dessins animés que diffuse la chaîne rétro. C'est cool, me direz-vous… Que nenni ! Non seulement je me farcis pour la millionième fois *Princesse Sarah, Embrasse-moi, Lucile* et autre *Sailor Moon*, mais je me tape aussi les réclames avec des putains de génériques qui défilent entre deux épisodes et me collent au crâne pour le restant de la journée !

Quoi ? Ce n'est quand même pas ma faute s'il me faut un peu plus d'une semaine pour me remettre d'une sortie en boîte avec les copines !

– Maman, quand je serai grande, je veux être une princesse ! résonne la voix cristalline d'Hana.

Les paroles aux notes musicales de mon bébé se répercutent en moi et me renvoient à travers les paupières une image venue d'ailleurs. Une allégorie aux bords un peu élimés par le passé. Celle d'une petite fille aux cheveux bruns cascadant jusqu'à la taille et légèrement ondulés. Elle admire son reflet dans le miroir en pied qui mange un angle entier de la chambre de ses parents et dont la surface est troublée de nombreuses taches sombres.

L'enfant en question partage avec Hana des traits du visage aux contours familiers. Un frisson de bonheur me parcourt instantanément. Et pour cause : c'est moi.

***

– Cesse de toucher à ce miroir ! Tu vas finir par l'abîmer, ou pire : le casser.

Je reconnais cette voix.

– Maman, plus tard, je voudrais être une fée ! Comme ça, je pourrais exaucer les souhaits.

Secrètement, mon souhait le plus cher : que mes parents arrêtent de se disputer sans arrêt.

– Delilah, les fées n'existent pas. Pas plus que les princesses ou les pirates. Tout ça, ce ne sont que des idioties ! Combien de fois faut-il que je te le répète ? Es-tu une idiote, mon enfant ?

Je me renfrogne et rentre la tête dans mes frêles épaules.

– Euh... non, non, maman, je ne le crois pas.

– Tu ne le crois pas ? Voyez-vous ça !

– Je veux dire, non.

– Bien. Dans ce cas, je ne veux plus t'entendre répéter de pareilles bêtises, suis-je bien claire ?

– Mais, mais… si je ne peux pas être une fée, qu'est-ce que je vais devenir alors ?

La tristesse transparaît par tous les pores de ma peau.

– Quelle question ! C'est très simple, ma fille, tu seras une parfaite épouse et une mère dont la mission sera de veiller au bien-être de sa famille.

Le choc est violent. La bouche grande ouverte, j'assimile difficilement ces informations qui paraissent absurdes pour une enfant de mon âge.

***

Je pensais avoir oublié cet instant volé de mon passé. Pourtant, je me souviens de cette scène avec une précision qui m'étonne moi-même. Ça ne dure pas plus d'une minute, peut-être deux. C'est fugace, néanmoins je m'en souviendrai toute ma vie. Je me souviens particulièrement de ma voix chevrotante, désespérée, de l'angoisse qui s'insinue à travers chacun de mes doigts tremblants de questions.

Une famille ? Mais… mais… je n'en veux pas d'autre…

J'avais 3 ans et une imagination qui dépassait les murs de notre maison. Pourtant, c'est précisément ce souvenir qui me revient en mémoire. Je devine pourquoi… C'est tout simplement ce jour-là que ma mère – inconsciemment ou non – venait de briser une parcelle de mon âme d'enfant.

– Alors, dis maman, je pourrai être une princesse ?

Je bats des cils pour chasser cet écho telle une fleur fanée recouvrant mes paupières et plonge dans un océan chocolat auquel je m'accroche de toutes mes forces : le regard de ma fille.

Il m'apaise aussitôt et m'enveloppe de chaleur. Je m'y sens bien. Je m'éclaircis la voix et réponds avec détermination aux yeux impatients d'Hana.

– Absolument, ma puce. Tu pourras être une princesse. Et tu sais quoi ?

– Non, quoi ?

– Même que tu seras la plus belle de toutes !

Un sourire radieux fend son doux visage et nimbe mon cœur d'un bonheur à l'état brut.

Oh que oui ! Peu importe la destination, seul le chemin compte. Et Hana aura toujours mon soutien pour la guider et l'encourager. Je ne souhaite qu'une chose : qu'elle sache qu'elle pourra devenir tout ce qu'elle désire, princesse ou cosmonaute… ou que sais-je encore…

Tant qu'elle ne devient pas comme moi…

La revoilà, cette bonne vieille mauvaise estime de moi. Tapie dans l'ombre, elle guette et attend l'occasion opportune pour me lancer un uppercut en plein ventre et m'envoyer au tapis.

Un, deux… dix.

C'est une victoire par K.-O. du piètre amour-propre de Delilah contre Delilah.

La porte d'entrée claque soudain et chasse d'un revers de la main mes sombres pensées. C'est Auxence. Il est d'excellente humeur et au vu de sa mine réjouie, je devine que son rendez-vous de ce matin s'est très bien passé.

Profites-en ! C'est le bon moment pour tout lui avouer… me chuchote ma conscience, impatiente de se libérer du fardeau qui pèse bien trop lourd. Inutile de préciser que c'est pire depuis que mon amie et collègue est au courant. Lynéa a promis, juré, craché de ne révéler mon secret à personne. Je sais qu'elle tiendra sa langue, ce n'est pas le problème… Du moins, je l'espère. Cependant, depuis peu, nos moitiés se retrouvent une fois par semaine pour jouer au badminton ensemble, du coup, une gaffe peut très vite arriver et évidemment, je n'y tiens pas. Donc, la solution est de tout balancer !

Plus facile à dire qu'à faire…

Mon mari a fière allure dans son costume anthracite, qui tombe impeccablement sur ses larges épaules. Il contourne habilement les peluches répandues ici et là sur le carrelage de la cuisine et se dirige vers les enfants qu'il embrasse chacun à leur tour, puis se penche vers moi pour effleurer mes lèvres du bout des siennes.

– Je vais prendre une douche, me susurre-t-il au creux de l'oreille en tirant sur son nœud de cravate, ça te dirait de me rejoindre ?

– Non, pas cette fois.

Désolée, mais je ne suis pas d'humeur coquine.

– Chérie, tu es sûre que tout va bien ? demande Auxence, les sourcils soudain froncés.

Je me racle la gorge et m'empresse de le rassurer.

– Bien sûr, ne t'inquiète pas.

– D'accord. Je ne serai pas long.

Prends ton temps… Je ne suis pas vraiment pressée de tout lui dire.

Je soupire rageusement, exténuée par moi-même, tout en triturant mon bol de céréales Spécial K avec la pointe de ma cuillère. Des mois de régime Okinawa depuis la naissance de mon fils qui ne serviront STRIC-TE-MENT à rien. Surtout quand je pense à tous ces kilos qui vont venir se greffer sur mon cul dans une poignée de semaines. J'en déprime à l'avance…

Un pépiement me sort de mon affliction. Je relève la tête vers Loan qui gazouille et agite ses petits bras vers moi. Il est tellement mignon, avec les deux fossettes qui creusent ses joues dodues à chaque fois qu'il me sourit. Je me noie dans l'immensité de ses yeux pétillants de malice. Mon cœur se gonfle d'amour.

J'adore mes enfants. Profondément. Chaque parcelle de mon âme fond littéralement pour eux. Alors, bordel de merde, quel est le problème ? Pourquoi je me sens au bout de ma vie ? me questionne ma psyché. Parce que… parce que… parce que je n'étais pas prête ! Parce que je n'ai pas eu voix au chapitre ! Voilà pourquoi !

Moi, la *control freak*[15] obsédée des listes en tout genre que je ne respecte qu'à moitié, qui aime avoir une parfaite maîtrise des choses et, en l'occurrence, de mon putain d'utérus ! Parce que je ne tiens pas à être cette description totalement désuète de la femme que m'a dépeinte ma mère.

– Maman, regarde comme je suis la plus belle.

Hana, qui a manifestement eu le temps de se faufiler dans sa chambre, porte maintenant sa robe de princesse Raiponce rose bonbon, virevolte dans tous les sens autour de moi tel un papillon de lumière (ne me remerciez pas pour la chanson de Cindy Sanders dans la tête, c'est cadeau).

– Tu me regardes ? Maman, maman, maman !

J'avale une gorgée de mon élixir de vie, autrement dit de

15. Maniaque du contrôle.

café bien serré, et reporte toute mon attention sur ma puce qui sautille frénétiquement en enchaînant les mouvements de bras, les pointes et les pas chassés. Je m'oblige au prix d'un intense effort à ne pas la quitter des yeux. Je devrais réduire ma consommation de caféine, mais je n'arrive pas à m'y résoudre. Pas encore…

Un frémissement près de ma main attire mon regard. C'est l'iPhone d'Auxence. Je l'attrape pour voir de quoi il s'agit au moment pile où une seconde alerte vibre sous mes doigts. C'est un message. La suite de chiffres indique qu'il provient d'une personne non enregistrée dans le carnet d'adresses. Le petit bout de texte qui apparaît m'interpelle.

[Tu as oublié ta ceinture ici,
Monsieur à l'accent du bassin plein de fougue.
Wink Tara]

Comment ça : « Tu as oublié ta ceinture ici » ? Et c'est signé Tara. Ce nom ne me dit résolument rien. Niet. Nada. Que dalle. Certainement parce que je ne connais pas de Tara. Et pourquoi diable Auxence aurait-il oublié sa ceinture chez elle ?

Mon cerveau tente d'analyser l'information selon laquelle mon mari aurait eu besoin de retirer la ceinture de son futal lors d'un rendez-vous d'affaires ultra-important. Cependant, j'ai beau chercher, je sèche. Aucune explication logique ne me vient. Mon cœur bat dans mes tempes et mon crâne ploie sous la pression. J'ai la sensation d'être une zone rurale isolée, sans réseau, sans connexion. À des milliers de bornes de l'antenne wi-fi.

Puis.

Je comprends.

Enfin…

Un trou béant s'ouvre sous mes pieds et m'engloutit. Ou peut-être est-ce dans ma poitrine. Je ne sais pas. Je ne sais plus. Je m'agrippe au plan de travail pour éviter la chute. Mais c'est trop tard. Je suis précipitée dans ce puits sans fond. Sans échappatoire aucune. Sans la possibilité de m'accrocher aux branches. Un peu trop fragiles, beaucoup trop cassantes. Comme notre histoire.

Depuis le commencement, entre Auxence et moi, il y a eu d'abord sa famille puis la mienne. À 20 ans, on croit pouvoir vivre d'amour et d'eau fraîche. À 30 ans, deux enfants et demi plus tard, on se rend compte que ça ne suffit pas.

Quand Auxence, les cheveux encore humides de la douche qu'il vient de prendre, me rejoint, cherchant des yeux son portable, j'assemble les miettes qu'il me reste de dignité et me retire.

J'ai besoin d'un moment. Besoin de réfléchir à ce que je vais faire, et près de lui, clairement, c'est impossible. Pas alors qu'il sent le parfum que je lui ai offert pour nos sept ans de mariage. Pas alors qu'il me sourit comme s'il ne venait pas de me planter un couteau dans le dos.

Un couteau ou une hache ?

Qu'importe. Le résultat est le même : j'ai mal.

***

Toute cette semaine, le travail m'a permis de maintenir la tête hors de l'eau. Le plus dur a été d'esquiver Line. Elle lit trop facilement en moi. Donc je n'ai vraiment pas eu d'autre choix que de l'éviter au maximum. Cette dernière n'y a vu que du feu et a dû penser que mon humeur de chiotte était à mettre sur le compte de la grossesse. Les hormones et tout le bordel…

Masquer les apparences est une chose, cela ne signifie pas pour autant parvenir à les effacer. La réalité est malheureusement tout autre. La vérité, c'est qu'à l'intérieur, je suis un champ de ruines. Triste, anéantie et ravagée. Une loque.

Si tout le monde connaît *La Désolation de Smaug*[16], je suis la seule à endurer la Désolation de Delilah. Et elle n'est pas jolie à voir.

– Cette fois, tu vas me dire ce qui ne va pas !

Une main sur la poitrine, je rassure mon cœur qui menace de jaillir.

– Quelle frayeur tu m'as faite, bon sang, Line !

– Pardon de t'avoir fait peur, mais j'en ai plus que marre que tu m'évites.

Quand mon rythme cardiaque redevient normal, je lui fais face et nie tout en bloc.

– Quoi ? Moi, t'éviter ? Mais pas du tout, Lynéa, où est-ce que tu vas chercher un truc pareil ?

– Tu te fiches de moi ?

Est-ce une question piège ?

– Euh… j'ai le droit au cinquante/cinquante ou à l'avis du public ?

Line se pince l'arête du nez. OK. L'humour ne fonctionne manifestement pas. Éluder, non plus.

Delilah, trouve autre chose et vite…

Line prend mon silence pour autre chose qu'une seconde de réflexion.

---

16. Film réalisé par Peter Jackson, deuxième opus de la trilogie *Le Hobbit*.

– Noooon, ne me dis pas que tu en attends deux ? scande-t-elle, folle de joie.

Les yeux m'en sortent de leurs orbites, je balaie à la hâte la salle de pause du regard.

– T'es pas bien ? Tu n'as qu'à le crier plus fort, tant que tu y es !

– Désolée. Purée, j'y crois pas ! C'est carrément trop génial ! Tu sais ce qui serait encore mieux que des jumeaux ? Des jumelles !

Je connais mon amie et si je ne refrène pas fissa ses ardeurs, elle risque de se lancer dans une liste en prévision du futur mariage de nos enfants.

– Calme, Lynéa. Je ne vais pas avoir de jumeaux. Manquerait plus que je les ponde par paire. Je veux dire par là que je suis déjà dans la mouise avec un bébé, alors… N'y vois là aucune offense, réponds-je du tac au tac à sa mine renfrognée.

Après de longues minutes à palabrer avec Lynéa, j'arrive par je ne sais quel miracle à la convaincre qu'il est inutile de s'inquiéter. Le plus dur a été de ne pas fondre en larmes sur son épaule. Cela peut paraître lâche, sauf que je n'ai pas pris de décision au sujet du bébé ou d'Auxence. De ce fait, je ne veux en parler à personne. Ce n'est peut-être pas la meilleure solution, mais c'est la mienne…

14

Shiloh

Je tourne, je vire, le téléphone à la main, sans avoir une foutue idée de ce que je pourrais taper. Je ne suis pas ce genre de femme, celle qui organise de super dîners ou encore qui propose un thé glacé pour bavarder entre copines. Je n'ai de toute façon plus d'amies, et ce depuis des lustres !

Je grogne en jetant un coup d'œil au salon. En mauvaise mère que je suis, j'ai laissé Violet regarder une énième fois la vie glacée d'Elsa et Anna, avec Emy et la tablette à ses côtés. YouTube est mon meilleur ami en temps de réflexion, et les vidéos de Matt Pokora aussi !

Je m'éloigne lorsque les premières notes de « Libérée, délivrée » retentissent et me replonge dans l'écriture de ce fichu texto. Pourquoi est-ce si dur ? Notre soirée a été une vraie belle réussite, beaucoup de rires, de déhanchés, d'alcool, et… le courant entre nous quatre est passé. Enfin, je crois. Je ne m'attendais pas à recevoir des vagues de textos ou d'appels, mais peut-être que… j'avais espéré que…

Arrête de te torturer, Shiloh, et tape ton message !

OK, c'est bon, j'y vais ! Je prends une grosse bouffée d'air et m'assieds sur les premières marches de l'escalier.

[Hey, c'est Shishi…]

Nan, c'est nul ! Deuxième inspiration.

[Salut, c'est moi, l'Américaine
avec l'accent à couper au couteau…]

Shit ! Sois concise, brève, et tout se passera bien.

Si seulement j'avais vu Ninon ces deux dernières semaines, j'aurais eu un aperçu de ses sentiments à mon égard, peut-être même que je l'aurais sondée sur ceux de Delilah et Lynéa. Mais comme un fait exprès, il n'y a eu qu'une autopsie depuis et Ninon n'était pas celle qui s'est présentée à l'Institut.

Je m'affale sur les marches, efface et reprends :

[Salut, Ninon ! C'est Shiloh…]

– Mamaaaaaan ! Allen joue avec l'orchidée ! crie Violet.

– Allen, laisse cette pauvre fleur, elle est déjà presque morte ! hurlé-je sans bouger d'un pouce, les yeux rivés sur mon écran.

– Maman ! Allen renverse de la terre sur le tapis !

– *Damn…*

Je me hisse sur mes jambes avec peine et lassitude avant de me rendre au salon, appréhendant déjà le massacre de notre unique plante verte – ou marronnasse, si on se fie à la tige défraîchie. Un joli pâté de terreau recouvre le seul angle du tapis jusqu'ici indemne, les autres coins arborant dignement des vestiges de ketchup, feutre, peinture, maquillage de princesse…

– Allen… soupiré-je en logeant mon portable dans la poche arrière de mon skinny.

J'attrape mon petit bonhomme qui affiche un grand sourire, visiblement fier de son chef-d'œuvre. Et Dieu sait que nous ne sommes pas nés avec la fibre artistique, donc… Le temps d'arriver à la salle de bains, ses mains terreuses sont partout sur moi. De ma coupe de cheveux du dimanche à mon chemisier à pois, en passant par mon décolleté. Il y a dix ans, j'aurais foncé dans la douche pour me décrasser aussi vite que possible, mais aujourd'hui, m'endormir avec des empreintes de doigts sales sur moi ne me fait pas peur.

– Un vrai petit diable…

Je souris devant sa bouille toute ronde alors que je le déleste de ses vêtements. Allen sourit lui aussi, comme quatre-vingt-dix-neuf pour cent du temps. Un bel héritage de son papa, Tim était la joie de vivre incarnée, rien ne pouvait le déprimer, tout problème avait une solution et rien ne servait d'angoisser avant que ledit problème ne survienne. Lorsque les maux de tête étaient apparus, il n'avait pas perdu sa bonne humeur. Lorsqu'ils s'étaient intensifiés, il avait continué de sourire. Lorsque l'équipe médicale l'avait accompagné jusqu'aux urgences, il plaisantait avec les infirmiers de sa photophobie fulgurante. Lorsque le médecin avait conclu à une méningite virale, il me soufflait que tout irait bien. Lorsque, deux jours plus tard, il s'éteignait dans son lit d'hôpital, un sourire semblait toujours égayer son visage. J'aurais aimé garder cet hymne à la vie après son départ, cette pensée positive, plutôt que ce seul mot d'ordre : survivre. Je n'ai pas pu. Ou je n'ai pas su…

– Pème, man'man.

Alors que sa bouche baveuse rate la mienne et claque sur mon nez, une bouffée de chaleur explose dans mon cœur et chasse la tristesse qui était venue se faufiler dans mes pensées.

Mes enfants. Mon combat. Ma raison de vivre.

– *Love you too, sweetheart…* [17]

Je coince mon petit garçon entre mes jambes pour empêcher une évasion et laisse couler l'eau dans la baignoire une bonne minute. La température approximativement à trente-sept degrés, j'y dépose Allen et m'installe sur le battant des toilettes. Le bruit de la caisse de jouets se déversant dans l'eau savonneuse me tire un sourire, cet enfant est d'une insouciance folle. J'aime ça, profondément…

La vibration régulière de mon téléphone me fait sursauter. Je me lève d'un bond pour le récupérer à l'arrière de mon pantalon et manque maladroitement de le laisser tomber dans le bain en découvrant le prénom de mon… amie ? Collègue ?

– Ninon, salut !

– Salut, l'Américaine ! Tu vas bien ?

– Oui, oui, ça va. Je suis contente que tu appelles, j'hésitais à prendre de tes nouvelles.

– Tu aurais dû ! Mais comme tu vois, je suis plus rapide, appelle-moi Speedy Gonzales !

Je glousse et entame une série de tours de salle de bains. J'ai ce tic étrange qui faisait beaucoup rire Tim, celui de

17. Je t'aime aussi, mon cœur…

marcher pendant une conversation téléphonique, histoire de me donner une contenance. C'est ridicule, je le sais, mais incontrôlable, alors bon.

– Dis, qu'est-ce que tu fais demain soir ?

Petite danse de la victoire silencieuse sur le tapis de bain.

– Rien, en tout cas rien qui ne change de mon planning habituel.

– Cool ! Eh bien, rappelle ton baby-sitter, dorénavant tu seras prise tous les lundis soir ! Hey, au fait, dis-moi que tu l'as…

Je la coupe en sentant le rouge me monter aux joues, puis accélère le pas.

– Oui, alors, non, enfin, je ne me souviens pas qu'on… Bref, pourquoi les lundis soir ?

Pas de sport. Pas de sport. Pas de sport…

– Bon, tu nous raconteras ça demain, et peut-être qu'entre-temps, tu seras passée au plan B, tu sais, celui que ton vagin te supplie d'exécuter.

– Ninon !

Impossible de ne pas rire, pourtant le sujet est sérieux. On ne peut plus sérieux ! Mes souvenirs de la nuit du samedi en question sont embrumés, je suis cependant certaine de ne pas avoir vu le loup, mais en ce qui concerne ses lèvres… Je n'en sais rien, tout se mélange dans ma tête, mon envie honteuse, mes besoins et la réalité éthylique.

– Sinon, tu lui dis de passer trente minutes avant et tu te libères du poids qui pèse sur ton clito en toute discrétion dans ta buanderie. T'as une buanderie ?

– T'es dingue ! Quelle heure, demain ?

– Rendez-vous avec Line et Del devant le caviste à

dix-neuf heures quinze, la dégustation commence à dix-neuf heures trente. Je t'envoie l'adresse ou je passe te chercher ?

– Je veux bien l'adresse. Un caviste pour une dégustation de vin ?

Seconde danse de la victoire silencieuse. Tant que ça ne fait pas transpirer, j'en suis !

– Ouaip, vous devrez essayer d'être raisonnables pour éviter de laisser vos caisses sur le parking et rentrer en taxi.

– Parfait, je serai là. Merci d'avoir pensé à moi.

– Ça me fait plaisir.

Nous raccrochons sans véritable effusion amicale, mais ma poitrine, elle, n'en peut plus de sentir mon cœur cogner contre elle. Il y a, dans cette euphorie intérieure, un doux parfum de renouveau et d'allégresse. C'est idiot, je le sais, pourtant je me délecte de cette sensation agréable. Faire partie d'un groupe, d'une bande de copines… Je n'ai jamais connu ça, c'est grisant. Et puis, il n'est pas question de se retrouver dans un de ces groupes de jeunes ados, pareils à ceux qu'on m'a toujours refusés et qui, finalement, ne me faisaient pas envie. Cancaner sur les autres et les rabaisser n'était pas ce que je voulais de ma vie sociale. J'ai eu raison, je crois.

Non, j'intègre dès demain soir un groupe de femmes, de mères, d'amies. Je suis aussi impatiente que nouée de trac. Mais, étonnamment, depuis ce qui me semble avoir duré des années, le sentiment positif l'emporte. Galvanisée par ce moment, je bascule sur l'application de ma boîte mail et tape un rapide message sous les éclaboussures et bruits de batailles navales de ma crapule.

De : Shiloh

À : Marley
Bonsoir, Marley.
Je souhaiterais de nouveau faire appel à vos services demain soir, pour garder les enfants. Êtes-vous disponible ?
Dans l'attente de vous lire,
Shiloh

J'ai à peine cliqué sur « Envoyer » que je regrette mon ton trop formel. J'ai la sensation que ce stade a été dépassé il y a quinze jours. Et s'il refusait ? Et si ce que je crois avoir été un baiser n'était que pur fantasme d'une femme saoule et physiquement en manque ? Et si…

De : Marley
À : Shiloh
Je n'ai rien de prévu demain soir. Quelle heure ?

Pas de signature, pas de formule de politesse, même pas un bonjour… *Fuck !* J'agrippe mes cheveux en vrac et me laisse tomber sur la cuvette des toilettes. Ascenseur émotionnel, bonsoir ! Je pousse un gémissement plaintif sous le regard étonné d'Allen et tente de répondre sans laisser la déception m'emporter. Autant dire que c'est déjà foutu…

De : Shiloh
À : Marley
18 h 45 ? Je dois être à mon rendez-vous pour 19 h 15.
Shiloh

De : Marley
À : Shiloh
Ça me va. Rendez-vous galant ?
M.

Un fourmillement délicieux parcourt mon épiderme et me fait frissonner. Pourquoi s'intéresserait-il à mon rendez-vous s'il n'en avait rien à faire de moi ? Un sourire d'ado énamourée aux lèvres, je relis sa question une fois, deux fois, dix fois avant de répondre.

De : Shiloh
À : Marley
Non, juste un rendez-vous avec des amies pour une dégustation de vin.
Shiloh

De : Marley
À : Shiloh
Parfait. Je serai là à 18 h 45. À demain, Shiloh.
M.

J'envoie un simple « À demain » en retour de mail, et ferme les yeux une poignée de secondes. Il est jeune, beau, très jeune et définitivement très beau ! Dieu me bannira du paradis pour les images sulfureuses qui se dessinent derrière mes paupières closes, si tant est qu'il me laisse passer le contrôle à l'entrée.

C'est mal, mal, délicieusement mal…

***

Dix-huit heures quarante-deux… *For God's sake*, je suis stressée. Tout est pourtant curieusement prêt : les enfants sont douchés, les devoirs sont faits, le semblant de dîner n'attend plus qu'à être réchauffé, je suis habillée, coiffée et maquillée ! Il va neiger, c'est sûr !

Bon Dieu, qu'est-ce qui me prend ?

Lorsque les trois coups retentissent dans le hall d'entrée, mon pouls s'emballe et me coupe presque le souffle.

Voilà, il te prend que tu te languissais de le voir arriver…

J'étouffe la voix de ma conscience et avance jusqu'à la porte, l'estomac noué. Je voudrais me gifler de réagir si bêtement, comme une jeune fille transie d'amour, alors que je suis une femme à la veille de ses 30 ans, pour qui les sentiments n'ont normalement plus de secrets.

S'agit-il vraiment de sentiments ?

J'ouvre la porte, après avoir rapidement détaillé ma mise en beauté dans le miroir, et perds mon sourire en découvrant Marley, les yeux rivés sur une jolie jeune femme s'éloignant sur le trottoir d'en face. La jalousie me pique la poitrine. Quelle imbécile je suis ! Et puis, à la manière d'un *slow motion*, Marley se retourne pour me faire face et me décoche un sourire séducteur.

Mal, mal, mal…

Je sens monter en moi un instinct animal, sans pouvoir l'empêcher. Je veux bouffer ce gars, c'est clair ! Mon corps en meurt d'envie, mon intimité crépite et me hurle de sortir les griffes. Non, il n'y a pas de sentiments, juste un foutu besoin. Qu'il me prenne, maintenant, ici, sans préliminaires, sans poser de questions !

– Marleyyyyyyy !

Ah, oui, non, mauvais timing… Je ronge mon frein en laissant Violet me dépasser et sauter dans les bras de son baby-sitter. J'ai conscience que quelque chose ne tourne pas rond dans ma tête de mère et veuve normalement allergique à toute relation depuis Tim. Pourtant, je déteste imaginer ne pas me laisser aller à mon plan B.

Je garde une certaine distance pendant le briefing de la soirée avec Marley, il ne paraît plus du tout intéressé par ma bouche tout juste rosée ce soir, ou par le tissu stretch qui moule plutôt bien mes jambes. J'ai pourtant mis ce top légèrement échancré pour qu'il ait le loisir de s'y attarder…

Je n'en sais rien, je ne comprends rien… À part écouter d'une oreille distraite mes recommandations, il n'a d'yeux que pour mes trois monstres qui l'assaillent de dizaines de questions sans s'entendre les uns les autres.

– Marley, on chantera encore ? Dis oui, dis oui ! s'écrie Violet, en transe.

– Non, Marley, on pourra plutôt faire le cache-cache en équipe, c'était trop bien ! vocalise Emy, les yeux pleins d'étoiles.

Lorsqu'Allen apporte sa caisse de jouets directement entre les jambes de Marley, lui-même assis sur le tapis du salon, je capitule. J'ai dû inventer tout ça, le vouloir tellement, le ressentir si fort, que mon esprit a vrillé. Et puis, l'important est qu'il s'occupe parfaitement de mes enfants, n'est-ce pas ? Rien dans notre contrat officieux ne prévoit de prendre aussi soin de la maman…

Je quitte la maison, le cœur étrangement léger et serré en même temps. Une discussion avec mes nouvelles amies s'impose, je n'ai pas pour habitude de me confier, mais cette situation met mes émotions à rude épreuve. Il faut que ça sorte !

15

Ninon

Nous sommes lundi, je ne travaille pas et les rendez-vous hebdomadaires avec les filles reprennent. C'est juste une bonne journée. J'avance sur le trottoir, un gamin dans chaque main, le regard fier. Fière d'être une maman comblée, accompagnée des plus beaux enfants du monde. Mais par-dessus tout, fière d'avoir géré mon organisation matinale.

Je déambule tranquillement, habillée, douchée même ! Les petits sont tous les deux coiffés, pour une fois, je n'ai pas caché les longues ondulations de Salomé dans une couette haute. Non, ce matin, ma puce a les cheveux lâchés, une seule pince lui dégageant le visage. Aujourd'hui, ses mèches volent de légèreté et de brillance. Lenzo, lui, a les cheveux moins longs, même si je me suis *lancé* le défi de ne plus les lui couper. Il aime avoir les boucles en bataille et se secouer la tête après brossage. Ça lui offre un petit air de savant fou, tellement drôle, tellement craquant, tellement lui. Alors finalement, pourquoi vouloir le formater ?

– Maman, j'ai envie d'aller à la cantine comme tous les midis !

– Non, pour une fois que je ne travaille pas, je vais vous faire à déjeuner et passer le plus de temps possible avec mes deux petits chéris.

– Mais nous, on aime manger avec les autres ! Mes copines vont faire des trucs sans moi…

J'aurais beau me couper en mille et leur offrir tout l'amour du monde, avec cadeaux en option, je serai toujours moins importante que les copains. Il faut prendre ça en considération et assumer, après ça passe tout seul.

– Mais vous allez pouvoir raconter ce que l'on va faire.

– Pff… C'est nul de manger à la maison, t'façon, on le fait déjà tous les soirs.

Cogite, Ninon. Cogite.

Je demande aux petits de s'arrêter, les pousse doucement pour qu'ils soient côte à côte et m'agenouille devant eux. Mon jean me serre un peu trop. Merde, il ne faudrait pas qu'il craque avant de déposer les enfants, sinon, tous mes efforts seront réduits à néant.

– Tu as raison, ma chérie, manger chez nous, c'est nul. Par contre, faire un pique-nique dans le parc, ça, c'est fun, non ?

Leurs yeux s'arrondissent et je sens l'excitation monter. Salomé sautille sur place et explique tout à son frère, comme si j'avais parlé en chinois.

– On va manger des sandwichs dans l'heeeeeerbe !

Lenzo crie de joie, certainement porté par la folie positive de sa sœur, et nous reprenons notre route, accompagnés d'une nouvelle énergie. Mes miniatures vont attendre l'heure de midi avec impatience et moi, je suis une héroïne des temps modernes, mes superpouvoirs les rendent heureux. Ça, même la plus douce des mères parfaites agglutinées devant la grille de l'école ne peut pas rivaliser, aujourd'hui, je les dégomme toutes.

Une fois mes minis déposés, et moi-même délestée de toutes responsabilités, je rentre à la maison l'esprit léger, n'ayant que trois sandwichs et deux machines de linge à faire ce matin.

Je gère !

J'arrive à l'appartement et écoute... le calme. Putain, ça fait du bien d'être seule, maman étant partie depuis trois jours. Je m'installe sur le canapé avec un bon café, allume les infos, mais change d'idée soudainement. Impossible d'entendre les mauvaises nouvelles déblatérées par les journalistes en mal de sensations. Je pose ma tête sur le dossier et profite de la chaîne musicale. Rester comme ça sans être dérangée ni appelée par les gamins, ma mère ou le travail, aucune urgence, pas de rendez-vous... Rien.

Quel pied !

Le pique-nique se passe superbement bien. Lenzo veut manger debout et marcher de long en large sur cet espace de verdure luxuriante, Salomé préfère être avachie sur la couverture. Et moi, je les regarde évoluer sans penser au ménage que je devrais faire, j'oublie mon rôle de maman-flic et profite.

Juste du rire, de la bonne humeur et du pain de mie.

– Maman, c'est trop bien, j'ai l'impression d'être en vacances.

– Ce que tu ressens est un sentiment de bien-être. On l'éprouve pendant les vacances, car nous avons le temps de penser à nos émotions. Mais tu comprendras maintenant qu'il suffit de se laisser vivre pour être aussi sereine.

– J'ai rien compris. Je peux aller à la balançoire avec Lenzo avant le dessert ?

– Mouais, va jouer, ma chérie, tu as raison, profite de ce qui te fait plaisir. Je vais appeler mamie.

J'attrape mon mobile sans les quitter des yeux. Salomé a une impulsion de responsabilité en prenant son petit frère par la main. Ils partent à vingt mètres de moi, ce n'est rien, mais c'est tellement : un départ vers l'aventure, une fuite loin de ma rude surveillance. Avant, je les aurais accompagnés, sondant chaque passant comme un potentiel prédateur, mais voilà... À force d'être suspicieuse, j'ai rendu Salomé anxieuse, extrêmement peureuse et sa timidité lui colle à la peau. Il faut que je me détende pour lui assurer un sentiment de sécurité. La voir prendre soin de son frère en étant si protectrice me montre que je suis sur la bonne voie, qu'elle arrive à assumer ses quelques responsabilités sans ma présence constante. Par contre, le premier connard qui les approchera subira les foudres de ma bombe lacrymogène miniature. Je reste sur le qui-vive, le téléphone collé à l'oreille.

Une tonalité, deux tonalités...

Décroche, j'ai besoin de savoir si...

– Oui, ma chérie ?

– Bonjour, maman. Ça va ? Tu rentres quand ?

– Ça va on ne peut mieux. Je pense rentrer vers quinze heures, nous allons prendre la route dans quelques minutes.

– C'est qui « nous » ? Et tu es où, d'ailleurs ? Depuis quand gardes-tu des secrets ?

– De quoi suis-je accusée exactement ? Faut-il que je contacte mon avocat avant l'interrogatoire ?

Oh, ça vaaaa !

Elle sort son atout à chaque fois que je l'emmerde avec mes questions. Seulement là, ça fait quelque temps qu'elle fuit la maison pour battre la campagne avec je ne sais qui, ça commence à me taper sur le système.

– On en parlera à ton retour, maman. Je dois savoir avec qui tu passes ton temps. Tu comprends ?

– Je comprends surtout que les rôles sont inversés et que…

Je n'écoute pas la fin de la conversation et raccroche avant de jeter mon téléphone sur la couverture. Lenzo est tombé de la balançoire et hurle assez pour que mon cœur loupe deux battements, puis reparte à une cadence infernale. Je m'écrase au sol et le soulève avec prudence, comme un blessé par balle.

– Ça va, mon doudou ?

Je le regarde sous toutes les coutures et le serre dans mes bras pour un câlin réconfortant. Pas une seule égratignure. Ce gamin se prend les pires des gadins à force de jouer les super-héros, mais ne se blesse jamais. Je souffle sur ses mains, son genou droit et son front, je sèche ses larmes d'un revers de manche et les sanglots cessent.

– Ça va ? Tu veux un autre bisou ?

Il fait la moue, il est juste à croquer. Qu'il rie, qu'il pleure, qu'il crie, c'est toujours la même constance : je le trouve d'une beauté impressionnante. Je ne sais pas si ce sont ses yeux en amande ou son petit nez retroussé, ou bien encore ses joues à bisous, mais cet enfant est la perfection.

– Oui, ze veux un bisou et un gâteau.

Ben voyons !

***

L'idée d'une journée de congé est plaisante sur le papier et j'ai plutôt aimé ma matinée. Mais, après avoir raccompagné les enfants à l'école, j'ai passé l'après-midi entière à rédiger courriers et formulaires pour mon avocate. Je ne connais rien de plus lent que la justice, rien de plus lourd que les dossiers de droit de la famille. Des tonnes de documents pour justifier ma demande et corroborer mes dires, afin que Will ne puisse plus avoir la garde des enfants officiellement, vu qu'il n'est pas venu les chercher depuis plusieurs mois. Ma tension est palpable en fin de journée, j'ai géré les bagarres continuelles des petits après l'école et tenté de me coiffer presque convenablement, je tourne en rond dans le salon comme une lionne en cage et sursaute lorsque la porte s'ouvre.

– Coucou, mes chéris, mamie est de retoooooour…

– Put… rée, maman, mais t'as vu l'heure ! En plus de m'inquiéter et d'inventer mille scénarios catastrophes, je vais être en retard !

Lenzo et Salomé sautent dans les bras de leur aïeule adorée. Je profite de cette diversion pour attraper manteau et sac à main. J'embrasse à mon tour mes deux têtes bouclées et fais les gros yeux à ma mère en la pointant du doigt.

– Quand je rentre, je veux tout savoir, tu m'entends !

Les enfants sont déjà repartis devant leur tour de Kapla, ma mère et son air mauvais m'accompagnent sur le palier.

– Écoute, ma chérie, je ne savais pas trop comment te le dire, mais… j'ai rencontré un homme il y a trois mois. J'ai l'impression de revivre, d'être autre chose qu'une mère ou une mamie. Je me sens enfin épanouie et retrouve mes illusions de jeune fille.

Stoïque, je reste un instant à la contempler et lui tourne le dos. Pas maintenant. Impossible qu'elle me gâche ma soirée et que cette journée se termine dans les cris et les larmes. Je dévale les escaliers au pas de course, m'obligeant à laisser cette conversation de côté pour profiter des heures à venir. Le bar à vin est au bout de ma rue, l'air frais et les bruits environnants ne m'aident pas à me détendre. Les mots de ma mère tournent en boucle, je m'énerve et râle intérieurement devant les piétons trop lents, les scooters trop bruyants et cette idée fixe qui me broie le crâne.

J'aperçois Shiloh se garer de l'autre côté de la rue et sortir de son véhicule avec le même air que moi. Maussade, les yeux dans le vide, elle me lance un salut faussement dynamique :

– Salut, alors, comment vas-tu ?

– Aussi mal que toi, je dirais. Raconte…

L'Américaine se colle à sa portière après m'avoir tapé la bise. Je ne piperai mot si elle ne se livre pas. Pourtant, ça me ferait un bien fou de parler même si je la connais peu.

– Le baby-sitter me regarde comme si j'étais la mère des enfants, son employeur, quoi.

– C'est pas le cas ?

– Non… Enfin, si ! Tu sais très bien ce que je veux dire… À toi de balancer !

– Ma mère a rencontré un gars. Elle le fréquente depuis quelque temps et je n'ai rien vu venir. Ça pourrait être n'importe qui, un cinglé, un profiteur…

– Tu as peur qu'il remplace ton père ?

Pourquoi me sort-elle ce genre de vérité ? Comment peut-elle résumer ce que je n'ose même pas ressentir ?

– Possible. Je savais que ça allait arriver. Ma mère n'a que 60 ans, elle est belle, dynamique et… elle mérite d'être choyée, d'avoir quelqu'un qui la détaille avec les yeux de l'amour, mais c'est la douche froide. Il faut ab-so-lu-ment que je rencontre ce type !

Nous restons silencieuses jusqu'au bar à vin, perdues dans nos sombres pensées. J'entends Shiloh glousser alors que je m'apprête à ouvrir la porte de l'établissement. Je la regarde avec curiosité, elle est peut-être cinglée finalement. Je lui demande de m'en dire plus afin de pouvoir jauger la bête.

– Tu peux partager ta minute de folie ?

– Non, c'est rien… juste que… ne le prends pas mal, mais… ta mère a une vie sexuelle, alors que toi…

Elle ne termine pas sa phrase, trop hilare, mais ce n'est pas la peine, j'ai parfaitement saisi l'idée !

– Ah, c'est comme ça, je m'épanche et tu te moques… Je vois ! On verra qui de nous deux mettra un homme dans son lit la première. Parce que si j'ai bien compris, tu rames autant que moi, non ?

Son rire s'estompe à mesure que mon sourire revient. Je lui lance un petit coup de coude en m'approchant et pose mon bras sur ses épaules.

– Une chose est certaine ma Shishi, ce soir, le vin va être le meilleur des réconforts.

Nous entrons dans mon repaire, je fais un tour d'horizon pour repérer Lynéa et Delilah. J'aime l'ambiance de ce bar, les tables hautes et rondes en fer, les chaises en bois, la musique, douce et enivrante… Je cherche le gérant du regard. Malo, qui, en plus d'être beau comme un dieu, connaît chacune de ses bouteilles, un véritable almanach du vin. Je souris déjà en pensant aux déclarations alambiquées qu'il va m'offrir pour un possible rapprochement entre nous. Ce jeu dure depuis longtemps et je n'ai jamais eu envie de franchir le pas. Les hommes mariés avec des gamins en bas âge, très peu pour moi ! Je le trouve à l'autre bout du comptoir, en grande discussion avec Delilah. Je m'étonne, car je ne me souviens pas qu'ils soient si proches. Mes doutes sont interrompus par une Lynéa très en forme qui embrasse Shiloh comme sa meilleure amie.

Non, je ne suis pas jalouse !

Lynéa nous montre la table qui nous est réservée, Delilah revient vers nous en souriant. Je m'excuse un instant, prétextant un CD à rendre à Malo.

– Salut, mon pote…

– Ah, voici la plus belle de mes clientes. Je suis ravi de toutes vous revoir ici.

– Ouais, c'est surtout ta caisse enregistreuse qui va être contente. J'espère que tu as quelques nouveautés à nous présenter.

– Tu ne vas pas être déçue de ta soirée, je te le promets.

– Je te fais confiance. D'ailleurs, en parlant de ça, peux-tu me dire ce que tu complotais avec ma copine, il y a un instant ?

– Euh, quoi ? Oh, rien, juste, enfin…

– Balance, tu sais très bien que je ne te lâcherai pas.

– Elle… elle m'a demandé de lui servir des vins sans alcool, discrètement. Je n'en sais pas plus, n'essaye même pas de me cuisiner !

Quoi ?

– Ça existe, ça ? Quel intérêt ?

– Avoir le goût sans les effets, c'est un super concept. J'en ai deux sortes, dont un qui s'appelle « La Côte de Vincent ». Tu saisis le jeu de mots ? Vin sans…

– Ouais, c'est… Bon, bref. Zéro degré ?

– 0,3 gramme pour être précis, autant dire rien du tout, bien moins que le cidre.

Je retourne vers mes amies, ne comprenant pas le nouveau caprice de Delilah. Qu'est-ce qui me ferait arrêter l'alcool, à moi ? Un traitement médicamenteux, une lubie religieuse, une grossesse…

Je m'installe à table et fais mine de rien, mais je suis prête à épier chaque signe que pourrait m'offrir mon amie.

J'ai besoin de savoir ! Je DOIS savoir !

16

Lynéa

Ce soir, l'ordre du jour est la déconnexion totale de tous mes ports USB. Entendez par là ma conscience, mon rôle de maman et d'épouse, et le boulot.

Ma bonne humeur est due à deux choses. Mon tiroir plein de chocolats en est la principale raison. J'ai remis le nez dedans cet après-midi. Mon taux de glycémie a explosé, libérant en même temps tout un lot d'endorphines. Le bien-être m'a fait planer pendant des heures. Je ne savais même pas que c'était possible juste avec des dizaines de chocolats ! Par contre, je sens déjà mon foie grommeler de mécontentement, il va me faire payer cet excès demain !

La deuxième cause est assez personnelle puisque, avant de partir rejoindre mes amies, j'ai eu un orgasme révélateur. Depuis ma rencontre avec Paige, je doute de ma vie, du sens que je lui ai donné. Même si je suis toujours amoureuse de mon mari, je m'ennuie. Il a dû s'en rendre compte, et rien que de me remémorer notre câlin de tout à l'heure, j'ai les tétons durs.

Marcus est rentré du travail un peu après dix-huit heures pour pouvoir garder les enfants. Nous étions dans le salon en train de regarder un énième dessin animé. Il a embrassé sur le front chacun de ses garçons et m'a tendu la main. Je l'ai saisie. Il m'a aidée à me relever. Sans un mot, il m'a emmenée dans notre chambre. Puis a fermé la porte à clé.

– Assieds-toi, Line.

Mon cerveau a carburé à cent à l'heure, me demandant bien ce que j'avais pu faire.

– Il faut qu'on parle.

– Euh… de quoi ?

– Nos corps ont besoin de s'exprimer.

Je n'ai pas compris, encore moins quand je l'ai vu dénouer sa cravate. Ouvrir sa chemise lentement. Marcus a une carrure comme je les aime, ni trop large ni trop fine. Ses muscles sont bien dessinés et ses épaules, solides. Ses yeux se sont chargés de désir. Et la lumière s'est allumée dans mon esprit.

– Depuis quand n'avons-nous pas fait l'amour à la va-vite ? Sans attendre que les garçons se soient endormis ?

Sa voix grave a résonné dans mon ventre, faisant naître des petits picotements. J'adore sortir de la routine, j'aime l'adrénaline. Il le sait. Mais lui, il apprécie nettement moins de quitter sa zone de confort. Mon cœur a gonflé quand je me suis rendu compte qu'il faisait ça pour moi !

– Depuis bien trop longtemps…

Il a fondu sur moi avant que je n'aie pu me lever. Se débarrassant de son pantalon, il a relevé ma robe jusqu'à mes hanches, dévoilant ma paire de bas fétiche. Celle avec la dentelle sur le haut. Sa bouche a parcouru mes jambes, puis s'est approchée de mon intimité. J'ai passé mes mains dans ses cheveux pour le presser de continuer. Prenant son temps, il a enlevé ma petite culotte assortie au reste de ma lingerie avant de me faire un somptueux et exceptionnel cunni. Mon orgasme a été puissant et long. À cet instant, j'ai compris que seul lui me convenait.

– Mamaaaaan ? J'ai faim.

J'ai entendu la poignée de notre porte de chambre remuer dans tous les sens. Heureusement que Marcus a pensé à fermer avant de m'envoyer au septième ciel en plusieurs coups de langue.

– Round un, fini. La suite quand tu rentreras ce soir, mon amour…

– Il me tarde déjà d'être de retour alors.

Je l'ai embrassé avec passion avant de récupérer ma petite culotte et de rabaisser ma robe sur mes jambes. Un bon souvenir ! D'une phrase, Ninon me ramène à l'instant présent.

– Tu as l'air radieuse, Line, ce soir !

– Ne m'en parle pas, ma Ninon, j'ai eu un orgasme sauvage tout à l'heure !

Je vois Shiloh s'étouffer avec son vin rouge. Elle va vite s'habituer à mon franc-parler.

– Non ! Avec qui ?

– Marcus, bien sûr !

– Dites, les filles, pourquoi sauvage ? demande Shiloh timidement.

– Pas prémédité. Avec les enfants et le train-train, se faire plaisir est limite programmé. Alors que là… Il m'a complètement prise au dépourvu ! Et il me prendra tout court quand je rentrerai de notre soirée. J'ai hâte !

Malo passe à ce moment pour déposer sur notre table un assortiment de charcuterie et de fromages.

– Je vois que tu es toujours aussi pleine de vie, Lynéa !

– Que veux-tu, Malo, on ne change pas à mon âge !

– Tu vas choquer la belle dame à tes côtés.

Malo est un homme charismatique et très, très coureur.

– Nous ne t'avons pas présenté Shiloh ?

Il lui tend la main solennellement. Del, Nin' et moi sourions d'avance. Nous l'avons admiré faire son show un nombre incalculable de fois. Elle attrape la sienne. Dans un mouvement théâtral, il se penche pour lui faire un baisemain.

– Vous êtes l'une des plus belles fleurs qu'il m'ait été donné de voir. Votre parfum à lui seul inonde mon modeste bar à vin.

Shiloh rougit avant de lui répondre.

– Faites attention à mes épines, par contre, qu'elles ne piquent pas votre dard !

Le regard de Malo se met à briller de mille feux. Il adore ça, la repartie féminine !

– Waouh ! Puis-je être votre jardinier privé ?

– C'est bon, Malo, on a compris ! Laisse-nous donc entre filles !

En rigolant, nous le chassons de notre table.

Ninon nous raconte sa dernière scène de crime et les histoires de ses collègues. Shiloh avoue en pincer furieusement pour son baby-sitter. Elle nous tiendra au courant dès demain d'un rapprochement éventuel ! Nous décidons alors de passer un pacte. Et je propose tout de suite la première clause.

– Pendant nos soirées, nous ne parlerons ni de nos enfants ni de nos vies d'avant. Juste vous et moi.

– Ça marche !

Pendant les prochaines heures, j'analyse Delilah du coin de l'œil. Remarquant que son regard se perd dans le vague plusieurs fois; la main qu'elle pose sur son ventre discrètement. Et je remarque un détail de mauvais augure. Elle joue avec son alliance. La retire. La tourne et la replace autour de son annulaire.

***

J'ai peu dormi cette nuit. Marcus ronflait déjà quand je suis rentrée. J'ai tenté de le réveiller, mais l'épuisement a eu raison de lui. J'ai tourné en rond dans mon lit. Légèrement frustrée.

Quand le réveil sonne à six heures, je le maudis. Mon bras lourd de sommeil s'abat sur le bouton rappel deux fois de suite. L'odeur du café m'aide tout de même à sortir de la couette ; les paupières encore collées par le sommeil, je me dirige vers la cuisine en pilote automatique.

Marcus, déjà habillé d'un costume bleu marine, est frais comme un tournesol.

Oui, j'invente des expressions quand je suis fatiguée.

– 'jour.

– Tu as bien dormi, ma Line ?

Sans attendre ma réponse ni voir ma petite mine, il ajoute :

– Il faut que je file, j'ai une réunion avec Stand'Home, ce matin.

Il m'embrasse sur le front avant de se volatiliser par la porte d'entrée. Pas un mot pour hier soir et notre non-séance de cul. Son esprit est déjà au travail. Grognon, je me sers un bol de café en y ajoutant un nuage de lait et un demi-sucre. Je le bois à petites gorgées, les yeux rivés sur la pendule.

Tic tac. Tic tac.

Elle me nargue, c'est sûr. Ses aiguilles avancent beaucoup plus vite qu'en temps normal ! Je savoure encore quelques secondes mon esprit négatif. Je suis particulière, parfois. Le pire, c'est que je m'en rends compte !

À pas de loup, je me dirige vers le couloir. Sans faire de bruit, j'entrouvre la porte de la chambre de mes garçons. Mes merveilles. Mes pépites à l'état pur. J'en profite pour les regarder à tour de rôle. Ils ont voulu rester dans la même chambre, mais avec un espace chacun.

Hugo est sagement recouvert par sa couette de Superman, son doudou chien est coincé sous sa tête. Je me retiens de passer la main dans ses cheveux bruns légèrement bouclés. Le voir ainsi, si insouciant et serein, me réchauffe le cœur.

Nolan, dans son lit juste à côté, est roulé en boule. Il n'a plus ni couette ni oreiller. Je les retrouve par terre avec son tas de peluches dedans. C'est tout mon petit garçon, ça ! Depuis qu'ils ont vu le dessin animé *Toy Story*, ils sont persuadés que leurs jouets se réveillent la nuit. Et pour qu'ils n'aient pas froid, Nolan leur met presque systématiquement une couverture.

Note à moi-même : penser à lui donner des plaids.

Comme s'ils ressentaient ma présence, ils ouvrent les yeux tous les deux en même temps. À l'instant où ils m'aperçoivent, mon plus beau rôle commence. Sans répit.

– Tu sais de quoi j'ai rêvé, maman ?

– Je ne veux pas déjeuner !

– Le pull bleu, c'est le mien. Je veux pas mettre le vert, il est moche.

– Mamaaaaaaan ! Hugo a caché mon cartable.

La voix d'Hugo me ramène à la réalité. Il est sept heures cinquante-cinq, l'école commence à huit heures vingt.

Faites que la route ne soit pas encombrée !

Prier pour ne pas avoir de bouchons, c'est comme espérer ne pas grossir en étant gourmande. Inconcevable ! Je rentre la tête dans les épaules sans répondre à mon fils. Grave erreur ! Il crie encore plus fort.

– MAMAAAAAAN !

Si comme moi, vous avez l'impression d'avoir déjà vécu ce moment, levez la main !

Tic tac. Tic tac.

Je me gare en double file devant l'école. Plus aucun parent en vue. J'attrape mes deux petits monstres par la main et nous courons jusqu'à la grille de l'entrée qui n'est pas encore fermée ! Victoire personnelle de Lynéa ! Yeaaah !

– Travaillez bien à l'école les garçons, et pas de bagarre. Promis ?

– Promis !

À l'unisson, ils partent dans la cour de récréation, sans un bisou ou un regard vers la personne qui les a mis au monde.

Ingratitude !

***

Je n'y tiens plus, il faut que je sache, que je l'aide. Qu'elle arrête de me laisser de côté comme ça, je ne le supporte plus. C'est dans cet état d'esprit que je franchis la porte de son bureau, ce matin, à neuf heures trente-cinq précisément.

– Delilah ! Crache le morceau !

Je la prends au piège alors qu'elle vient tout juste de se servir un mug énorme de café brûlant accompagné d'un spéculoos. Son péché mignon.

Elle sursaute et j'en profite pour la dévisager. Elle déteste ça, je le sais, mais je n'ai pas le choix. Mon amie me manque et je vois bien à sa manière d'esquiver mon regard qu'elle en a gros sur le cœur. Et pas seulement à cause de son secret de polichinelle. Cela fait trois semaines que son changement a commencé. Elle s'isole, a perdu de son éclat. Il est hors de question que je regarde mon amie s'enfoncer dans ce mal-être.

– Tu me laisses croquer dans mon spéculoos avant de le cracher ?

Petite maligne. Elle joue encore la carte de l'humour. Mais cette fois, je ne partirai pas de son bureau avant de la voir rassurée. Libérée. Délivréééééée. Je ne mentirai plus jamais !

Merde, tu t'égares, Lynéa !

Je referme la porte derrière moi et m'installe sur la chaise « spéciale auteur » devant elle. Un modèle suédois bleu canard aux contours jaune pâle. Rembourré comme il faut, avec un dossier haut et des accoudoirs renforcés. Je l'adore.

Son regard se voile d'une petite panique.

– Putain, Del ! C'est moi !

J'agite la main devant elle. Comme pour lui faire coucou.

– Lynéa. Tu sais, celle qui chiale comme une gosse quand elle te parle de ses parents. Qui pète un plomb quand la pression est trop forte. Qui t'aime comme une sœur.

Ses petits yeux de biche commencent à se remplir de larmes.

– Je vois bien que quelque chose ne va pas. Tu sais que tu peux tout me dire.

– Comme toi… Tu m'as parlé de cette fameuse Paige qui te chamboule le boule ?

Eh merde. Grillée. Prise en flagrant délit de flirt virtuel.

– Tes jeux de mots font également partie de ta stratégie d'autodéfense. Et puis, on discute de toi, je te signale.

– Je suis enceinte, Lynéa.

Elle lâche cette révélation comme une bombe, comme si la fin du monde arrivait.

– Je le sais déjà, Del…

– Alors, tu devrais lire entre les lignes…

Delilah porte les mains à son visage et se cache dedans. De gros sanglots étouffés lui échappent. Je ne l'ai jamais vue dans cet état. Je suis tellement choquée que les larmes se mettent à couler sur mes joues.

– Pourquoi tu pleures, Line ?

Sa voix est douce.

– Je ne sais pas.

J'essuie mon visage de mes paumes mon visage avant de continuer.

– Parce que tu pleures. Pourquoi tu pleures, toi ? Il se passe quelque chose de grave ?

– Je ne le sais pas encore.

Devant cette situation absurde, en nous rendant compte qu'il n'y avait rien de vital, nous explosons de rire !

17

Delilah

Ça fait un bien fou ! Mon Dieu ! Se laisser aller et se fendre la poire avec mon amie Line est tellement agréable que j'en oublie mon désarroi. Nous sommes là, toutes les deux dans mon bureau, à nous tenir les côtes et essuyer nos joues humides – des larmes de joie.

Je crois que je n'avais pas autant ri depuis des semaines. C'est… libérateur.

Je comprends mieux le succès des thérapies du rire dont la pub intempestive vient fréquemment étoffer ma boîte de courrier indésirable. Qu'est-ce que c'est ? Très simple, c'est exactement sur le même principe que celle du sommeil, sauf qu'au lieu de dormir, évidemment, eh bien… Bref, vous avez compris le concept.

Donc, je disais… Ah, oui ! Je me sens libérée à tel point que je suis prise de court. Trop d'émotions d'un coup et un violent rappel à l'ordre me reviennent sans que je m'y attende, c'est la débandade.

Exit l'instant de légèreté et de rigolade… Je ne maîtrise

plus rien. Lynéa sèche le coin de ses yeux, comprenant que c'est sérieux, cette fois. Et ça l'est. Subitement, la crise de rire s'est changée presque malgré moi en un océan de tristesse dont les vagues, trop hautes pour mon mètre soixante, déferlent sur ma tête.

– Bah, Del ? Qu'est-ce qui t'arrive ? Je n'aime pas te voir comme ça, s'il te plaît, dis quelque chose.

Je ne sais pas nager. Je ne peux pas ouvrir la bouche non plus. Sous l'eau, c'est la noyade assurée.

– Je suis sérieuse, Del, tu me fiches la trouille. Parle-moi…

Sa mine rongée d'inquiétude me culpabilise immédiatement. Je m'en veux. J'avale une grande bouffée d'air.

– Je ne peux pas. Line, je suis désolée, ne me déteste pas…

Pour une raison que j'ignore, j'ai un foutu blocage. Je n'y arrive pas. Je ne peux pas me confier.

Pourtant, ça ne me ressemble pas d'être comme ça. Je suis loquace. C'est même mon principal trait de caractère ! Je parle trop ! Résolument trop ! Tous ceux qui me connaissent peuvent le confirmer.

Mais pas aujourd'hui.

Mon mari et sa perfidie ont fait de moi cette femme muette et lâche… et morte de trouille, qui a du mal à encaisser la pire des trahisons, qui a du mal à encaisser l'échec de son couple.

Si les mots peuvent blesser, le silence peut tuer, ai-je lu un jour quelque part. Je trouvais cette allégation totalement absurde jusqu'à maintenant. Jusqu'à ce que je me rende compte que je suis dévorée de l'intérieur. Depuis quand enfouir profondément les choses est devenu ma spécialité ?

– Ça me bouffe de te voir comme ça, Delilah.

Moi aussi… Moi aussi ça me bouffe, ma Line.

Je sais que je peux avoir entièrement confiance en elle. Ce n'est pas ça le problème, c'est moi. J'ai l'impression que si je les prononce à haute voix, les paroles prendront vie et la réalité m'éclatera en pleine face. Pour ça, je ne suis pas encore prête.

J'observe mon amie dans son tailleur rouge qui met en valeur son teint. Depuis quelque temps, Line a repris du poil de la bête et ça me fait extrêmement plaisir pour elle. Je ne souhaite donc pas non plus ruiner son moral avec le mien qui est en berne. Ça serait égoïste de ma part de partager le ciel gris qui gronde au-dessus de ma tête, alors que le sien est ensoleillé.

– Mais je ne veux pas que tu penses que je te force la main, reprend Lynéa. Prends tout le temps qu'il te faudra. Je ne te poserai plus de questions, je te le promets. Par contre, quand tu te sentiras prête, j'aimerais que tu me parles. D'accord ?

En guise de réponse, je hoche simplement la tête pour la rassurer. Lui faire comprendre que je vais bien. Malgré tout, je vais bien.

L'éloigner peut-être aussi…

Lorsqu'elle se retourne et quitte mon bureau, j'avale ma salive et m'évente les yeux pour éviter de pleurer à nouveau… mais il est trop tard, les vannes s'ouvrent de nouveau et les larmes, plus douloureuses, plus amères, empruntent le même chemin, comme si elles connaissaient déjà la route, comme si cette dernière était balisée…

Ma peine s'écrase sur les murs de mon bureau, et au

lieu de mourir contre la cloison, elle ricoche, décrivant une parfaite trajectoire courbe, puis me revient en plein dans la face.

Retour à l'envoyeur...

L'image d'un boomerang se matérialise dans mon esprit en même temps qu'une idée un peu folle : je n'ai peut-être que ce que je mérite. En fait, si ça se trouve, dans une vie précédente, je devais être une vile et horrible personne et je paie pour cet autre moi que je ne connais pas.

Un silence assourdissant me saisit à la gorge, je ferme les yeux, et pour éviter de tomber à la renverse sur la triste moquette de mon bureau, je me concentre sur ma respiration perturbée de spasmes. Une, deux, dix fois. Les deux mains sur mes oreilles, je m'isole du reste du monde.

Tu peux le faire, Delilah... Inspire, puis expire. Doucement. Inspire... Expire...

Lentement, je reprends mon souffle et une contenance. L'épisode maîtrisé, je retourne tant bien que mal m'affaler sur mon siège et regarde ma montre : quinze heures trente. Merde ! Terrence King doit arriver d'une minute à l'autre. Juste le temps pour moi d'avaler cul sec mon mug de café et d'enfiler le masque de la nana sûre d'elle et pour qui tout va parfaitement bien, quand des pas dans le couloir me parviennent. Quand on parle du loup...

– Delilaaaah ! s'exclame un Terrence un peu trop enjoué pour que ce soit naturel et tiré à quatre épingles dans un costume fait très certainement sur mesure.

Ce petit con gagne des montagnes depuis que son roman a été vu le mois dernier dans les mains de l'un des participants d'une télé-réalité. Je sais, c'est incroyable ! D'autant plus que le candidat en question tenait le bouquin à l'envers. Il n'en fallait pas plus pour faire le buzz. Snapchat, Instagram et le géant bleu Facebook y ont mis leur grain de sel, et depuis, Terrence Prince est devenu Terrence King. Un hashtag a même été créé en conséquence : #LireEnVerlanCEstDar. Les réseaux sociaux sont une arme de communication massive dont King détient tous les codes.

Après ça, on m'a retiré Terrence pour le coller à quelqu'un de « plus qualifié » pour gérer la star naissante qu'il est devenu. Et pourtant, il m'a appelée la semaine dernière pour me réclamer une place dans mon agenda, sans donner de raison particulière.

– Terrence, que me vaut ce plaisir ? Je suis surprise de vous voir ici. C'est Jeremy qui a repris le bébé, me semble-t-il, non ?

Terrence me mate sans vergogne de haut en bas, joint ses mains sous son menton et se racle la gorge.

– J'ai refusé Jerem'.

J'en reste comme deux ronds de flan.

– Pourquoi ?

Terrence se contente de hausser les épaules.

– Jeremy est expérimenté. Le boss ne s'est pas foutu de vous en vous l'assignant, m'empressé-je d'ajouter.

– C'est un lèche-bottes.

– Justement. Tout le monde sait que vous adorez que l'on flatte votre ego.

Terrence éclate de rire sous mon regard imperturbable.

– J'ai besoin de quelqu'un de pragmatique.

Je plisse les yeux. Où veut-il en venir ?

– Et ?

– Je vous veux.

J'avale de travers et manque de m'étouffer avec ma salive. Est-ce que c'est une blague ?

– Pardon ?

Jeremy Bertrand est connu dans le monde de l'édition pour avoir les dents longues et un carnet d'adresses de la même taille que le melon qu'il se trimballe partout. Tous les auteurs rêvent de travailler avec lui ou pour lui, sauf que l'on sait tous qu'il se fout des intérêts de ses protégés comme de sa première chemise ! Pour Jeremy, le business passe avant les sentiments ! Sa carrière : c'est tout ce qui compte, en réalité, pour un homme comme lui. Et sa marge, évidemment.

Ce mec, tout ce qu'il vend, c'est de la poudre de perlimpinpin. Il ne se gêne pas pour laisser ses auteurs se casser la gueule par la suite. Malheureusement, nous sommes peu dans le métier à voir clair dans ses manigances. Aussi surprenant que ça puisse paraître, que Terrence refuse cette opportunité le fait remonter un peu plus dans mon estime.

– Vous avez parfaitement entendu, Delilah. C'est vous que je veux.

– Pourquoi ?

J'ai besoin de comprendre ses motivations avant d'aller plus loin. Parle-t-il sérieusement ou est-ce juste un petit jeu tordu d'ado prépubère ?

– J'ai besoin de quelqu'un qui aura les couilles de me dire la vérité, même si elle ne me plaît pas, et non qu'on me brosse dans le sens du poil. Vous, chère Delilah, vous êtes cette personne.

C'est vrai que je ne l'ai pas beaucoup ménagé durant tout le travail éditorial de son roman.

Terrence penche la tête sur le côté et ajoute :

– Contrairement à ce que vous pensez, je ne suis pas qu'un petit con prétentieux.

J'éclate de rire sans pouvoir m'en empêcher.

– Vous savez parfaitement que c'est ce que vous êtes, Terrence. Mais… car il y a un « mais », vous êtes également bourré de talent.

– Voilà pourquoi c'est vous que je veux ! me pointe-t-il du doigt. Vous me rentrez dans le lard sans prendre de gants. J'aime ça ! C'est d'ailleurs en partie pour cette raison que *Les Oiseaux ne se cachent plus pour mourir* est un franc succès.

C'est vrai. J'ai bossé sans compter mes heures pour faire de son morceau de charbon un diamant à l'état brut. Je suis contente que mes efforts aient porté leurs fruits.

– Je n'ai fait que mon travail.

Un travail que j'adore, pensé-je très fort.

– Je ne demande que ça.

– Si vous voulez qu'on bosse ensemble à nouveau, mon cher Terrence, j'ai quelques conditions.

Imperturbable, il ouvre grand les bras.

– Je vous écoute.

***

J'arrive à la maison, une étincelle de fierté brillant encore dans mon regard avant de s'éteindre comme un soufflé qui retombe une fois le pas de la porte franchi. Depuis que je suis au courant, j'ai cette foutue impression que la honte tapisse les murs de ma maison. Tant et si bien que je ressens, puissance mille, la morsure cuisante de l'humiliation.

Je pose mes clés sur le petit meuble dans l'entrée où trône un splendide portrait de famille de nous quatre, pris à Noël dernier. Je trace du doigt nos sourires à Auxence et moi, Hana entre nous et Loan dans mes bras. Je me rappelle parfaitement ce moment. J'essayais de garder mon sérieux, fixant l'objectif, tandis qu'Auxence, d'une main sur mes épaules, m'attirait vers lui pour me chuchoter quelque chose à l'oreille. Nous transpirions le bonheur par tous les pores de notre peau. Une larme roule sur ma joue que j'essuie rageusement. Saloperies d'hormones ! Une question me torture à chaque putain de fois où mon regard croise celui, figé, de mon époux sur « notre » portrait de famille. Est-ce qu'il brisait déjà nos vœux à cette époque-là ?

Je repose l'objet à sa place et détourne les yeux, avec une foutue peur bleue de la réponse. Est-ce à ça que va ressembler ma vie désormais ? À me demander sans cesse depuis combien de temps et avec qui ? Affligée, je rejoins la cuisine où j'ai besoin de retrouver mes petits arcs-en-ciel à moi. Actuellement, si je tiens encore debout, c'est pour eux.

Après une énième lecture de *Cendrillon*, Hana, les yeux fermés, émet un adorable ronflement. Je me penche, pose un baiser protecteur sur le sommet de sa tête puis remonte sa couette rose – épaisse et moelleuse – de princesse Disney sous son menton et la borde pour éviter qu'elle ne se découvre dans la nuit. Loan, la couche propre et le ventre plein, dort comme un loir dans son berceau.

J'étouffe un bâillement et presque malgré moi, mon regard est attiré par les aiguilles de la grande horloge murale. Les secondes s'égrènent, amplifiant le gouffre entre mon mari absent et moi. Je pénètre dans la salle de bains en espérant me débarrasser de ce manteau de lâcheté qui ne me quitte plus depuis des jours…

Trente minutes plus tard, revigorée par une douche brûlante, je m'extrais de la cabine embuée, enroule une serviette autour de mon corps que je coince dans le creux de mes seins et me dirige vers la commode pour prendre une nuisette en coton et une culotte. Le tissu fin du vêtement laisse apparaître un léger renflement sous mon nombril. Le regard hagard, je me perds dans la contemplation de ce qui grandit en moi. J'avale ma salive et approche timidement la main de mon ventre, comme lorsque l'on tente de caresser un animal un peu sauvage. Je sens pulser mon cœur dans ma paume en écho à un autre battement que je ne peux pas encore ressentir, mais qui, pourtant, est bien là… Nier la vérité ne changera rien ! Je dois me rendre à l'évidence : je vais avoir un bébé. Que je le veuille ou non, ce petit être qui n'a rien demandé à personne sera là dans (je compte mentalement sur mes doigts) un peu moins de trente semaines. Je ferais mieux de me rentrer ça dans le crâne, et vite !

Un regain de force venant de je ne sais où m'envahit. Je dois me conduire en adulte et affronter la réalité. C'est décidé ! Je vais parler à Auxence.

Mais pas ce soir… Pour l'heure, je suis bien trop lessivée pour l'attendre. Sans compter que tout lui avouer nous mènera à une discussion qui nous conduira indubitablement à une dispute. Non… Il est préférable de remettre à plus tard, le temps pour moi de trouver le moment que je jugerai opportun. Mais la vraie question est : y a-t-il un bon moment pour mettre un terme à son mariage ? Je ne le crois pas…

18

Shiloh

– N'appelez pas la sécurité, madame la secrétaire…

For God's sake ! Tu respires, Shiloh, le pauvre homme vient de perdre sa femme, il est anéanti, au bout de sa vie… Et surtout sourd comme un pot !

– Je ne vais pas appeler la sécurité, monsieur Laurent, je veux seulement le numéro de Sécurité sociale de madame.

– Non, nous n'étions pas au bal, nous fêtions nos noces de diamant avec quelques amis et elle est tombée, comme ça, sans prévenir.

– Je sais monsieur, j'ai conscience de la douleur que vous ressentez, et je suis vraiment désolée, mais je dois remplir la fiche et…

– Je ne crois pas qu'elle ait mangé de quiche, non, non…

C'est à ce moment précis que j'actionne le bouton pause. Celui qui me permet d'arrêter le temps, de me laisser bercer par le silence et par ma respiration, au risque d'exploser mon interlocuteur à coups d'agrafeuse. Le vieil homme est là, devant moi, un mouchoir en coton usé sous le nez et des ruisseaux de larmes sur ses joues fripées, mais je ne perçois plus qu'un halo poussiéreux, quelques nuages et le visage de mes enfants. Je respire à pleins poumons, j'oublie l'odeur écœurante qui s'est imprégnée dans chaque recoin du sous-sol, je fais abstraction du bruit métallique derrière moi et fredonne mentalement cette petite comptine qui accompagne les nuits d'Allen.

La magie opère en une poignée de secondes et laisse échapper mes envies meurtrières. Lorsque l'image de mon bureau revient à la vie, le vieil homme pleure toujours, il renifle en me dressant la liste complète des derniers menus de sa dame.

Planque ton agrafeuse, Shiloh... et tes trombones ! Ne pense à rien d'autre qu'au malheur de ce veuf éploré...

Je griffonne sur mon bloc deux mots que je lui montre, un sourire compatissant sur les lèvres.

– Vous voulez ma carte vitale ? bredouille-t-il.

Et... *Shit !*

– Non, celle de madame, s'il vous plaît.

J'ai beau articuler, il me fixe, perplexe, les larmes aux yeux.

– Pardon, madame la secrétaire, vous savez, je n'entends pas très bien, c'est arrivé il y a longtemps pendant un séjour en Moldavie, j'ai...

Mon exaspération transforme la mignonnette berceuse en un opus de metal, le genre de morceau bien rude, enragé, chanté par un artiste ravagé, drogué et enclin à fracasser sa guitare électrique sur le devant de la scène avant de foutre le feu au public. Voilà où j'en suis quand le client termine son anecdote !

Tandis que je lui tends mon bloc sur lequel j'ai construit une phrase sujet-verbe-complément et point d'exclamation, mon standard sonne. Je lève juste l'index en l'air pour capter l'attention de l'homme assis face à moi et décroche. Il balbutie, puis se mouche bruyamment dans son mouchoir déjà trempé.

– Institut médico-légal, bureau du docteur Méto, bonjour.

– Shiloh ?

Je reste muette quelques secondes, pas certaine de reconnaître la voix féminine à l'autre bout du téléphone. Mon cerveau pédale à toute vitesse en imaginant qu'Emy, Violet ou Allen puisse avoir un problème à l'école quand, enfin, je réalise qu'aucune maîtresse ne m'appellerait par mon prénom.

– Oui. Vous êtes ?

– C'est Del ! Pardon, je suis tellement à la ramasse ces derniers temps... Bref, je n'ai pas pensé à toi en composant le numéro, c'est con, j'aurais pu te contacter directement sur ton portable. En tout cas, je suis contente de t'entendre, tu vas bien ?

– Ça va bien, mais j'ai quand même l'agrafeuse qui me démange.

– Hein ?

– Oui, excuse-moi, c'est... oublie ça. Tu appelais pour... ?

– Je t'explique, mon frère bosse sur un projet cette année, et il aurait besoin de... Attends, je reprends la note qu'il m'a laissée... Alors, il voudrait pousser ses recherches auprès d'un légiste, il parle d'aborder le côté psychologique de la mort, la perception des autres, le détachement des professionnels de cette branche. Du coup, est-ce que tu crois qu'il pourrait passer à l'Institut à l'occasion ? Pour te poser des questions, ainsi qu'au médecin ?

– Je pense, oui. Il me semble qu'un document officiel de l'université ou de l'école pour laquelle il compte rendre le projet nous sera nécessaire. J'en toucherai deux mots au docteur, juste pour m'assurer du protocole à suivre, mais je doute que ça pose un problème.

– Super ! Je l'appelle tout de suite, il doit prendre rendez-vous ?

– Non, dis-lui simplement de passer aux heures de bureau pour que je puisse lui faire faire le tour des locaux s'il le souhaite.

– Parfait ! Je t'en dois une, Shiloh. N'hésite pas si tu as une faveur ou une requête, c'est d'ores et déjà un grand oui !

J'éclate de rire en m'enfonçant dans mon fauteuil et me fige lorsque l'œil larmoyant du vieil homme devant moi me dévisage. *Poker face*, toujours ici ! Je me racle la gorge et me redresse, droite comme un i sur mon fauteuil, avant de prendre une voix plus professionnelle.

– Très bien, je ne manquerai pas de m'en souvenir.

– On se voit lundi ! Bisous !

Ses baisers claquent dans le combiné et me font sourire. J'aime beaucoup Delilah, comme j'adore Lynéa et Ninon, mais elle est la plus douce des trois, la plus tempérée. Celle qui conduit pour une soirée arrosée et celle qui choisira la réflexion plutôt que la précipitation. Ce qui finalement permet de limiter les extravagances des deux autres.

Je passe l'heure suivante à me battre avec M. Laurent et son dossier administratif de quatre pages. Si la secrétaire du légiste avait du poids auprès de nos confrères professionnels de santé, je me serais permis d'appeler un ORL pour le pauvre homme. Mais voilà, il est bientôt dix-huit heures, le temps de filer jusqu'à la garderie, il sera dix-huit heures trente-deux, et je devrai une fois de plus perdre dix centimètres de fierté en m'excusant pour mon problème de ponctualité auprès du personnel communal.

Donc, la surdité d'accord, mais mes enfants d'abord ! Je m'empresse de boucler mon dossier en cours et prends la poudre d'escampette. Quelques insultes sur le périph, quatre plats surgelés au micro-ondes, trois luttes aquatiques et plus de cent cinquante minutes plus tard, j'embrasse mes adorables et épuisants enfants.

– Maman ?

– Oui, mon papillon.

– Est-ce que tu retournes boire du vin avec tes copines lundi soir ?

J'ai autant envie de rire que de pleurer en imaginant la maîtresse questionner Emy sur les activités extraprofessionnelles de sa mère. C'est sûr que c'est moins classieux que participer à un cours de pâtisserie, une séance de renforcement musculaire ou un atelier de lecture…

– Oui, c'est prévu.

– Cool, je suis contente.

Un brin vexée, je l'observe quelques secondes, regrettant presque son doux sourire. Il lui va pourtant si bien, elle qui est le reflet de mon stress quotidien. Elle triture la housse de sa couette remontée jusque sous son menton, les yeux dans le vague.

– Ravie que ça t'emballe autant, ironisé-je.

– Marley a promis qu'on ferait des meringues.

D'accoooooord ! Voilà pourquoi ma très chère fille souhaite me voir déserter la maison ! Marley par-ci, Marley par-là – *Marley, oui, là… Marley, encore ici, oui…* – cet homme est partout !

Ou en tout cas, il devrait l'être...

Malgré la pointe de jalousie qui pique ma poitrine, je me laisse attendrir par sa moue sereine et impatiente. Leur bonheur est tout ce qui compte et tout ce qui a toujours compté... Je dépose un rapide baiser sur le bout de son nez et lui souffle de faire de jolis rêves, avant de tirer sa porte sous son regard attentif. Comme chaque soir, je laisse un jour d'une dizaine de centimètres pour que la lumière de la salle de bains filtre jusqu'à sa chambre et lui évite le noir complet.

En rejoignant les escaliers, je ramasse chaque petite voiture qu'Allen a pris plaisir à étaler sur le palier, toutes à une place stratégique, chaque couleur choisie minutieusement, ou pas d'ailleurs, mais le rendu semble construit. Je retiens un gloussement en me penchant une nouvelle fois : mon fils n'a que 3 ans, il n'y a rien de réfléchi dans sa façon de jouer ! Ou alors il est doté d'une faculté intellectuelle hors norme, et dans ce cas, s'il pouvait la concentrer sur la propreté, ça m'arrangerait tout autant.

En haut des marches, les mains pleines des jouets d'Allen, je sursaute lorsque la sonnerie de mon téléphone monte jusqu'au premier. Le bruit est un luxe que je ne peux pas m'offrir en fin de journée ; une fois que mes enfants sont couchés, c'est à peine si je m'autorise à péter pour ne pas les réveiller, alors, le tintement strident de mon portable, imaginez...

Ma plante de pied rencontre une énième voiture et me fait perdre l'équilibre. Mon pas s'affole ou s'envole, les deux peut-être, et mon cri de surprise se mélange au raffut des carrosseries métalliques s'éparpillant sur les marches tandis que je dévale les escaliers. Aucune grâce dans cette chute, juste une position d'autodéfense très subjective. En définitive, je ne gère rien du tout et encaisse chaque rebond dans un grognement contenu.

Jusqu'à ce dernier rugissement de douleur. Le bruit sourd de ma jambe contre la dernière marche résonne jusque dans mon crâne, le craquement aussi… J'entends les pas d'Emy descendre les escaliers, Allen pleure, Violet panique, et moi je crève d'une souffrance presque aussi intolérable qu'un accouchement sans péri. J'exagère sûrement – un peu – n'empêche que je déguste !

– Maman, maman… Aaaaaaah là là, maman ! Qu'est-ce que je dois faire ? Maman, arrête de pleurer !

Emy me tourne autour, les mains dans ses cheveux et le cœur au bord des lèvres.

– Calme-toi ! Va…

Pause. Je serre les dents, je ravale mon envie de hurler et ventile autant que possible. ÇA FAIT MAL, *FUCK* !

– … va chercher mon téléphone.

Allen crie, maintenant, et Violet pleure.

– Mes papillons, on se détend…

C'est décidé, demain, je brûle tous les jouets de cette baraque !

– … maman est juste tombée dans les escaliers…

Elle jongle sa race parce qu'elle s'est sûrement cassé un million d'os, mais elle gère !

– … je monte dès que je peux.

À ce moment précis, le manque de mon mari me terrasse. Je suis habituée à piloter la famille, les enfants et ce fichu quotidien malgré quelques lacunes. Mais sans un deuxième adulte, je… je ne peux pas grand-chose dans ce genre de situation critique. Si je m'étais fracassé la tête ? Si je m'étais retrouvée inconsciente, dans un bain de sang ? Et si…

– Oui, c'est grave, très grave, maman est toute rouge ! Elle a crié très fort…

Emy avance jusqu'aux escaliers, mon portable à l'oreille, et grignote d'angoisse les ongles de ses doigts libres. Je tends maladroitement la main vers elle et souffle :

– Passe-moi le combiné…

– Elle veut te parler… Oui, à tout de suite !

Bon sang, à qui parle-t-elle ? Je récupère le téléphone et grogne de douleur après un mouvement que j'aurais dû contrôler.

– Bonsoir, je suis… Shiloh Autel, j'habite au…

– Je connais votre adresse, j'arrive !

Le vent souffle dans le combiné, puis le bruit d'une portière qui résonne me fait sursauter. Après un regard noir à Emy, je ferme les yeux, incapable de parler tant ma jambe me lance.

Elle a appelé son baby-sitter…

– Shiloh ! s'énerve Marley.

Je grogne.

– J'en ai pour dix minutes max, j'étais chez des potes. Ça va aller ?

Je grogne encore, ou je geins. Bref, je réponds comme je peux.

– Passez-moi Emy !

Je tends le mobile à Emy qui, une fois attentive au discours de son baby-sitter, court dans le séjour et revient avec le téléphone fixe.

– Il dit que tu dois appeler les pompiers.

Je m'exécute, tel un bon petit soldat amoché dans une

tranchée boueuse, sans le froid, oui, d'accord, sans la boue non plus, mais amoché quand même. Les dix minutes s'écoulent péniblement. Si j'évite de bouger, la douleur est gérable, mais si j'ai le malheur de respirer un peu trop fort, ma peau s'incendie et consume ma jambe entièrement.

Marley passe la porte et met fin à sa conversation téléphonique avec Emy. Il n'a pas cessé de lui parler durant tout le trajet, l'attitude de ma fille s'est détendue peu à peu, je crois même l'avoir entendue rire en répondant à Marley que je n'avais pas bu. Belle image d'une mère de famille célibataire, soit dit en passant…

Les pompiers me prennent en charge dans les cinq minutes qui suivent l'arrivée de Marley, ce dernier déjà aux petits soins avec mes trois bambins. Assis en haut des escaliers avec Allen et Violet sur les genoux, Marley serre Emy contre lui et m'envoie un clin d'œil lorsque je passe la porte sur le brancard. L'image que me renvoient mes enfants avec cet homme me trouble. Me touche aussi. Parce qu'étrangement, il ne dénote pas dans le tableau. J'imagine que son job veut ça, être proche des familles qui lui confient un bout de leur vie.

J'aime qu'il s'occupe d'un bout de la mienne…

19

Ninon

– T'as apporté quoi, toi ? demandé-je à Delilah.

– Un bœuf bourguignon et un gâteau aux pommes. Ils auront à manger pour tout le week-end avec ça. Et toi ?

Del, Lynéa et moi sommes sur le trottoir devant chez Shiloh, des sacs remplis de courses à nos pieds. J'ai un peu l'impression d'être nulle comme copine en pensant à ce que j'ai apporté et termine de questionner mon amie :

– Je peux savoir où tu trouves le temps de cuisiner ? Tu pourrais partager tes astuces pour augmenter le nombre d'heures dans une journée…

Mon amie m'offre un regard outré et écarquille les yeux en posant une main sur son cœur. Elle me parle en haussant le ton, partant par moments dans les aigus.

– Tu veux me vexer ou quoi ? Tu penses peut-être que j'ai le temps de faire à manger pour les autres en plus de ma famille, mon boulot et tous les soucis du quotidien ? Non, je suis passée chez le traiteur.

Je tente quelques gestes d'apaisement et pose ma main

sur son épaule, le regard compatissant.

– Tout doux, ma belle. Ça va pas en ce moment, toi. Tu es certaine de ne pas vouloir te confier ?

Delilah grimace, frappe à la porte et fixe un point imaginaire devant elle. Je tourne la tête lentement en faisant les gros yeux à Lynéa, qui décide de rebondir sur notre premier sujet de conversation.

– Moi, j'ai pris une bouteille de vin et des macarons.

– Bien, l'alcool… Même si je pense que Shishi est sous médocs, donc…

– Arrête de faire ta rabat-joie, Ninon. On la boira plus tard, pour fêter son bon rétablissement. Je n'ose imaginer ce que tu as choisi, ma chérie.

Je redresse le menton, souris en les toisant tour à tour, puis déclare d'une voix forte :

– J'ai des DVD de films romantiques et une boîte de préservatifs. Mais quoi ? Ne me regardez pas comme ça, je vous rappelle que le baby-sitter était avec elle ! Vous pariez combien qu'elle utilise les capotes avant de siffler la bouteille ?

La porte s'ouvre sur une merveilleuse reproduction de Shiloh que j'imagine être Violet. Nous essayons de reprendre un minimum de sérieux, même si Del hoquette de rire. La petite nous salue toutes par nos prénoms, sa mère a dû sacrément nous détailler pour qu'elle nous reconnaisse. Violet nous invite à entrer, comme la parfaite maîtresse de maison qu'elle n'est pas.

– Maman est dans le salon, je vais là-haut, Allen prend son bain.

Lynéa cligne des yeux et la suit sur quelques pas.

– Attends, ton frère est seul dans la baignoire ? Je vais venir t'aider, c'est vraiment très dangereux et…

– Non, pas de souci, Emy est avec lui. On joue aux super-mamans.

Lynéa se retourne sans même se redresser, avec un petit regard amusé. Violet est chou comme tout et semble effectivement prendre ses responsabilités au sérieux. Nous ne la retenons pas plus et poursuivons vers le salon, où je suis troublée en observant Shiloh qui peine à se lever pour nous saluer.

– Vous n'auriez pas dû venir, les filles… C'est très gentil, mais…

Line coupe la parole à l'Américaine et répond avec énergie :

– Laisse tomber la politesse, on est là et puis c'est tout.

Nous embrassons notre pauvre cascadeuse et nous installons à ses côtés, la couvant du regard.

– Je ne suis pas à l'article de la mort, ça va presque bien si je ne pense pas à la douleur.

Mais bien sûr, et la marmotte… ?

Shiloh se redresse, râle dans sa langue natale et s'épuise en s'asseyant.

– *Shit !* Je suis une vraie loque. J'ai mal partout, et je ne vous parle pas de la fatigue. J'ai passé la nuit aux urgences et je n'arrive pas à fermer l'œil sans qu'un élancement dans la jambe me fasse sursauter. Racontez-moi un truc marrant, par pitié, j'ai besoin de me détendre.

Nous prenons le temps de décortiquer les blessures de notre nouvelle amie, pestant contre ces connards de tibia et péroné entourés d'un joli plâtre blanc immaculé. Je pense déjà au dessin que je pourrai faire dessus, pendant que nos magiciennes de l'édition nous offrent les dernières frasques de leurs romanciers à l'ego disproportionné. Delilah semble comblée d'avoir retrouvé un auteur à succès. Je tente une question, même si je ne suis pas très portée sur la lecture.

– C'est le gars qui a écrit un truc sur les oiseaux ?

Les filles rient en se regardant, et Lynéa tapote ma main avec douceur.

– Ma chérie, le titre est une image. Ce n'est pas une bible pour ornithologues.

Encore une bourde, encore une question que j'aurais dû garder pour moi. Parfois, je m'agace à parler trop vite, à vouloir m'intéresser aux conversations que je ne peux pas comprendre. Je hausse les épaules en écoutant la fin de la discussion dans un silence religieux. Les filles me dévisagent ensuite avec insistance pour que je leur relate mes dernières affaires. C'est drôle, elles détestent autant qu'elles aiment entendre mes histoires sordides, mais en cette fin d'après-midi, j'ai une tout autre raison de les divertir.

– Je vois le pompier ce soir !

Les copines s'exclament, applaudissent et un interrogatoire en règle débute. Quels vêtements, quels bijoux, où m'invite-t-il ? Suis-je prête à passer le cap, etc.

– J'hésite pour ma tenue, alors… j'ai tout apporté, d'où mon immense sac. Je peux me changer dans la cuisine et vous montrer ?

Lynéa frappe des mains, se souvenant de nos soirées d'adolescentes où nous traînions des heures à nous préparer dans sa chambre. Je me rappelle des posters de nos groupes de musique préférés, du maquillage que nous ne savions pas appliquer, et la nostalgie s'empare de moi. À l'époque, je pensais déjà devenir flic, je m'imaginais en Superwoman, capable de gérer mon boulot et ma vie de famille, rentrer le soir pour être enveloppée de l'amour de mon mari et de mes enfants. L'idée est bonne, sauf que je me noie un peu plus chaque jour sous la masse intense de travail et que le seul regard de soutien vient de ma mère.

J'enfile ma robe et retrouve mes amies, chacune avec une part de gâteau dans les mains. Elles ne disent rien, me détaillent comme on pourrait le faire en découvrant un animal de zoo. Lynéa lève le doigt pour parler, mais mastique encore quelques secondes avant de se lâcher.

– Elle est bien, ta robe, si tu as l'intention de te faire sauter.

– Quoi ? Non ! Enfin, quoique... Accessoirement, j'aimerais beaucoup, mais sans avoir les néons « baise-moi » qui scintillent autour de moi.

– Line a raison, elle est un peu courte et le décolleté trop plongeant, précise Del.

– Ouais, en gros, j'ai l'air d'une pute, c'est ça ?

– Ah non, à moins que tu ne fasses payer tes services ?

Je lève les yeux et retourne à la cuisine impeccablement ordonnée. Il ne faut pas que Shiloh vienne chez moi, elle pourrait faire une attaque. Mon plan de travail ressemble à un placard à ciel ouvert. Ça fait longtemps que je ne me sers plus des rangements, pour ne pas faire tomber ces putains de boîtes Tupperware ou ne pas perdre quelques précieuses secondes à trouver le Nesquik que j'utilise de toute façon tous les matins.

– Bon, tu fais quoi ? Y aura plus de macarons si tu ne reviens pas !

Merde, j'adore ça, mais j'ai déjà du mal à rentrer mon cul dans ce skinny gris, je vais faire l'impasse sur les sucreries.

Je rejoins les gourmandes avec un top dans chaque main. Shiloh manque de s'étouffer en me contemplant…

Sympa !

– Ne t'offusque pas, Shishi, Ninon n'a jamais été très pudique. On s'habitue, à force. Sinon, joli ton soutif !

– J'ai acheté cet ensemble de lingerie hier, ça fait des années que je n'avais pas fait ce genre de boutiques. Je me sens bien dedans. À vous de choisir : main gauche, top coton basique, bleu marine, avec encolure V en dentelle, ou main droite, top droit en satin qui descend assez sur mes hanches pour les cacher ?

Les filles se concertent sous le sceau du secret, ça dure un temps infini et je commence à avoir froid.

Sont chiantes !

Je profite de l'occasion pour détailler le salon très coquet et joliment décoré. Qui a dit que les Américains n'avaient aucun goût ? Lynéa se lève et gagne le vestibule, j'entends ses pas dans l'escalier et je questionne les nanas silencieusement, presque inquiète.

– Patiente, me conseille Del.

– J'ai froid et je dois partir dans un quart d'heure, t'es marrante, toi !

– Déjà ? Où allez-vous ? Fais-moi rêver, s'il te plaît, les premiers rendez-vous ont un charme fou.

J'avance, m'assieds sans reluquer cette délicieuse assiette de meringues colorées et frissonne de plaisir en parlant.

– Nous avons rendez-vous au Cox, je ne connais pas, mais ça semble génial, selon l'ami Internet. Hier, j'ai pris le temps d'aller voir mon esthéticienne, je n'ai plus un seul poil qui traîne !

Lynéa revient en sautillant de joie et me demande d'enfiler un haut appartenant à Shiloh. Je passe sans attendre ledit top noir en satin. J'approche du miroir de l'entrée et me trouve presque potable. Le tissu souligne mes lignes tout en restant léger et vaporeux, je pivote et découvre le décolleté plongeant laissant mon dos nu.

– On vote toutes pour celui-ci. Assieds-toi, je vais te maquiller, j'ai fait des progrès depuis quelques années.

Lynéa m'offre un clin d'œil et je ne me fais pas prier. Je sors de mon sac de sport tout le matériel nécessaire de mon sac de sport. La pression monte, je sens l'excitation bouillonner en moi, figeant un sourire niais sur mon visage. Je remercie Shiloh pour le prêt, elle balaye ma réflexion d'un revers de main.

– Vu mon état, je ne vais pas en avoir besoin. Je ne suis bonne à rien.

– Pourquoi ? Tu as mal à la mâchoire ?

Il ne nous faut pas plus que cette petite question de Del pour exploser de rire en chœur. Ces nanas, toutes différentes, toutes perchées, m'offrent toutes une bouffée d'oxygène, minimisant mes soucis et gommant mes travers.

***

Je marche vers le Cox, ayant décidé de rejoindre le centre-ville parisien à pied. J'ai le cœur qui bat la chamade, les paumes moites et l'envie furieuse de courir un marathon pour aller me cacher sous mon lit. Arrivée devant l'établissement, je reste plantée dans la rue comme la pire des cruches. Comment lui dire bonjour ? Une poignée de main ?

Trop professionnel. Une bise, peut-être ? Merde, merde, merde, j'étais bien plus loquace lorsqu'il s'agissait de lui envoyer des textos. Voilà plusieurs semaines que l'on apprend à se connaître par écrans interposés, de nombreux jours où je fais la fille que rien n'atteint, sûre d'elle et de ses choix.

Je suis nulle, il va me trouver idiote, ou pire… moche.

Bon, je compte jusqu'à dix et j'entre. Un, deux, trois…

Allez Ninon, ravale ta peur, bombe le torse et bouge ton cul. DIX !

Je pousse la porte du bar. Thibault est contre le comptoir ; je prends le temps de le détailler avant qu'il ne me découvre. Cette vue me fait vibrer de partout et je sens une légère chaleur m'envahir. Il est l'archétype du parfait pompier. Il est musclé, viril, son attitude ne laisse aucune place au doute, il faut que je sois son égale. En fermant la porte, je donne un bon coup de pied à mes peurs et les abandonne, pantoises, sur le trottoir. J'avance d'un pas assuré et lui souris quand il m'aperçoit.

Oh merde, j'ai oublié de vérifier mes dents !

J'avance de plus en plus, contact dans… quatre… trois… deux… il faut que j'arrête de compter.

Au fait, je lui fais la bise ou pas ? Je n'ai rien décidé !

J'aurais dû recommencer à draguer il y a longtemps pour pouvoir être prête le jour J. Ma tête bouillonne et mes jambes tremblent de plus en plus au fur et à mesure de ma progression. Je pose la main sur son épaule et approche, optant pour deux bises, lorsque Thibault me prend la bouche en enroulant son bras autour de ma taille.

Je devrais être surprise, faire un pas en arrière, feindre

l'indignation et le gifler avant de partir en courant. Ouais, mais ça, c'est comme l'éducation des enfants, c'est bien sur le papier. Parce que les pseudo-bonnes manières sont incapables de rivaliser avec la douceur de sa langue et la domination de ses lèvres. La timide chaleur que je ressentais à sa vue monte en flèche à son contact, j'aimerais que ce moment ne s'arrête jamais. Je deviens une petite chose fragile, lovée contre un preux chevalier, solide, épais, sûr de lui. Mes barrières, si fermement érigées, s'effondrent et je me laisse aller à mes émotions. Je retrouve cette femme, pourtant bien dissimulée au fond de moi, en mal d'affection, qui a besoin d'un homme sur qui compter, qui adorerait se sentir aimée, désirée. Belle. Mes sens sont en éveil, chaque pression de sa peau contre la mienne a son importance, jusqu'à la tendre caresse de sa barbe. Plus rien n'existe à part ce large corps qui m'enveloppe avec fermeté et cette main qui glisse avec délicatesse sur mon dos nu.

Nous nous décollons, je lève un sourcil interrogateur devant le regard un peu trop sûr de lui de l'homme me faisant face.

Un tout petit étonnement inversement proportionnel à l'état de ma culotte !

Puis je reprends contenance, retrouvant l'assurance qui me caractérise au quotidien.

– C'est ta façon de dire bonjour en général ?

– Vu les messages que nous échangeons depuis notre rencontre, je pense que nous pouvons faire l'impasse sur l'étape amicale.

– Oh… Je comprends. Du coup, nous avons le temps de boire un verre ou tu me baises à la sortie du bar ?

Thibault éclate de rire et m'invite à m'installer à ses côtés. Je monte sur une chaise haute, fière de l'avoir fait réagir de la sorte et heureuse d'avoir entendu ce joli son.

– Que puis-je t'offrir ?

Ton corps, ce serait un bon début !

Je regarde le tableau des cocktails posé au-dessus du comptoir et opte pour un verre de monbazillac. Nous passons la soirée à parler, nous amuser, boire. Les lumières se tamisent et le barman nous fait signe que l'établissement va fermer. Est-il possible de ne pas avoir vu le temps passer ? D'avoir oublié le monde extérieur, d'avoir…

Merde… les enfants !

Je fouille frénétiquement dans mon sac et empoigne mon portable avec le cœur qui bat beaucoup trop fort. Pourquoi n'ai-je pas pris une minute pour consulter mes messages ? Et s'il leur était arrivé quelque chose ?! Lenzo a pu chuter, Salomé être malade… Si un intrus était entré chez nous par effraction ?

Il pourrait voler ma mère ? Non, non, j'en ai besoin !

Je tremble en tapant le code d'activation et ouvre un texto de la pseudo-otage datant de vingt-et-une heures.

[Les enfants dorment, bonne soirée.]

Putain, faut que j'arrête de me faire mille scénarios tragiques à chaque fois. Je souffle, balance mon mobile dans mon sac et lève les yeux vers Thibault.

– Ça va ? Tu es toute pâle.

Pour être tout à fait honnête, j'ai eu tellement peur que j'aimerais rentrer, me glisser sous les draps avec mes amours, les blottir contre mon cœur pour le reste de la nuit. Thibault caresse ma joue et discipline mes cheveux en les poussant délicatement en arrière, avant de reprendre.

– Tu m'accompagnes chez moi ?

En même temps, c'est pas bon de déranger un enfant pendant son sommeil...

Je réponds d'un timide sourire et suis Thibault lorsqu'il emprisonne mes doigts au creux de sa paume. C'est chaud, doux, réconfortant. Ce n'est rien, il me tient seulement la main, mais on ne m'a pas offert de tendresse depuis tellement longtemps que le moindre geste a son importance.

Arrivée devant son immeuble, je ne me sens pas à ma place et reste ancrée sur le trottoir, les mains jointes. Mon pompier est à l'écoute et parle d'une voix enjôleuse.

– Tu as changé d'avis ? Je peux te raccompagner si…

– Non, c'est juste que… ça fait un moment que je n'ai pas… et je…

– La grande Ninon serait finalement timide. Si tes collègues savaient ça !

Ses paumes frôlent mon dos pour redescendre à la lisière de mes fesses, je frissonne et m'amuse de sa réplique.

– Ne leur dis rien, ça me ferait de la peine de devoir te tuer.

– Évite l'immolation par le feu, je pense que je le vivrais mal.

Merde, j'adore son humour !

Et j'aime sa bouche happant mes lèvres, ses mains qui glissent sous mon haut et caressent mes flancs. J'exalte lorsqu'il me soulève comme une plume et passe ses doigts sous mes cuisses pour me maintenir contre lui. Je le laisse me guider à l'intérieur de l'immeuble, répondant à sa douceur, tremblante d'excitation.

Je. Vais. Baiser !

20

Lynéa

Si je résume bien... Ninon est partie rejoindre son pompier. Sûrement pour finir par une bonne soirée baise. Comme dans le temps, à l'époque de nos 20 ans, quand nous étions fraîches, avec un ventre parfait et des seins à leur apogée ! Shiloh est clouée dans son canapé, le visage fermé, culpabilisant de laisser ses enfants se débrouiller. Et Delilah est en train de se noyer complètement. Mais je la connais ma Del, comme si je l'avais faite, elle ne sait pas nager...

C'est malin, en voyant mes amies comme ça, la nostalgie s'installe de mon côté. Comment les années ont-elles pu défiler ainsi ? Choisir des vêtements pour Ninon. Tenter de la maquiller au mieux pour ne pas saccager sa beauté naturelle. Parce que oui, cette femme est juste magnifique. Ses cheveux sont d'une douceur incroyable. Son sourire est rayonnant et ravive les petites étoiles qui brillent au fond de son regard. Les années l'ont un peu esquintée, le père de ses enfants aussi. Ne parlons pas de sa mère ultra méga présente.

Bref, j'ai l'impression que la Lynéa d'avant, cette adolescente aux grands rêves, est restée enfermée dans la chambre de ses parents. Je bascule vingt ans en arrière, dans cette pièce bleu pâle, avec l'album des Spice Girls en fond sonore…

***

Mes poignets sont recouverts de bracelets brésiliens. Je porte un appareil dentaire muni d'élastiques de toutes les couleurs. Mon legging turquoise flashe sur ma rétine. Ninon est assise en tailleur entre mes jambes et fait claquer une bulle de son malabar goût fraise. Elle colle sur son avant-bras le tatouage en forme de tête de mort qu'elle a récupéré dans l'emballage de son bonbon.

– Arrête de gesticuler, Ninon, je ne vais jamais réussir à te faire cette tresse sinon !

Nous avons entrepris de natter nos cheveux pour le dernier jour du collège. Demain sera la fin de notre adolescence, en rentrant au lycée, nous devenons des femmes ! Plus matures, avec des garçons plus vieux et moins gamins. Nous avons déjà acheté nos sacs de cours. Adieu les sacs à dos, bonjour les sacs Longchamp ! Résultat d'une négociation acharnée de plusieurs mois avec nos parents respectifs ! Le pied total ! Nous parlons de notre entrée en seconde depuis plus de deux ans. Nos vêtements sont choisis pour le jour J, nous avons appris à nous maquiller légèrement pour l'occasion.

Avec ma meilleure amie, notre sujet principal, c'est l'avenir. Nous discutons de nos futurs maris, du prénom de nos enfants. Nous avons même trouvé le papier peint de la salle à manger de la première maison que nous achèterons ! 30 ans sera pour nous l'âge où toute notre vie sera parfaite.

– Tu veux faire quoi, Ninon, plus tard ?

– Régler les problèmes ! J'adore ça. Je suis très douée pour trouver des solutions.

Oh, ça oui, elle déchire. C'est grâce à elle que j'ai découvert qui collait des mots sur mon casier au collège. Et ce n'était pas des billets d'amour… bien au contraire. La réflexion qui m'a marquée le plus, c'est : « Ta bouche est tellement grosse que tu pourrais te faire payer pour tailler deux pipes en même temps. »

Cet idiot de Benoît a été démasqué par Ninon. Je me suis empressée d'aller lui parler. Au milieu de sa bande de copains attardés. À rigoler comme des baleines en me voyant arriver, ils ne se sont pas gênés pour me cracher leur fumée de cigarette au visage. Mais je n'ai pas bronché et c'est d'une voix forte et assurée que je me suis défendue pour la première fois. Alors qu'au fond de moi j'étais tétanisée !

– Ma bouche est pulpeuse, et sache que jamais elle n'atterrira sur le tout petit asticot que tu as entre les jambes.

Le gang des baleines a explosé de rire en narguant l'insecte de Benoît. Et je suis repartie. Telle une diva quittant la scène du Stade de France en plein concert. Lynéa était née !

– Et toi, Line, tu veux faire quoi ?

– Rêver…

– Ce n'est pas un métier, ça !

– On parie ?

– On parie !

Nous avons crocheté nos petits doigts l'un à l'autre pour sceller notre pacte. Quand je suis entrée, presque dix ans plus tard, dans une grande maison d'édition, j'ai gagné mon pari. Nous l'avons fêté comme il se doit ! À base de vodka-malabar, recouvertes de faux tatouages et des tresses plein la tête !

***

Seule Ninon fait partie de ma vie d'avant et de celle de maintenant. De toute façon, je n'ai pas eu d'autre choix…

Stoppe-moi cette montée de déprime, Lynéa !

Le sourire revient en repensant à cette amitié solide. Ce petit bout que j'ai vu devenir femme. J'ai même été là pour admirer son premier poil pubien ! Ninon a percé mon tout premier bouton. Et à ce moment précis, elle dîne avec un pompier qui va savoir la faire grimper jusqu'au toit.

Je ris doucement en imaginant Ninon suspendue à une échelle en train de s'envoyer en l'air avec cet homme en tenue de pompier. Delilah, assise à mes côtés, ne semble même pas remarquer mon hilarité.

Je me tiens prête à lancer une bouée de sauvetage à mon amie Del dès qu'elle commencera à s'enfoncer dans l'eau. Je ne supporte pas de voir sa petite bouille si triste. J'ai l'impression que le monde s'est coupé en deux et qu'elle se trouve prisonnière de l'autre côté. Loin de moi. Loin de nous. Parce que c'est celle de nous deux qui a le plus de force, qui affronte les choses. Elle ne se cache pas, Delilah, elle se poste bien droite sur ses jambes et combat la tempête. C'est celle sur qui je peux toujours me reposer. Mais il est temps d'inverser les rôles, cette fois-ci, je serai son parapluie pour la protéger de l'averse. Et c'est dans mes bras qu'elle pourra lâcher prise. Enfin, quand elle l'aura décidé !

Quant à notre toute nouvelle amie Shishi, elle n'est plus si fraîche. La pauvre, elle doit sacrément avoir mal. Il faut passer à la phase deux de la soirée. Mon arme fatale. Ma botte secrète. Mon tanga en dentelle fétiche. *THE* film.

– Les filles, il est grand temps d'appeler Mr Darcy d'*Orgueil et Préjugés*. Ce soir, nous serons Elizabeth Bennet. Ce soir…

– Je n'ai pas envie de le regarder, Line.

Quoooaaaaaa ?

– Tu es réellement sérieuse, là, Delilah ? Tu sais que quand je t'appelle « Delilah », c'est sérieux comme conversation !

Je récolte un faible sourire de sa part, ce qui m'encourage à leur dire :

– De toute façon, ce n'était pas une question, les filles. C'est un ordre. Je vous prescris du Darcy à toutes les deux. Et à moi aussi par la même occasion !

J'attrape la bouteille de vin que j'ai déjà entamée pour m'en resservir. Après tout, je bois pour trois ce soir, une femme enceinte, une éclopée sous médicaments et moi-même !

– Vous ne bougez pas, je vais aux toilettes, après je reviens et la séance commence.

Je traverse le salon quand la douce voix de Shiloh me parvient. Je dois presque faire demi-tour pour l'entendre tellement elle parle bas.

– Euh, Lynéa. Pourrais-tu, si ça ne te dérange pas, sans te sentir forcée, surtout…

– Tu vas coller combien de phrases les unes aux autres ? Tu as appris ça aux États-Unis pendant ton apprentissage de la langue française ou quoi ?

Je la vois légèrement déstabilisée.

– Oh merde, je t'ai vexée ?

– Non, ce n'est pas ça, c'est juste que je ne suis pas habituée à avoir… disons… euh…

– Des amies ?

Elle acquiesce comme une petite fille. Forcément, je suis touchée en plein cœur. Je crève d'envie de la câliner, mais je ne veux pas qu'elle pense que je suis attirée par elle… Cette histoire avec Paige a brouillé mes repères et si, un jour, j'avais ressenti une quelconque attirance pour l'une de mes amies, je m'en serais rendu compte !

Oh, et puis merde. Il faut que j'arrête de trop penser, ça tue mon impulsivité, ce n'est pas bon !

Je fais marche arrière pour serrer Shiloh contre moi. Elle se raidit sous mon assaut, puis finit par enrouler ses bras autour de moi. Delilah toussote à côté de nous.

– Dites, je ne voudrais pas interrompre votre rapprochement, mais…

– Allez, viens là aussi.

De ma main gauche, j'attire la nuque de Del vers moi pour la serrer contre mon cou. Après quelques secondes de câlin collectif, nous nous détachons. Je ne peux m'empêcher d'ajouter cette phrase pour détendre l'atmosphère.

– Ah, ça fait du bien ! Je vais pisser, puis je vais coucher les enfants.

Le regard de Shiloh est rempli de gratitude, celui de Del d'une profonde lassitude.

– Par contre, vous allez changer de tête, toutes les deux. Vous me collez une déprime. Alors quand je reviens, vous plaquez un putain de sourire sur votre visage parce que la vie est une belle merde. Nos enfants sont en bonne santé, nous avons un toit au-dessus de la tête et de la nourriture dans le frigo. Alors, oui, quelquefois on se prend les pieds dans le tapis et on finit à terre. Mais regardez-moi bien, parce que je vais vous remettre sur vos deux jambes.

Le visage de ma Del commence à se détendre.

– Bon, pour toi Shishi ça va être plus long pour te remettre debout au sens propre. Bien évidemment, je parle au sens figuré.

– Va aux toilettes, Line, l'urine te monte à la tête.

– Ah bah, le revoilà l'humour de ma Delilah. Il n'est pas au mieux de sa forme, mais au moins il est sorti de sa cachette !

De mon doigt, je tapote le bout de son nez. Elle a horreur que je l'infantilise, mais je sais aussi que, parfois, ça lui fait du bien au moral. Je pars dans le couloir pour soulager enfin ma vessie.

– Pourvu qu'elle tombe dedans, avec sa bonne humeur exacerbée.

– Je t'ai entendue, Del !

***

Le salon est plongé dans le noir, seuls l'écran de la télévision et les quelques bougies que j'ai allumées donnent une ambiance tamisée et calme. Toutes les trois avachies sur le canapé, nous admirons Fitzwilliam Darcy comme des groupies.

– J'aimerais qu'un homme me regarde comme ça ! soupire Del.

– Moi, j'aimerais juste un homme !

J'adore l'humour de Shiloh.

– Chut, je n'entends pas, c'est le meilleur moment !

« C'est pour vous, et uniquement pour vous que je l'ai fait. Vous êtes trop généreuse pour vous jouer de mes sentiments. L'entretien que vous avez eu avec ma tante hier soir m'a donné des raisons d'espérer que j'osais à peine entrevoir. Si vous avez gardé les mêmes sentiments qu'auparavant, dites-le-moi. Mon affection et mon désir sont intacts. Mais un seul mot de vous suffira à me réduire au silence. Si vos sentiments envers moi ont changé, je dois vous dire que vous avez pris possession de tout mon être, et je vous aime. Et je ne veux plus jamais être séparé de vous. »

Je fonds littéralement, un sourire béat aux lèvres. Delilah renifle à côté de moi, les hormones doivent lui jouer des tours. Il faudra bien qu'on en parle, un jour. La patience n'est vraiment, mais vraiment pas mon fort… J'aimerais bien aussi parler du baby-sitter, mais je suis de nouveau happée par le regard de Darcy et le sourire d'Elizabeth. Quand le générique de fin défile, j'éteins la télévision. La flamme des bougies danse et se reflète contre les murs. Finalement, mon plan n'était pas si terrible quand je découvre la mine triste de mes deux amies.

– Vous aussi, vous ressentez ce sentiment d'échec ?

– Pire que ça, Lynéa… C'est même carrément un fiasco. Le naufrage. Je me retrouve sur une île déserte sans rien. Lâchée. Piétinée. Je n'en peux plus. C'est trop compliqué de prendre sur moi.

Ma Delilah, si fragile en ce moment. Si peu sûre d'elle.

– Je ne te l'ai jamais dit avant, mais quand je suis avec toi, je retrouve la paix qu'il y avait chez moi. Avec mes parents. Je me sens protégée et aimée. Lorsqu'ils sont… partis… ils ont pris toutes mes émotions avec eux.

– C'est censé me remonter le moral ?

Je ne la laisse pas m'interrompre, j'ai besoin qu'elle soit au courant.

– Et toi, tu es arrivée, quelques années après, avec ton sourire, ta façon d'être une nana extra et tu as semé des graines de sentiments en moi. Chaque jour qui a passé, sans que tu le saches, tu les as arrosées. Avec tes mots, mais surtout ta présence. Et maintenant, même si je ne suis pas guérie, j'ai appris que, sur une terre meurtrie aussi, il est possible de revivre.

J'attrape la main de Delilah dans la mienne, son regard est baissé. De l'autre, je soulève son menton. Je sais qu'elle est blessée, mais je vais tout faire pour qu'elle prenne conscience que ça ira mieux.

– C'est à mon tour de m'occuper de ton jardin, Del.

J'ai laissé cette phrase m'échapper. Je sens Shiloh se tortiller sur le canapé. Je commence à la connaître, elle va sauter sur l'occasion pour détendre l'atmosphère.

– Tu vas me retourner la pelouse à moi aussi, Line ?

D'une réplique et de quelques regards complices, nous partons toutes les trois dans un grand éclat de rire. Mélangeant larmes et sourires. Nous oublions nos soucis de femmes, de mamans et d'employées. Nous sommes justes nous, et putain, ça fait du bien !

À cette seconde précise, je suis heureuse !

21

Delilah

La soirée chez Shiloh m'a insufflé un immense regain d'énergie positive auquel je ne m'attendais pas. Nous nous sommes bidonnées, nous avons versé quelques larmes et bavé d'envie (que voulez-vous ! C'est l'effet que produit le séduisant Mr Darcy sur moi), puis nous avons encore enchaîné les fous rires ! J'ai presque failli en faire pipi dans ma culotte ! C'est dire !

Ça faisait une éternité que je ne m'étais pas sentie comme ça : aussi bien, libérée, vivante et délestée du poids entravant mon cœur.

L'espace de quelques heures, j'étais tout simplement moi, Delilah. Pas parfaite, mais parfaitement moi. Grâce à ces trois femmes toutes plus différentes les unes que les autres. Toutes courageuses, chacune d'elles à sa façon. Chacune d'elles avec ses failles, ses cassures et son histoire. Comme moi.

Progressivement, je reprends confiance, bien que cela reste encore un peu difficile de me mettre totalement à nu et d'abaisser mes défenses. J'ai hélas trop souvent été trahie par des pseudo-copines qui m'ont blessée à tour de rôle et ont certainement contribué à m'enfermer davantage en moi-même. C'était le cas jusqu'à maintenant. Jusqu'à cette bande de nanas un peu abîmées par la vie m'offrant plus – beaucoup plus – que ce qu'elles peuvent imaginer. Depuis elles, l'idée que je me faisais de l'amitié a évolué dans mon esprit, faisant passer ce concept d'illusoire à réel.

Quoi qu'il en soit, avoir des amies aussi géniales est merveilleux. En avoir tout court est une bénédiction. Pour Lynéa et Ninon, c'est différent. Elles se connaissent depuis, genre… leur naissance.

Les veinardes !

Néanmoins, je sais que je peux compter sur elles trois, sur leur soutien, et que je peux me confier sans être ni jugée ni critiquée. Le moment venu, je le ferai. C'est donc le cœur regonflé à bloc que je sors de ma voiture et relève ma manche pour vérifier l'heure. Ô joie ! Je ne suis pas en retard. Cela peut paraître ridicule… Mais en réalité, être à l'heure à un rendez-vous constitue pour moi un putain d'exploit ! Tous ceux qui me connaissent le savent. Contrairement à ce que l'on pourrait croire, ce n'est pas que je me fous de la personne qui m'attend ! Ça, non ! Ce n'est pas du tout, mais alors paaaas du tout ça ! Simplement, les éléments se liguent tous contre moi, et par conséquent se déchaînent ! La pluie, le vent, et… la foudre. Voilà donc pourquoi je suis TOUJOURS en retard.

OK, je veux bien l'avouer… J'ai vraiment un souci avec la ponctualité. Sauf aujourd'hui ! Parce que justement, aujourd'hui, Delilah est à l'heure !

Ouais… il m'arrive aussi de parler de moi à la troisième personne…

La faute à cette série, *New Girl*, dont je dévore les épisodes sans modération. L'héroïne a ce petit je-ne-sais-quoi de naïveté enfantine et la manie de se parler à elle-même. En bref, j'adore.

Je sors de ma voiture et, la main en visière, je vérifie les alentours. Pas d'horodateur ? *Génial !*

Je regarde avec méfiance autour de moi : pas de flic en vue non plus ! Je me mords la lèvre, hésitante… et esquisse quelques pas à reculons, avant de me retourner comme si de rien n'était. Soudain, une pensée me traverse : Ninon serait-elle en mesure de faire sauter les amendes ?

Je serais curieuse de savoir… Il faut absolument que je pose la question à Line ! me dis-je en arrivant devant une porte cochère en bois sombre, caractéristique typique de l'architecture parisienne. Je lève le menton et mes yeux sont subitement attirés par la plaque dorée au-dessus de ma tête :

Maître Baron-Lahote, avocat à la Cour de Paris

Mon cœur se serre. Il n'y a pas de doute, je suis à la bonne adresse. J'inspire profondément et presse le doigt sur l'interphone. Après quelques secondes, j'entends un clic distinct me signifiant que je peux à présent pousser la lourde porte et pénétrer à l'intérieur de l'immeuble. À partir de cet instant, les choses vont irrémédiablement changer dans ma vie. Je l'ai décidé ! Il est donc temps pour moi d'avancer.

Un petit pas pour l'homme, un grand pas pour Delilah... [18]

Le cabinet d'avocat se trouvant au troisième étage, je passe devant l'ascenseur et opte pour les escaliers. Les marches sont recouvertes d'un épais tapis carmin qui étouffe le bruit de mes talons. Dans ce silence quasi religieux, chaque mètre m'emmène ailleurs et me permet de réfléchir plus longuement à ce que je m'apprête à faire.

Respire, Del... Reste calme, tu peux le faire... Tu es en train d'aller de l'avant...

Malgré moi, une pointe de culpabilité me traverse la poitrine et m'empêche de reprendre mon souffle.

Ce n'est pas ta faute. Ce n'est pas TA faute. Tu ne vas pas détruire ta famille et tout ce que tu as construit depuis des années...

J'ai beau me marteler les mots avec force pour qu'ils s'impriment dans mon crâne, malheureusement, rien n'y fait. Les vieilles habitudes ont la dent dure ; je crois que le plus difficile reste de m'en convaincre... et surtout, de ne pas culpabiliser face à la décision que je suis sur le point de prendre.

Plus facile à dire qu'à faire, on dirait.

Je ne consulte pas un avocat spécialisé en divorce de gaieté de cœur, d'accord ? J'ai besoin de me renseigner sur mes droits et de lancer le plus rapidement possible une procédure pour faute. Bien que ça puisse sembler précipité, j'opte pour la prévoyance et ne souhaite rien laisser au hasard, pas après avoir surpris, à plusieurs reprises maintenant, les échanges entre mon mari et cette traînée... pardon, Tara.

---

18. Variante sur : « Un petit pas pour l'homme, un grand pas pour l'humanité », Neil Armstrong, 21 juillet 1969.

Son téléphone regorge de preuves : des conversations où cette dernière le complimente à propos de son déhanché, de ses coups de bassin fiévreux et de la puissance de ses muscles bandés. Beurk !

Une violente envie de vomir me saisit vivement à la gorge, tandis que des larmes se mettent à perler au coin de mes yeux, mais pas question de les laisser rouler sur mon visage et de m'apitoyer une fois de plus sur mon sort. Je ravale un sanglot amer et inspire profondément. Des tas de couples divorcent tous les jours ! Des centaines, des milliers… Il y a autant de conjoints infidèles que de femmes trahies, alors, combien y avait-il de chances pour que ça tombe sur moi ? Je l'ignore, étant nulle en maths, pourtant me voici à gonfler ces statistiques dégoûtantes.

Enceinte et bafouée… Ça ferait un bon titre de roman !

Quoi qu'il en soit, je choisis la manière douce, car la forte n'aurait servi à rien d'autre qu'à me rendre malade de colère. Bien qu'insulter mon hypocrite de mari avec tout un éventail de noms d'oiseaux soit tentant, je ne souhaite pas me rabaisser à ça… ni à retarder l'inévitable. Quel triste constat.

Arrivée au troisième étage, je me dirige vers la bonne porte et presse le bouton de la sonnerie. Une jeune femme que je soupçonne être la secrétaire m'ouvre ; elle est vêtue d'un tailleur jupe gris perle, d'une chemise blanche et d'un masque d'arrogance.

– Bonjour, j'ai rendez-vous avec…

– Par ici ! me coupe-t-elle sèchement, l'index pointé en direction de la salle d'attente.

Euh… OK.

Connasse !

Je ne me souviens pas d'avoir été aussi mal traitée depuis l'école élémentaire, puis je me souviens de ma belle-mère.

L'assistante de l'année (ironiquement parlant, bien sûr) me fourre un bloc-notes dans les mains, qu'elle me demande sans ménagement de compléter. Pour la politesse, on repassera… Je baisse le menton et constate qu'il s'agit d'un questionnaire. J'ignore son comportement grossier, mais n'en pense pas moins et me dirige vers ladite salle, aussi vide de chaleur que l'assistante. J'essaye de me convaincre que ce n'est pas parce qu'il n'y a pas un chat ici que ça signifie que l'avocat est à chier. Je me laisse tomber sur l'une des chaises et me dis que j'aurais peut-être dû demander à mes copines si elles n'avaient pas les coordonnées d'un bon maître – avocat, je veux dire – à me recommander… Sauf que les connaissant, elles auraient éclaté de rire avant de me renvoyer vers un donjon BDSM. Et puis, je n'aurais jamais pu m'en tirer sans fournir de plus amples explications. Non… il valait mieux me taire.

Je fouille au fond de mon sac à la recherche d'un stylo et complète les informations demandées, avant de déposer le tout sur la petite table basse où trône une pile de tabloïds dont les gros titres m'interpellent.

« Jenifer et Maxim Nucci accueillent leur premier enfant »

« Les Destiny's Child annoncent leur séparation »

Waouh ! Des magazines qui datent de Mathusalem ! Sérieux, les gars, faudrait peut-être songer à renouveler les stocks ! Je lève le nez et mon regard s'arrête sur le mur face à moi, recouvert de toiles en noir et blanc. Chacune d'entre elles représente des inconnus dans la rue. Un homme en costume, une serviette à la main, se rendant certainement au travail. Un couple d'amoureux se promenant main dans la main ou une mère tenant son enfant sur ses genoux, le visage tourné vers lui, pendant que ce dernier lance des miettes de pain aux oiseaux à leurs pieds. Des instants de vie immortalisés à jamais par l'œil du photographe.

J'ai toujours adoré la photographie, je rêvais d'ailleurs d'en faire mon métier, mais je n'étais pas assez douée. Aujourd'hui, mes seules œuvres se résument aux portraits de mes enfants qui habillent les murs de la maison. Je plisse les yeux pour décrypter la signature de l'artiste quand la reine des glaces surgit et interrompt ma contemplation.

– Suivez-moi.

À vos ordres, Cruella...

Je lui emboîte le pas à travers un long couloir, puis pénètre après elle dans une pièce de taille moyenne, aussi froide que tout le reste. J'ouvre de grands yeux pleins de stupeur quand elle prend place derrière le large fauteuil et me fixe de son regard dédaigneux. Oh putain !

C'est elle, l'avocate ! Super... !

– Que puis-je faire pour vous ?

J'avoue que je me le demande aussi...

***

Après trente minutes des plus désagréables, je sors de mon rendez-vous avec le double de la requête de divorce dans mon sac. Mais ce n'est pas tout, il me reste un goût âpre sur la langue et cette impression d'avoir été prise pour... une moins-que-rien ? Une loseuse ? Une pauvre cloche ? Ouais, voilà : merdique !

C'est exactement mon sentiment après avoir quitté le cabinet de Me Baron-Lahote. Cette garce m'a tout simplement méprisée du début à la fin. À croire qu'elle n'a pas saisi qui est la victime dans toute cette histoire… Mon téléphone émet plusieurs vibrations répétées dans mon sac à main. Je l'extirpe et découvre un texto accompagné d'un appel manqué, tous deux provenant de mon frangin, ou devrais-je dire de Morveux, car c'est ainsi qu'il est enregistré dans mon répertoire.

[Del Arte, tu ne m'aurais pas zappé ?
Ta copine a dit kwa pour mon projet ? Rpl moi.]

Oups ! Ce que je fais aussitôt. Il décroche dans la seconde.

– Allô.

– Salut, Tête de nœud, écoute, je suis désolée d'avoir loupé ton coup de fil, j'ai eu beaucoup de boulot et j'ai enchaîné avec un rendez-vous hyper important.

– Pas de problème, Del Arte, c'était quoi, ce rendez-vous ?

Euh…

Un ange passe. Il me faut quelques secondes avant de me reprendre :

– Rien d'intéressant ! Et tu veux bien arrêter avec ce surnom idiot ?

– Dans tes rêves, s'esclaffe-t-il. Et, sinon… pour mon projet ?

– Lequel ? Je ne vois pas de quoi tu parles ?

– Pitié… me supplie-t-il, des trémolos dans la voix. Ne me fais pas ça…

Un léger sourire étire mes lèvres. J'adore mon petit frère. La seule famille qu'il me reste depuis le décès de mes parents.

– T'as de la chance, mon amie est d'accord pour que tu passes la voir à l'Institut. Tu pourras visiter les lieux et lui poser toutes les questions dont tu as besoin.

– Quoi, sérieux ?

– Ouaip ! Je te transmets l'adresse par texto, tu peux y aller quand tu veux.

Mon frère pousse un cri venant du cœur et se confond en remerciements.

– T'es la meilleure frangine de toute la terre. Je t'ai déjà dit que tu étais ma sœur préférée ?

J'éclate de rire. Quel crétin, celui-là, alors.

– Normal, je suis la seule que t'as, Tête de nœud !

– C'est vrai ! En tout cas, tu me sauves la vie ! Je vais pouvoir monter un dossier en béton armé pour mon projet. Je n'y serais jamais arrivé sans toi, reprend-il, soudain sérieux.

– Je suis contente pour toi. Tu dis n'importe quoi ! Tu y serais arrivé de toutes les façons. Aie un peu plus confiance en toi !

Il faut croire que la piètre estime de soi, c'est de famille chez nous…

– Tu as raison.

– J'ai toujours raison !

– Ouais, c'est ça, Del Arte, me lance-t-il, amusé.

Je soupire, gentiment excédée, tandis qu'il émet un petit ricanement. Tout ça parce que j'adore la pizza ! L'envie de lui faire du chantage me démange fortement.

– Je te laisse, je dois y retourner.

– Ça marche ! Essaie de nous rendre visite quand tu peux, Hana voudrait que tu l'aides avec son nouveau puzzle.

– Juré, je viens dès que possible voir Lo et Hana ! Fais-leur un gros câlin pour moi ! Et mes amitiés à ton… Bref, à plus !

Je raccroche en promettant d'embrasser les petits, mais pour ce qui est de saluer mon mari, c'est une autre histoire !

22

Shiloh

– Docteur ?

Le légiste surplombe la table d'autopsie, son casque visière sur le crâne et ses longs gants en plastique bleu ciel tachetés de sang. J'avance encore en tentant d'inspirer par la bouche. Le baume au camphre que je me suis appliqué ce midi ne fait plus vraiment effet et la nausée gronde dans ma gorge.

– Docteur Méto ?

Je force sur mes cordes vocales et fais claquer une béquille sur le pied métallique de l'établi. Après dix trop longues secondes, le médecin se retourne enfin et soulève son garde-vue, les sourcils froncés.

– Quoi ? beugle-t-il.

– Il est dix-huit heures, je… j'y vais. J'ai basculé les appels d'urgence sur votre portable. Je ferme derrière moi ?

– À votre avis ?

Son ton ironique me sèche un instant. J'ai bien remarqué son absence d'empathie devant mon impotence partielle, mais j'ai imaginé que son professionnalisme acéré en était à l'origine. Pourtant, le ressentiment qui suinte de son attitude excédée commence à ressembler à un règlement de comptes très personnel.

Je fouille un court moment dans mes souvenirs. Je ne crois pas m'être trompée dans la rédaction d'un compte rendu, ni même avoir manqué un coup de fil important.

– Autre chose, madame Autel ?

Tiens, je ne suis pas Shiloh aujourd'hui ! Qu'est-ce qu'il a dans le colon ? Une tension désagréable court dans ma poitrine. Je suis à deux doigts de mettre les choses à plat avec lui quand la vibration de mon portable, resté sur mon bureau, me rappelle mes obligations familiales. Mon job de secrétaire médicale est terminé et je n'ai, à tout casser, qu'une demi-heure pour enfiler ma cape de Super Mum estropiée. *Fuck*, qu'il aille au diable !

– Rien d'autre, non. Bon week-end…

… Espèce de connard inconstant !

Je fais demi-tour en un temps record et me félicite d'avoir enfin plus d'aisance avec mes nouvelles jambes en acier. Bien sûr, ça m'a coûté quelques plongeons au sol les premiers jours, histoire de bien me rappeler combien je suis gauche, mais finalement, je ne m'en sors pas si mal. Dire qu'il me reste encore trois semaines…

Après avoir claqué la porte de la salle d'autopsie avec force, je fourre mon téléphone dans mon sac, enfile ma parka noire et me dirige vers les ascenseurs. Le taxi doit déjà m'attendre, plus ponctuel que Bernard est impossible. Il faut d'ailleurs que je pense à lui réclamer une facture pour la transmettre à mon assurance, parce que, malgré mes faibles cotisations, ce service est pris en charge par ma complémentaire santé ! Si les trajets en taxi n'étaient pas compris dans ma garantie, j'aurais dû les payer de ma poche déjà vide, ou bien me mettre en arrêt, ou encore vendre un rein. Autant dire que, dans tous les cas, nous nous serions vite retrouvés à la rue et mal en point.

Une fois les portes de l'Institut médico-légal franchies, une fine bruine me surprend. Je me fige dans l'instant, mon cerveau échafaudant déjà plusieurs scénarios dans lesquels pluie plus béquilles multiplié par mon quotient de maladresse serait égal à deux ou trois saltos sur le trottoir. Adieu à ma dignité, quoi !

Je cherche des yeux Bernard et son Audi bleu nuit, étonnée qu'il soit finalement en retard. Seule une Mercedes classe B est stationnée devant l'Institut. Un homme en costume en descend et vient à ma rencontre – enfin, me rejoint sur le perron, hein, j'ai préféré reporter ma pratique gymnique sous la pluie.

– Madame Autel, je suppose ?

Je serre la main qu'il me tend en me contorsionnant pour ne pas perdre l'équilibre.

– Oui. Vous êtes ?

– Thomas, je remplace votre chauffeur habituel. Avez-vous besoin d'aide ?

Non, pensez-vous, je me suis dit que le jour était idéal pour un peu de luge !

Je ravale mon sarcasme en acquiesçant. Thomas s'empare d'une de mes béquilles et passe mon bras sur son épaule. Notre proximité me gêne, puis son odeur m'arrive aux narines et me tire un sourire. Un soupçon d'effluve boisé auquel se mélange une pointe de bergamote… *Sauvage* de Dior. Le parfum que portait Tim. Alors que mon conducteur occasionnel ouvre la porte arrière de sa classieuse Mercedes et dépose mes cannes dans le véhicule, je me surprends à le reluquer. Une mâchoire carrée assombrie par une barbe naissante aussi brune que ses cheveux ondulés qu'il a coiffés avec précision. Une bouche pulpeuse comme je n'en avais jamais vu auparavant, attirante, et certainement ambitieuse…

Le rouge me monte aux joues en prenant conscience que ces mêmes lèvres étirent un sourire en coin. *Shit*, prise sur le fait… Je passe maladroitement les doigts dans mes cheveux parsemés de fines gouttes de pluie et croise son regard gris perle scintillant de malice et de fierté.

– Madame, permettez-moi.

Je récupère sa main et m'y agrippe en basculant sur la banquette arrière avec le peu de grâce que me permet mon plâtre. Mon malaise ne cesse de grandir à mesure que les kilomètres défilent sur le compteur. Ses œillades discrètes me détaillent dans le rétroviseur et me rendent toute chose. Je me dandine sur mon assise et entends presque la voix rocailleuse de Ninon me hurler qu'il est temps de baiser, de donner à mon corps ce qu'il me supplie de lui concéder depuis que le baby-sitter est entré dans notre vie.

Thomas pourrait être un chouette substitut, une parenthèse, une façon de me décharger. Si seulement je savais faire ça sans sentiments, parce qu'il est clair que je suis vierge de ce côté-là. Je n'ai offert mon intimité qu'à peu d'hommes, dont mon défunt mari, et mon cœur vibrait pour chacun d'eux. Bien sûr, aucun battement n'avait été aussi intense qu'avec Tim, mais voilà, peut-être faudrait-il songer à fonctionner différemment ? Ne serait-ce que pour me remettre en selle…

Une nouvelle notification retentit du fin fond de mon sac et me sort de mes douces pensées perverses. En déverrouillant mon écran de veille, je note deux messages. Le premier est de Marley, il me prévient qu'il est en route pour aller récupérer les enfants à la garderie. Mon pouls s'anime d'une tout autre manière et un sourire tendre naît sur mes lèvres. Mon tout jeune Marley, beau, délicat, intriguant, surprenant, généreux…

Sexy, félin, athlétique, mystérieux, attirant et délicieux à regarder...

Je lui réponds que je suis dans le taxi du retour avant d'ouvrir le second message. Ninon en est l'expéditrice. Il y a quelques jours, elle a créé sur une application d'échange de messages un groupe de discussion dont nous sommes toutes les quatre membres, qu'elle a baptisé « NiLyDelShi »…

Imprononçable...

Ninon_J'ai des tonnes de trucs à vous raconteeeeeeer !

Lynéa_ Le suspense est insoutenable !

Delilah_ Tu as jouiiiiii !

Ninon_'Tain, y a plus de surprise avec vous, c'est chiant…

Shiloh_ Alors, comment c'était ? À la hauteur de tes attentes ?

Ninon_ Tellement plus que ça ! Quand est-ce qu'on se voit ? Faut que je vous raconte de vive voix, j'ai peur d'écrire un roman pornographique si je me lance sur le chat !

Lynéa_T'as raison, retiens-toi, j'ai pas encore mangé !

Ninon_ Garce !

Delilah_ On se voit lundi, tu te souviens ? T'arriveras à tenir jusque-là ?

Ninon_ Ouaip, quoique… ;-)

Delilah_ Je vous laisse, les filles, je prends la route ! Bises

Shiloh_XOXO

Lynéa_ Pareil, bisous

Ninon_ Bisooooous

Je ferme l'application, un sourire de gamine sur le visage. Je me suis retenue de leur dire combien je suis heureuse de partager ma vie avec elles, et de les remercier de me faire sentir femme et amie. Ninon aurait sûrement pensé que je suis saoule ! Mais c'est vrai, je ne me souviens pas avoir été autant épanouie socialement depuis des années. Grâce à elles trois, je respire enfin…

La Mercedes ralentit et je m'étonne d'être déjà arrivée à destination. Ce Thomas est un as du volant.

Pourvu qu'il soit aussi doué en découverte de zones érogènes qu'il l'est en pilotage de bolide dans Paris !

Je glousse intérieurement après avoir giflé ma conscience, et toussote quand la portière s'ouvre. Je rougis une nouvelle fois lorsque la tête de Thomas se retrouve à hauteur de mes genoux pour récupérer mes béquilles au sol, puis me laisse enivrer par son parfum.

Avec précaution et délicatesse, mon chauffeur m'accompagne jusqu'au trottoir, non sans s'être assuré que l'étroite allée qui mène au perron de notre petite maison soit praticable. Il ne pleut plus et l'air devient vite électrique quand ce trentenaire traîne à rejoindre sa voiture.

– C'était un plaisir de vous conduire, madame Autel.

– Appelez-moi Shiloh. Le plaisir était partagé. Savez-vous si Bernard reprendra du service la semaine prochaine ?

Fuck, pas assez subtil… Son sourire amusé et charmeur confirme mon manque de pratique et une fois de plus, le feu incendie mes pommettes. J'ai tout à réapprendre !

– Espérons que cette méchante grippe le cloue au lit un moment… Shiloh…

La sensualité qui s'échappe de son murmure alors qu'il embrasse le dos de ma main me fait frissonner de la tête aux pieds. Je déglutis en retrouvant son regard cendré et manque de tomber à la renverse quand mon petit homme de 3 ans vient s'enrouler autour de ma jambe valide.

– Man-man !

– Mon papillon, attention !

Thomas me soutient par le coude pour m'éviter la chute, tandis que Violet et Emy nous rejoignent, la bouille fatiguée. Elles m'embrassent rapidement et foncent vers la maison sans attendre. Je n'ai pas le temps de remercier mon hypothétique futur rencard que Marley approche, les sourcils froncés et le regard sombre braqué sur moi.

Un malaise évident s'invite entre nous tandis qu'il prend Allen dans ses bras sans un mot, puis s'engage dans notre étroite allée gravillonnée.

Okayyyy…

Je salue Thomas, désarmée par l'attitude de Marley, et regarde la Mercedes quitter la rue, perdue entre deux états, euphorie en pleine descente et montée d'irritation. Un beau mélange que je ne suis pas certaine de savoir gérer sur la longueur…

Comme chaque soir cette semaine, Marley me décharge de tout ce qui m'incombe habituellement. Il cuisine, douche les enfants, dîne avec nous, m'aide à monter à l'étage pour l'histoire et revient me chercher pour m'amener au salon, le tout dans une ambiance ultra tendue.

Les bruits de vaisselle résonnent dans tout le rez-de-chaussée et finissent par me mettre à cran. J'ai bien compris qu'il n'était pas particulièrement bien disposé ce soir, comment ne pas le voir d'ailleurs ? À moins peut-être d'être aveugle, sourde, et immunisée contre les piques assassines qu'il m'a lancées toute cette fin de journée ! Je parviens à me hisser sur mes jambes à la seconde tentative et oblige mes poumons à se gonfler moins brutalement en entrant dans la cuisine. Marley s'affaire à l'évier sans retenir ses gestes, récurant le fait-tout dans lequel a mijoté le poulet au curry de notre dîner. Sous son tee-shirt, chaque muscle roule et se contracte… Mon exaspération, cette garce, s'évapore à mesure que les secondes s'égrènent.

Marley reste Marley, rien à voir avec l'homme au parfum de bergamote pourtant attirant. Même visiblement en colère contre la Terre entière, il dégage ce truc qui me rend particulièrement réceptive. Et attentive. Et demandeuse. Et en manque…

Je m'avance jusqu'au plan de travail qui prolonge l'évier et m'empare de la bouilloire dans le but de nous préparer un plateau thé. Rien que nous n'ayons déjà fait. Une fois les enfants couchés, il reste habituellement regarder la télévision avec moi, nous n'échangeons que peu, mais rions souvent de la même idiotie du programme en cours. Pourtant, ce soir, j'ai peur qu'il n'ait pas envie de ça…

– Laissez. Je vais m'en occuper. C'est bien à ça que je sers, non ?

Je reste muette devant son cynisme et n'oppose aucune résistance lorsqu'il attrape brusquement le samovar sans même me jeter un coup d'œil. La surprise fout ma repartie en l'air, en tout cas jusqu'à ce qu'un sentiment d'injustice pique ma poitrine.

– Pour quelle foutue raison me parlez-vous de cette façon ?

– Pour rien, ce n'est que la stricte vérité.

Je me retiens de jurer dans mes langues maternelle et adoptive, inspire largement par le nez pour éviter de dégoupiller ma grenade de façon trop brutale et ferme les yeux quelques secondes avant de reprendre, les mâchoires serrées :

– Pourquoi êtes-vous imbuvable aujourd'hui ? Ça ne vous ressemble pas !

Il se fige, le regard vissé au plan de travail et la respiration rapide. Ses mains agrippent le bord de la céramique quand enfin il crache, sur un ton aussi piquant que l'était le mien précédemment :

– Vous faire peloter sur le trottoir ne vous ressemble pas non plus, si ?

Une bouffée de chaleur me consume et une rage que je ne soupçonnais pas se répand dans mes veines. Pour qui se prend-il ? Je n'ai aucun compte à lui rendre ! Je m'apprête à lui cracher ses quatre vérités quand un mot clignote subitement dans mon crâne et balaie toute mon agressivité, tel un château de cartes sur lequel mon bon sens aurait soufflé.

Je contiens mon sourire. Une chaleur liquide inonde mon sang et fait battre mon cœur avec délice.

– Marley ? Seriez-vous jaloux ?

Son regard plonge dans le mien et m'envoie une multitude de signaux contradictoires. Désir, soulagement, confusion, espoir, colère, angoisse… Jamais je n'avais lu autant de choses dans ses grands yeux bruns, et à cet instant précis, alors que sa seule réponse est une respiration hachée, je prends peur. Je ne le connais pas et lui ne me connaît pas non plus. Nous sommes deux étrangers l'un pour l'autre…

Je récupère mes béquilles et m'écarte du plan de travail pour venir peser contre l'îlot central derrière nous. Le silence s'étend et me met face à des semaines de fantasmes, aux mille scénarios que j'ai imaginés, à chaque idée que je m'étais faite de ce moment. Je ne sais plus quoi dire, quoi faire.

Dix ans nous séparent. Bien trop… ou juste ce qu'il faut pour se laisser tenter ? Merde…

Marley finit par lâcher mon regard abasourdi et reprend le samovar pour le remplir d'eau. Je détaille chacun de ses mouvements avec la sensation de passer à côté d'une douce expérience. Parce qu'il ne se passera rien, n'est-ce pas ? J'essaie de me persuader que la meilleure décision est de ne pas plonger à l'aveugle dans une relation où nous pourrions nous abîmer l'un l'autre, quand Marley pose la bouilloire sur son socle et la met en marche.

Soudain, l'obscurité totale. Le silence paraît d'autant plus lourd, maintenant que les fusibles ont sauté. Je soupire en pensant à ces fichus travaux que j'étais censée entreprendre au sous-sol pour faire cesser les coupures de courant trop régulières.

– J'y vais, où est le compteur ? siffle Marley.

– Il y a une trappe sous l'escalier, près de la porte qui donne sur le sous-sol…

Je l'entends réduire la distance qui nous sépare. Mes sens sont subitement en alerte, mes yeux tentent de percer la pénombre, mon odorat se développe et hume les notes de pomme, sauge et jasmin que Marley apporte chaque jour. Mes papilles s'aiguisent, mon ouïe s'affole… Sans vraiment comprendre quelles forces me poussent, ma main accroche la sienne lorsqu'il me dépasse pour aller trouver le boîtier électrique.

Deux secondes s'écoulent avant que son corps tendu et chaud vienne se presser contre le mien. Malgré la rudesse de son contact, ses doigts survolent avec une douceur folle mes bras, mes épaules, mon cou et mes lèvres. Nos respirations saccadées se mélangent tandis que ma main se resserre sur la sienne. Lorsque son pouce caresse ma bouche, je cesse de me battre et approche à l'aveugle.

C'est mal, Shiloh... Très mal...

Notre hésitation ne dure qu'une poignée de secondes. Chaque centimètre de mon épiderme frémit lorsque nos langues se cherchent et se trouvent avec urgence. Ma jambe valide n'est plus qu'un amas de coton sur le point de lâcher prise. Mes poings plongent dans ses cheveux et les agrippent fermement, lui donnant l'autorisation silencieuse d'approfondir son exploration. Le message passe et rapidement, sa main trouve le chemin de ma peau en se faufilant sous mon chemisier, puis remonte dans un frisson délicieux jusqu'à la dentelle qui enveloppe mes seins.

Nos souffles fiévreux s'accordent, puis accélèrent quand le désir nous submerge. Nos mouvements s'enhardissent, mon dos se creuse. Je gémis dans sa bouche lorsque ses doigts quittent ma poitrine pour glisser le long de ma cuisse et soulever le volant de ma jupe. Je devrais lui murmurer d'attendre, lui rappeler que les enfants sont à l'étage, que la nuit noire pourrait les angoisser, lui souffler que mon plâtre nous empêchera d'aller plus loin… Mais je n'en fais rien. C'est à peine si j'ai conscience du temps qui passe tant je suis subjuguée par l'ascension de ses doigts sous mon tanga.

Mon cœur manque un battement quand sa chaleur s'enfonce en moi et réveille toutes ces sensations oubliées. Je vrille, je meurs, je deviens cette autre, un peu égoïste, gourmande, celle pour qui le plaisir est nécessaire et l'abandon de soi vital. Et en même temps, je suis moi, la mère, la femme, l'amante… Oui, je suis moi dans ses bras, de la plus belle des façons.

23

Ninon

Les textos que m'envoie Thibault me font rêver, ou frémir, ou encore m'excitent. Assise sur mon canapé, emmitouflée dans un plaid épais et moelleux, je réponds à son message, me mordillant les lèvres de plaisir.

– Maman, ze vais faire pipi-cacaaaa !

Je soupire et relève les yeux vers Lenzo qui s'approche de moi. J'ai envie de lui prendre sa bouille d'amour et de lui faire mille bisous à la seconde tant je l'aime, mais l'urgence étant de ne pas mouiller son pantalon, je penche la tête et réplique avec sourire.

– Évite de le crier, tout l'immeuble n'a pas besoin de le savoir, mon ange.

– Oui, mais z'ai envie très fort !

– File aux toilettes alors, ne reste pas là, petit coquin.

Je feins de me lever pour le faire fuir et joins mes rires aux siens lorsqu'il court en chaussettes dans le couloir. Je devrais lui ordonner de mettre ses chaussons pour parer un énième rhume ou une glissade sur le carrelage dont lui seul a le secret, mais j'en ai marre de faire le flic H24. À la place, je me repositionne confortablement et cherche mes mots, fixant mon portable.

[J'ai très envie de…]

– Maman ?

J'ai l'impression que le mot « maman » est sa ponctuation. J'en ai à toutes les sauces. « Maman, j'ai faim », « maman, je suis fatigué », « maman, t'es pas gentille », « maman ci, maman ça… »

– Oui, Lenzo ?

N'ayant aucune réponse de sa part, je me concentre à nouveau sur mon texto.

[J'ai très envie de te sentir…]

– Mamaaaaaan…

– Hmm…

Aucune autre pensée ne peut sortir de ma bouche, car des images de plus en plus salaces montent en moi à mesure que les lettres s'affichent sur mon écran. Je n'ai couché qu'une seule fois avec Thibault. Si je voulais être précise, je devrais plutôt dire, une seule nuit avec un nombre incalculable de positions, de gémissements et d'orgasmes. Je suis d'attaque pour recommencer dès que l'occasion se présentera et j'aimerais le lui faire savoir.

[J'ai très envie de te sentir en moi…]

– MamaaaAAAAaaaaaan !

Putain !

– Mais quoiiii ?

Je fais traîner ma réponse de la même façon que lui, montrant mon mécontentement. Cela m'agace de ne pouvoir obtenir une quelconque pause entre toutes les sollicitations de mon quotidien. Lorsque je suis au travail, je n'ai pas une seule minute pour penser à autre chose qu'aux tâches qui me sont dévolues. En rentrant chez moi, j'ai l'impression de passer ma vie entre les corvées et les enfants. Ça ne faisait que quelques secondes que j'étais sur le canapé, mon café n'a pas encore eu le temps de refroidir et je sens que je vais déjà devoir me relever.

– Ze suis bloqué… Maman, z'ai mal !

Qu'est-ce que je disais… Je grogne en me levant, jette mon téléphone sur le coussin usé qui, lui, a la chance de rester en place et rejoins ma miniature dans les W.-C. Je feins d'être désabusée en passant l'entrebâillement de la porte, mais change vite de réaction en trouvant mon petit chéri effectivement coincé dans les toilettes. Son postérieur est tombé dans la cuvette et il ne se retient que par la force des bras. Je le soulève en criant « Oh mon Dieu », auquel je ne crois même pas, et serre mon Lenzo contre moi. Je ne cesse de m'excuser à haute voix et m'insulte silencieusement.

Je suis vraiment la pire des pires mères du monde entier !

Son petit corps tremble, ses muscles doivent être tétanisés d'être resté immobile si longtemps en équilibre sur la cuvette. Je l'inspecte sous toutes les coutures, constatant des marques rouges sur ses cuisses mates. Je tends la main pour attraper du papier toilette et rugis en m'apercevant qu'il n'y en a plus.

Sérieusement, ils font quoi du PQ ? Ils le bouffent ? Ils le stockent en cas d'attaque nucléaire ? C'est quoi, l'idée ? Les enfants pensent que ça fait plaisir à leur *maman chérie* de rentrer deux fois par semaine avec des paquets sous le bras ?

Je porte Lenzo contre moi et gagne la salle de bains. Une douche chaude lui fera du bien et détendra ses muscles.

J'en suis toujours à m'excuser en le séchant dans une serviette qui fait trois fois sa taille réchauffée sur le radiateur, lorsque j'entends la porte d'entrée s'ouvrir et les petits pas de Salomé courir dans le séjour.

– Mamaaaaaan, on est rentrés !

Et voilà, encore mon joli nom prononcé assez fort pour que je ne puisse jamais l'oublier. Ma grande arrive en trombe dans la pièce et m'enlace fermement avant d'embrasser son frère avec beaucoup de tendresse. J'adore les voir se câliner, savoir qu'ils ont une belle complicité, même s'ils se déchirent facilement pour des raisons toutes plus minimes les unes que les autres.

– C'était bien, les courses avec mamie ?

– Oui ! J'ai eu une robe et un cahier de coloriage.

Salomé retourne en arrière et revient avec ledit livre à gribouillis qu'elle présente à son frère.

– Je te le prêterai si tu veux, Lenzo. Pourquoi il est triste ?

– Il a… enfin, c'est juste que…

– Les toilettes ont manzé mes fesses.

J'aimerais rire parce que l'image de la cuvette blanche dévoreuse de petits culs moelleux est marrante, mais entre les pleurs de mon fils et le regard effrayé de Salomé, je préfère la jouer profil bas en tentant une explication dont j'ai le secret.

– Mais non… Les toilettes ne peuvent pas vous manger. Un loup peut vous dévorer, un lion aussi peut vous engloutir, mais pas les toilettes.

Leurs yeux sont de plus en plus apeurés et je prends une voix beaucoup trop grave pour lancer ma dernière réplique, en levant deux mains acérées vers eux.

– Moi, je peux vous manger !

Courage, fuyons !

Les petits crient de joie, Salomé est la première à quitter la pièce et mon garçon court tout nu à sa suite, sa serviette de bain gisant au sol à côté de moi. Mes petits trouillards partent se cacher contre leur grand-mère, j'arrive dans le salon en claquant des mains pour augmenter l'effet de ma menace, sous le regard désabusé de maman.

– Ma chérie, tu ne trouves pas qu'ils font assez de bruit comme ça ?

Elle se démène pour sortir de la prison de bras qui l'étrangle, en râlant pour la forme.

– C'est pas faux ! Mais les rires sont moins agaçants que les pleurs, alors à choisir…

Les enfants se calment au moment où je leur propose de descendre les feutres de l'armoire. Ils étaient confisqués en hauteur depuis que Lenzo s'était pris pour Valérie Damidot et avait refait la décoration du couloir. Une fois en pyjama et chaussons, ils s'installent autour de la table du salon sur de petites chaises rouges et se concentrent sur leurs feuilles blanches. Je reprends ma position fétiche, vautrée sur le canapé, un air coquin sur le visage en imaginant déjà la réponse de Thibault.

J'ouvre à peine le message que je bondis de mon cocon en hurlant de surprise. Les enfants sursautent également et Salomé râle d'avoir dépassé la ligne de son coloriage. Je m'excuse sans vraiment prendre le temps qu'il faudrait pour dédramatiser cette affreuse tragédie, car je cours déjà vers ma chambre en me déshabillant. Je reviens quelques secondes plus tard, mon jogging enlevé et une robe à moitié enfilée pour supplier ma mère de me venir en aide.

– Maman…

Comme quoi, à chaque âge, ce mot peut être magique.

– J'imagine que ce n'est pas une urgence au boulot, vu la tenue que tu choisis…

Elle m'agace à prendre ce petit air presque moqueur. J'aimerais ne pas avoir besoin d'elle, détourner le regard et ignorer ses remarques désobligeantes, mais elle est foutrement nécessaire à mon équilibre précaire en ce moment.

– Oui, enfin… Thibault est en bas de l'immeuble… Accorde-moi cinq minutes de baby-sitting, s'il te plaît !

– Si peu ? Le jeune homme est précoce ?

Euh… Attends, depuis quand fait-elle des blagues salaces ?

Je n'ai pas le temps de rétorquer qu'elle me congédie d'un revers de main, m'autorisant à quitter l'appartement familial. Après un saut dans la salle de bains pour un rapide rafraîchissement, je passe distribuer de tendres bisous sur les boucles brunes de mes trésors et sors en trombe.

Je profite de la poignée de secondes pendant lesquelles je suis enfermée dans l'ascenseur pour me calmer. Je fais de petits exercices de respiration pour baisser ma pression sanguine et mon essoufflement. Surtout ne pas montrer mon empressement. Je vais essayer de jouer la fille blasée, presque agacée et trop occupée pour lui.

C'est bien, ça, et puis ça lui prouvera que je ne suis pas aux abois... Parce que je ne le suis pas... Si ?

Plus que quelques pas, un long couloir sombre, typique des anciens immeubles de la ville, une épaisse porte en bois à pousser.

Respire, Ninon !

Mon pompier est là, nonchalamment appuyé sur l'angle du bâtiment. Bon sang, qu'il est beau...

– Salut.

– Salut, dis-je dans un souffle presque sensuel.

Je suis grillée, de toute façon, je n'ai aucune volonté devant lui. C'est comme essayer de résister à un mille-feuille ou à une tartine de fromage frais accompagné de miel et de quelques éclats de noix. Merde, Thibault est en train d'entrer dans le top trois de mes péchés mignons !

Il approche et m'enlace en posant ses lèvres gourmandes sur les miennes. Je n'ai d'autres possibilités que de me laisser aller. J'aime son odeur, son attendrissante manière de me cajoler en glissant sa main le long de ma joue. J'aime tout simplement être choyée. Mon caractère de femme forte n'est plus à démontrer, mais avec lui, j'ai envie d'être fragile, de le laisser diriger et de redevenir romantique, fleur bleue... Amoureuse ?

Non... Plus jamais, Ninon, l'après fait trop mal !

Je m'écarte et fixe les pavés du trottoir pour reprendre mes esprits. Il ne semble pas se rendre compte de mon trouble et me sourit en parlant.

– Je commence ma garde dans une heure.

Ça sonne comme une urgence, comme si ces petits mots reflétaient le désir ardent qui l'anime lui aussi. Une heure avant qu'il ne soit plus disponible pour plusieurs jours. Une heure pour profiter de lui, de son corps, de son expérience torride. Le feu qui jaillit déjà en moi se meurt instantanément lorsque j'oublie toute hypothèse sexuelle.

– Mes enfants m'attendent en haut…

Y a un hôtel dans la rue ? Je sais plus !

Mon bel amant soupire contre mes cheveux et pose ensuite son front contre le mien, entourant mon visage d'une douceur inespérée.

– Mince, nous allons devoir rester sages. Je termine ma garde lundi prochain, tu m'accorderais un peu de temps ?

– Je travaille en journée et… le soir, j'ai ce rendez-vous hebdomadaire avec mes copines, je ne…

Je ne peux pas le rejoindre, pourtant ses doigts frôlent mon bras et glissent sur mes hanches, m'incitant à dégainer mon téléphone pour me décommander auprès des filles… Elles comprendraient, je suis sûre qu'elles me réclameraient même plus de détails pour compenser mon absence.

– Tu peux venir passer la nuit chez moi, après ?

– C'est envisageable, il faut que je voie avec ma m… Enfin, avec la baby-sitter. Je…

Il va falloir qu'il cesse de me caresser s'il veut obtenir de moi plus d'un mot à la minute. Je reprends, me concentrant sur autre chose que ma peau trop réceptive.

Traîtresse !

– Je te redis ça très vite…

En mon for intérieur, je ne suis qu'une adolescente que l'on vient d'inviter au bal de fin d'année. Je danse, je hurle, je lève les bras en signe de victoire, parce qu'il est là juste avant sa garde et veut me retrouver dès qu'elle se termine. Je clos notre conversation par un court baiser, puis garde mes lèvres au contact des siennes, n'ayant pas la force de le laisser partir. Il reprend le contrôle de notre échange, enroule ses bras autour de mon corps, me plaque contre le mur en granit. Notre doux échange se transforme en une fiévreuse urgence. Pour rattraper le temps perdu ou pour compenser les prochains jours où nous serons éloignés l'un de l'autre. J'aimerais me dire qu'il n'y a que du sexe, mais ma poitrine et mon inconscient hurlent la même vérité : je suis littéralement sous son charme, comme happée par cet homme et son charisme. Comment peut-il être si important pour moi ? Comment puis-je éprouver autant de sentiments pour lui après si peu de temps ? Je recule la tête, essoufflée par cet échange, par mon excitation débordante, lui prends la main et l'invite à me suivre après avoir tapé le code d'entrée de l'immeuble.

– Je n'ai pas très envie de rester sage avec toi. Je ne peux pas t'amener chez moi, mais je te propose de visiter ma cave, ça te dit ?

J'avance et sens une pression dans ma main, tout son corps se raidit lorsqu'il arrête de marcher. Je me retourne, son regard amusé me renvoie mes paroles avec une légère perversion. J'écarquille autant la bouche que les yeux et tente de me justifier.

– Non, enfin, quand je dis « cave », je parle du lieu, ce n'est pas une façon détournée de te dire que je… D'ailleurs, je ne… merde !

Bravo Ninon, quelle classe !

Pour autant, le rire de Thibault se répercute entre les murs du couloir lugubre et son corps fond sur le mien pour toute réponse. Plaquée contre son torse, je me laisse aller et souffle d'aise en appréciant la caresse de ses mains découvrant ma peau.

– On ne devrait pas rester là, on devrait…

Oh, et puis merde…

Je suis incapable de bouger et d'amener mon pompier à l'abri des regards pour ne pas m'afficher devant mes voisins. La pression monte, je veux qu'il aille plus loin, plus vite et qu'il me réduise à néant. J'ai besoin de cette boule orgasmique me broyant le bide, comme l'autre jour.

J'ai été seule trop longtemps, oubliant mes envies de femme pour n'être que la flic ou la mère parfaite que la société m'oblige à devenir. Après Will, je pensais que je n'étais pas portée sur le sexe, pas assez coquine, peut-être même un peu frigide. Je n'aimais pas ses rapprochements, repoussant son corps quand l'envie de me culbuter lui venait en tête. J'avais l'impression de ne servir qu'à ça, juste le décharger de sa pression libidinale, sans autre forme de douceur.

Thibault me cajole tant, je me sens belle dans son regard, désirée et aimée. Ses sourires entendus, sa voix suave et son envie de me plaire m'enivrent et me poussent à prendre plaisir, à accepter cette soif charnelle.

Alors, sur le papier, bien sûr, il me faut de la tendresse, quelqu'un sur qui m'appuyer, une épaule sur laquelle me reposer. Je rêve d'un confident, d'une image paternelle présente pour mes enfants, et, à la fin de l'année, recevoir une photo de famille à accrocher au mur le soir de Noël.

Mais là, tout de suite, ces jolies idées sont à des années-lumière de mes pensées lubriques… J'ai juste besoin d'une belle et grosse queue entre mes jambes…

Tellement besoin !

24

Lynéa

Je suis en pleine crise de *lundiphobie*. Je ne supporte pas ce premier jour de la semaine. Généralement, je dors très peu la nuit qui précède et, le matin, j'ai les yeux collés aux paupières. Mes cheveux sont toujours indomptables. C'est la journée réservée à la queue-de-cheval haute. Qui me donne l'impression de redevenir une adolescente inconsciente – et insouciante, surtout.

Depuis que la soirée du lundi a été réinstaurée, ma déprime hebdomadaire passe plus vite. Ce matin, je suis encore en retard pour déposer les garçons à l'école. Je laisse la voiture en double file. Nous traversons tous les trois la rue, sous les klaxons stridents des Parisiens. Je ne supporte pas les conducteurs et particulièrement ce jour. Leur impatience, leur stress communicatif, leur tête déprimée, à l'image de la mienne, me révulsent au plus haut point. Je me retiens de lever un doigt d'honneur magistral dans leur direction.

Pense à ton image de mère, Lynéa. Tu dois apprendre à tes enfants à se canaliser, et surtout à relativiser. Ne sois pas impulsive, tu n'as plus 20 ans !

Je soupire en repensant à mon bel âge, celui où ma seule préoccupation était de choisir une tenue branchée, de sortir avec mes copines, de tester les nouvelles boîtes de nuit et de parler des heures entières pour ne rien dire. Le meilleur de cet âge-là, c'est que je n'avais pas encore connu le pire. Cette fraction de seconde qui m'a changée à jamais. Qui m'a brisée en tellement de petits morceaux qu'ils n'ont pas pu être rassemblés et recollés ensemble. Mon monde a disparu quand ceux qui m'ont donné la vie l'ont quittée.

Ma mère et mon père n'ont jamais connu leurs petits-enfants. Ils auraient fait des grands-parents géniaux, puisqu'en tant que parents, ils étaient parfaits pour moi. Je n'ai même pas eu le temps de leur dire… Ils ne savent pas non plus que j'ai réussi à décrocher le boulot de mes rêves. Que je suis parfois triste mais que, dans l'ensemble, je vais à peu près bien. J'espère qu'ils sont fiers de moi et que, de là où ils se trouvent, ils sourient en me regardant…

Nous arrivons essoufflés devant la grille de l'école qui, ô miracle, n'est pas encore fermée ! Un bisou rapide sur la tête des amours de ma vie et ils filent en courant dans la cour. Je me retiens de leur crier que je les aime.

Je n'ai pas le temps de partir. Il est trop tard pour moi. Je suis foutue. Je vois Patricia arriver sur ses escarpins noirs, avec son manteau sublime et un port de reine. À son sourire froid, je sens déjà qu'elle va me bouffer crue. Comme chaque fois que je la croise, d'ailleurs !

– Dites donc, Lynéa, vous n'avez pas oublié la bourse aux vêtements de ce week-end ? Vous êtes bien trop organisée pour ça !

Quelle saleté de responsable de parents d'élèves !

Avec son air supérieur de sainte-nitouche, elle me hérisse les poils. Le pire, c'est son ton hautain. Son regard me toise comme si j'étais le bonnet d'âne de la classe. La maman indigne qui travaille au lieu de s'occuper de ses enfants et de la maison.

– Bien sûr que non, Patsy !

J'ai la langue en feu quand je prononce son surnom débile. Je me croirais dans un téléfilm américain. Pourtant, Patricia a tout du cliché de la bourgeoise des beaux quartiers d'une banlieue résidentielle des États-Unis. Le pseudo qu'elle s'octroie et par lequel nous devons l'appeler, et surtout, le brushing impeccable. Des cheveux blonds toujours propres, les ongles manucurés, le visage subtilement botoxé. Un corps fin et des vêtements à faire pâmer une *shopping addict*[19] comme moi. J'ai entendu dire qu'elle avait une *personal shopper*[20]. Mon rêve ! Avoir un magasin qui met de côté des tenues complètes en fonction de vos goûts ! Le tout dans un salon privé avec petits-fours et champagne. Moi aussi, je veux être une Patsy !

On en parle, de sa voiture rutilante qui a toujours une place de parking ? Tout cela pour bien montrer à la société que Patsy-Patricia Dolce réussit là où une femme lambda échoue. Elle assoit sa supériorité. Et le pire, c'est qu'elle semble heureuse !

– Tant mieux ! Ce soir, nous avons le *brainstorming*[21] post-réunion finale de vendredi.

Elle se prend pour une cheffe d'entreprise avec ses termes pompeux et son calepin à la main.

---

19. Accro au shopping.
20. Assistant d'achat.
21. Réunion de réflexion.

– Une réunion pour préparer la réunion !

Très original, et surtout complètement improductif, à mon avis.

– C'est bien, vous avez compris, Lynéa !

Un jour, j'aimerais avoir cette assurance à toute épreuve. Parce qu'à ce moment-là, je parviendrai à l'envoyer chier comme il se doit. Je rêve de tirer sur ses faux cils, de renverser du café sur son pantalon blanc. Non, mieux ! De tremper ses doigts dans le dissolvant à la moitié de l'ongle, pour qu'il ne reste plus qu'une demi-manucure négligée ! Ça m'arrive bien trop souvent d'avoir mon vernis tout écaillé. Je veux que Patsy Dolce connaisse cette épreuve !

– Rendez-vous à dix-neuf heures dans la salle de conférences de l'école. C'est à votre tour d'apporter les légumes croquants à déguster après la réunion. Que du bio. Issus de l'agriculture française, surtout.

– C'est que… je ne vais pas avoir le temps de les préparer, avec le travail et les enfants à récupérer…

Et là, elle fait quelque chose qui fait monter l'impulsivité en moi. La chaleur me saute au visage. Je vois son stylo Swarovski, celui avec les paillettes argentées, écrire dans son calepin. Elle secoue la tête de droite à gauche en émettant un petit son hautain. Un « tut tut tut » avec sa langue de mégère. Quand sa voix parvient à mes oreilles, je sens que c'en est fini de ma patience. Mes enfants ne sont plus là pour me voir devenir une femme loin d'être parfaite.

– Dans la vie, il faut savoir s'investir, Lynéa. Il est bien dommage que vous ne définissiez pas vos priorités. Je pense que la vie sociale de vos enfants devrait en être une.

Pour qui se prend-elle ?

– Vous avez écrit quoi dans votre carnet ?

Il faut que je sache. J'ai l'impression de revenir au temps du lycée où la surveillante générale notait nos comportements dans un registre et faisait un compte rendu détaillé à nos parents à la fin de chaque semestre. Je me suis promis de ne plus subir le regard des autres. Et voilà que je suis en plein dedans, encore.

– Comment ça ?

Ma question la prend au dépourvu. Sûrement peu habituée, la Patsy, à ce qu'on lui demande des comptes.

– Je vous ai vue noter quelque chose sur moi.

– Il est de mon devoir de responsable des parents d'élèves de faire une liste des mamans qui s'engagent le moins dans la vie extrascolaire de notre école.

– Et moi, Patricia, il est de mon devoir de femme de vous dire merde.

– Pardon ?

– MER-DE !

J'articule le plus possible, insistant sur les deux syllabes pour qu'elle les comprenne bien.

– Pardon, Lynéa ?

– Vous m'avez bien entendue, Patricia. Vous n'êtes ni ministre ni chef d'entreprise. Je ne serai pas présente ce soir à votre réunion de réunion de réunion. Parce que je m'en fous royalement.

Elle s'approche de moi et pose une paume sur mon bras. Je contemple sa main délicate, belle, manucurée. Sa bague de mariage énorme et scintillante. Dans son regard bleu, je distingue de la pitié et de la supériorité. Sa voix mielleuse sonne faux.

– Vous avez des problèmes intimes, Lynéa ? Nous pouvons en parler si vous le souhaitez. Personnellement je ne connais pas ce genre de situation, ma vie est parfaite comme elle est. Mais c'est mon rôle de…

– … responsable de parents d'élèves de nous casser les bonbons avec la pression monstrueuse que vous infligez à chaque père et mère de cette école ! Et pour votre information, j'ai de vraies amies pour parler. D'ailleurs ce soir, je vais me détendre en leur compagnie.

– *Tut tut tut*. Ça ne m'étonne pas, vu votre fréquentation…

– C'est-à-dire ?

– Votre amie, cette Ninon qui vit avec sa mère, est loin d'être un modèle de stabilité…

– Écoute-moi bien. Ninon est tout ce que tu n'es pas ! Elle est vraie, sincère, pétillante, courageuse. Tu crois que tu donnes le bon exemple à tes enfants en te faisant entretenir par ton mari ? Maintenant, je vais te laisser là avec tes petites notes de dictateur. Parce que, moi, j'ai un vrai métier et une vraie vie.

Les battements de mon cœur tambourinent dans mes oreilles. J'ai les mains moites et un sourire intérieur. Que ça fait du bien de se lâcher ! Je fais demi-tour pour m'éloigner de cette sorcière des temps modernes.

– N'oubliez pas, Lynéa, que vous n'êtes pas une vraie mère pour autant.

Je me fige sur place. Seul mon cou se tourne vers elle. Et sans réfléchir, je lui adresse mon plus beau doigt d'honneur. Mon majeur dont le vernis est écaillé au bout. Pendant quelques secondes, l'assurance de Patricia s'évapore comme neige au soleil. Bien vite, elle se reprend et se détourne de moi en marchant la tête haute.

Lynéa 1 – Patricia 0 !

Ne dit-on pas que la première victoire est celle qui t'apportera toutes les autres ? Non, j'avoue, je viens d'inventer cette citation.

***

– Vous auriez vu sa tête quand elle a admiré mon doigt d'honneur. J'aurais pu me mettre nue devant elle, ça lui aurait fait le même effet !

Nous rions toutes les quatre de bon cœur. Après une journée chargée, des manuscrits fades et insipides, un déjeuner tristounet assise seule à la cafétéria du boulot, je suis entourée de mes trois amies. J'ai eu le temps de préparer le repas pour mes hommes, de doucher mes garçons et de jouer à cache-cache avec eux. Ne pas assister à la réunion des parents d'élèves m'a ôté un poids phénoménal, pourtant ce n'était pas grand-chose. Mais la première victoire en apporte d'autres !

Dans mon jean blanc troué aux genoux, avec la petite chemise en denim que j'ai achetée la semaine dernière, je me sens terriblement à l'aise. J'ai même retrouvé mes Stan Smith écrues avec la bande verte, que j'adorais porter il y a des années.

Ce soir, je suis une *lundi addict* en fait ! Je ne suis peut-être pas une mère parfaite, mais l'avantage, c'est que je le sais déjà ! Je sirote mon verre de vin et grignote goulûment des tapas. La gourmandise aura ma peau !

Ma Delilah semble plus apaisée. Elle croise et décroise les doigts depuis presque une heure. Je sens qu'elle va finir par nous faire une révélation qui va la libérer d'un poids énorme. Ce sera sa petite victoire de la journée !

Shiloh, bien que plâtrée, est canon dans sa belle robe. Et son air post-coïtal mérite qu'on s'y intéresse. D'ailleurs, elle a le même que Ninon. Les yeux qui pétillent, les cheveux brillants, la bonne humeur déconcertante et ce petit quelque chose en plus qu'ont toutes les femmes désirées par un homme.

– Que toutes celles qui se sont envoyées en l'air ces dernières vingt-quatre heures lèvent la main ! Je lâche enfin le sujet phare de cette soirée entre nanas !

Ninon ne se fait pas prier pour lever carrément les deux bras au ciel. Shishi sourit avant d'en faire autant. Delilah et moi nous regardons, complices, les paumes sur les cuisses. Les joies du mariage… Ou ses déboires… À choisir ! Ce soir, nous allons vivre par procuration les orgasmes de nos amies.

– Débrief, les filles ! Del et moi voulons tout savoir, surtout les détails et les descriptions physiques, on adore ça !

Ninon commence à parler et je sens que ces parties de jambes en l'air cachent quelque chose d'autre. Je la connais plus que moi-même, chaque expression de son visage se lit comme un livre ouvert. Chaque étincelle dans son regard me permet de cerner ses pensées.

Shiloh est plus sur la réserve, la timidité prend le dessus. Mais au bout de quelques phrases, elle se lâche complètement et nous raconte tout ce que le jeune babysitter lui a fait ! J'en suis tout excitée pour elle !

Les débuts d'une histoire sont toujours les plus beaux moments, ils sont purs. N'ont pas été abîmés par le quotidien. C'est ceux que je préfère ! Et quand je sens la main de Delilah serrer la mienne sous la table, je comprends qu'il y a aussi des fins…

25

Delilah

Mon cocktail sans alcool sous le nez, je ne peux m'empêcher de remuer les glaçons à l'aide de ma paille, les faisant s'entrechoquer dans un bruit sourd avant de me pencher légèrement en avant pour avaler quelques gorgées rafraîchissantes. Les notes de guitare électro-pop du titre « Shape of You » baignent les lieux. J'adore Ed Sheeran et son dernier album est une merveille. Ma tête balance en rythme tandis que je réfléchis à la meilleure façon de lancer ma bombe. Tout est une question de timing, j'attends donc le bon moment.

Comme s'il y en avait un...

Autour de notre petite table, Shiloh, le visage pétillant de bonheur, termine de nous raconter comment son jeune baby-sitter n'est pas uniquement doué avec les enfants. Il semble manier à la perfection l'art du saute-maman. Derrière son comptoir, Malo veille à ce que nous ne manquions de rien. De fait, les verres de vin s'enchaînent et l'ambiance bat son plein. Depuis que nous avons instauré nos soirées du lundi, j'accueille les débuts de semaine le cœur plus léger.

– Je devrais peut-être me trouver un petit jeune, moi aussi ! plaisante Lynéa, la chaleur teintant ses pommettes d'un doux grenat. Attention, les meufs, je ne remets aucunement en cause le talent de Marcus, reprend-elle, m'adressant un clin d'œil taquin.

– Je comprends, *sweetheart* ! Tu as le droit d'avoir envie de ressentir la puissance d'une *fuckin'* Ferrari gronder sous tes doigts ! nargue Shiloh, son accent à couper au couteau exacerbé par l'alcool.

– Shishi, je crois que Line voulait parler de sentir ce *fuckin'* vrombissement ailleurs que sous… ses doigts ! rétorqué-je, jouant ostensiblement des sourcils.

Toute la tablée éclate de rire tandis que je me racle la gorge, prête à me confesser et enfin me délester des secrets que je rumine de mon côté depuis des semaines.

– À mon tour ! Accrochez-vous à vos culottes, ou retirez-les tout aussi bien si vous voulez éviter de les ruiner, nous avertit Ninon.

– Oh ! Ne t'inquiète pas pour ça, Nin' ! Je n'en porte pas.

Nous dévisageons toutes Shiloh, essayant de deviner si elle plaisante ou pas.

– Quoi ? C'est parce que mon *pussy*[22] ne supporte pas d'être étouffé, OK ? Malo, mon mignon, nos verres sont vides !

Elle lève le sien et l'agite au cas où le barman ne l'aurait pas entendue, ce qui m'étonnerait, vu que nos voisins de table nous dévisagent ouvertement. Ninon brandit un majeur aussi droit que la justice et reprend son récit. Malo, un plateau sous le bras, remplace nos verres, un sourire joueur

22. Minou.

sur le visage à moitié mangé par une barbe de bien plus de trois jours. Son regard s'attarde sur Ninon, qui de son côté ne remarque rien, écartant les mains face à elle et formant un espace d'au moins une vingtaine de centimètres.

– Arrête ton char, Nin' ! Personne ne l'a aussi longue…

Cette dernière hoche frénétiquement de la tête à mon intention, un large sourire sur les lèvres qui signifie un grand oui.

– Je vous jure, les meufs !

– Waouh ! Tu veux dire que c'est le frangin spirituel de Rocco ? l'interroge Lynéa.

– Le frangin ? Le jumeau, et plutôt deux fois qu'une ! la coupe Ninon.

– Hum, les filles, si vous avez besoin d'autre chose, vous savez où me trouver.

Malo se retourne, la mine désabusée et les épaules légèrement voûtées.

– T'es le meilleur, merci ! lance Line à la cantonade.

Je crois que sans le vouloir, Ninon vient d'armer une flèche dans son arc imaginaire et de tirer dans la bulle d'espoir au-dessus de la tête du gentil barman.

En attendant, le délicieux liquide frais et sucré ne suffit pas à mettre un terme aux violentes pulsations de mon bas-ventre tandis que Ninon nous raconte son troisième orgasme avec des détails de folie. Je dois avouer que notre amie est une conteuse hors pair, elle ne lésine pas quand il s'agit de décrire le fabuleux organe de son mec et le bon usage qu'il en fait. Lynéa, à ses côtés, bave presque d'envie tandis que je m'évente subtilement de la main, en vain. Pour cause : j'ai la chatte en feu ! Car ce que les filles ignorent, c'est qu'Auxence et moi, nous n'avons plus couché ensemble depuis… depuis que j'ai découvert qu'il me trompe !

Bien que je sois *on fire*[23], il n'est pas question que ce sale bâtard pose ses mains sur moi. C'est pour cette raison que je m'empresse de feindre la nana endormie dès que j'entends ses pas lourds approcher de notre chambre. Et, comme Monsieur se vide les couilles ailleurs aussi, il n'insiste pas plus que ça ! D'ailleurs, je crois que c'est le moment où j'annonce à mes trois meilleures amies que je vais divorcer.

– Sa langue fait des putains de merveilles, c'est moi qui vous le dis ! Il faut que je vous avoue un truc : je pense que j'en suis tombée amoureuse ! balance Ninon, les yeux dans le vague et les joues écarlates.

– Waouh ! Ça sent la demande en mariage, ça, ma Nin' ! Je suis sûre que la langue de Thibault et toi serez très heureuses ensemble ! annonce Lynéa, après avoir sifflé sa quatrième coupe.

Il n'en faut pas plus pour que les filles éclatent de rire au point de faire trembler nos verres. Les voir ainsi joyeuses et épanouies me fait chaud au cœur, si bien que je les rejoins à mon tour. En dépit de mes soucis perso, je me réjouis tellement pour mes amies. Elles méritent ce petit bout de bonheur.

La vie n'a épargné aucune d'entre elles. Ninon, par exemple, n'a pas eu besoin de rentrer dans les détails pour que je saisisse la nature des relations conflictuelles qu'elle entretient avec sa mère. J'ai cru comprendre que cette dernière la blinde de reproches sans arrêt. Les leçons de morale sont quelque chose de mentalement épuisant et la

23. Chaude comme la braise.

soumettent à une pression supplémentaire dont elle n'a franchement pas besoin. Son travail faisant déjà l'affaire question stress. Lynéa s'amuse à rouler une pelle fictive à Ninon après avoir mimé une demande en mariage. Ce qui déclenche un nouveau fou rire général. On se marre tellement que Shiloh menace de faire pipi dans… son futal.

– Tu vois que c'est utile une culotte, petite cochonne !

Elle balaie d'un revers de la main la remarque de Ninon et remue dans tous les sens avant de glisser de son tabouret pour sautiller à cloche-pied jusqu'à l'arrière-salle. Malo, prévenant, vient à son secours et lui présente un bras puissant, presque entièrement recouvert de tatouages.

– Shishi, ta béquille est juste là ! lui fait remarquer Ninon entre deux éclats de rire quand l'Américaine revient des toilettes.

– *Holy shit*[24], je l'avais oubliée, cette connasse.

Après mûre réflexion, je me garde de saper le moral de mes amies et chasse le nuage noir planant au-dessus de ma tête. Je préfère laisser encore un peu le soleil darder ses rayons de bonheur. Et puis, elles sont bien trop éméchées pour se souvenir de quoi que ce soit…

En réalité, j'aurais aimé avoir leur avis. Qu'elles me rassurent au sujet de la décision que j'ai prise. Qu'elles m'aident à balayer la culpabilité qui enserre mon cœur dans un étau. Qu'elles me disent que ce n'est pas ma faute. Que mon désir de réussir ma carrière n'est pas la cause de l'échec de mon couple. Qu'Auxence est un connard fini et qu'il regrettera toute sa vie de m'avoir trahie. Que le bébé poussant au creux de mes entrailles n'est pas une fatalité, que je vais m'en sortir parce qu'elles seront toujours là pour

24. Putain de merde.

me soutenir et me tenir la main.

Au même moment, une paume chaude m'arrête dans mes tergiversations. Je lève le nez vers Lynéa qui m'adresse un sourire brillant de sincérité en resserrant d'une petite pression sa main sur la mienne. Je comprends le message silencieux qu'elle vient de m'envoyer.

« Je suis là pour toi et tu pourras toujours compter sur moi. »

Je chasse une larme au coin de mon œil qui menace de trahir les sentiments qui me tiraillent le ventre depuis des jours. Depuis bien trop longtemps.

« Merci, mon amie », lui réponds-je de la même façon.

Je ne sais pas si c'est ce qu'on appelle le sixième sens d'une mère ou juste l'intuition féminine, mais mon Américaine préférée se penche vers moi et m'offre une étreinte bienvenue à son tour. Ninon recule sa chaise, fait le tour de la table et se joint à Shiloh. Les filles s'emboîtent autour de moi, m'apportant un soutien indéfectible, aussi solide qu'un mur de briques sur lequel on aurait coulé une couche du béton pour armer la structure. L'émotion monte et très vite menace de fissurer la façade que j'ai dressée devant moi. Un sanglot me parvient avant de me rendre compte qu'il vient de moi.

– Parle-nous, Del. Tu peux tout nous dire, tu sais, murmure Lynéa.

– On ne te jugera pas, ajoute Ninon.

– Sauf si tu nous annonces que tu te tapes ce crétin de Terrence King, surenchérit Line. Beurk !

– Il est si horrible que ça, ce King ? demande Shiloh.

– OH OUIII !

Lynéa et moi répondons d'une seule voix avant d'éclater de rire. Puis, sans que je ne m'y attende, les larmes s'expriment à ma place, dévoilant ma peine et la personne vulnérable que je dissimule depuis des jours.

Saleté d'hormones !

Mais, je n'ai plus honte. Dorénavant, je sais que si je dois tomber, mes amies seront là pour me rattraper avant qu'elles ne partent toutes dans un fou rire monumental.

***

Lorsque le Uber me dépose, il est un peu plus de minuit. Les enfants dorment et Auxence, que je n'ai pas vu du week-end, a normalement pris le relais après le départ de Louise. Je remercie le chauffeur qui a été parfait, dans le sens où il ne m'a posé aucune question. J'apprécie cet instant de calme avant la bataille qui fait rage en moi à l'instant où je pénètre chez moi.

Je déverrouille doucement la porte, entre et ôte mes chaussures sans faire le moindre bruit. L'obscurité m'accueille ainsi qu'un silence d'église. Toute la maisonnée semble endormie, logique à cette heure-ci. Dans la chambre, Auxence, le dos tourné au reste du monde, ne se rend pas compte de ma présence. Une valise cabine me nargue devant la commode. Qu'est-ce que ça veut dire… Une petite note à laquelle je n'avais pas fait attention me saute à présent aux yeux.

Bébé, suite à un gros souci avec l'un de nos clients,
je dois être à Cannes pour une réunion de dernière
minute, je prends l'avion aux aurores.
Je t'appelle quand j'arrive. Je T'm

P.-S. : J'espère que tu as passé une bonne soirée avec tes copines.

Une réunion de dernière minute ? Tiens, c'est ainsi qu'on appelle une escapade impromptue avec sa maîtresse, maintenant ? Intéressant. Un rire nerveux traverse la barrière de mes lèvres. Je balaie une seconde fois la note du regard (mon côté maso, je crois…) avant de m'arrêter sur un détail que je n'avais pas capté la première fois : Cannes ?

Eh ben mon salaud, tu ne t'emmerdes pas, toi ! Pourquoi pas Monaco, tant que tu y es !

Je l'abreuve mentalement de tous les noms d'oiseaux que je connais, histoire qu'il ait bien les oreilles qui sifflent. On ne sait jamais… Avec un peu de chance, ça pourrait perturber son sommeil et il serait tellement crevé le lendemain qu'il finirait par bander mou !

Je m'allonge dans le lit en veillant bien à mettre autant de distance que possible entre celui dont j'étais éperdument amoureuse et moi.

L'homme dont tu ES encore amoureuse… me raille ma conscience.

J'ai beau la bâillonner, elle revient à la charge et elle amène avec elle des munitions (la garce !), me bombardant de photos de nous. Auxence lors de notre mariage, dans son superbe smoking noir, dansant d'un pied sur l'autre, ne pouvant contenir son excitation parce que je devenais enfin sa femme. Lui toujours, adorant se réveiller avant moi pour pouvoir me caresser des yeux à loisir, ou encore à la naissance d'Hana, la joie jaillissant de son cœur et irradiant de chaleur la salle de travail comme un soleil d'été. Autant de souvenirs qui viennent tapisser le trou béant dans ma poitrine.

Comment peut-on aimer si fort quelqu'un un jour, pour ensuite jeter cet amour au sol et le piétiner sans vergogne le lendemain ? Comment la personne en qui j'avais le plus confiance a-t-elle pu me trahir de la pire des façons ? Et plus que tout, comment a-t-il pu rompre ses vœux à ce point ? On s'était promis de toujours être honnête l'un envers l'autre. On avait juré de se respecter, quoi qu'il arrive, de discuter afin de préserver notre couple ! Qu'est-ce qui a changé depuis ? Qu'est-ce qui s'est passé au point que j'en perde mon meilleur ami ? Ça me dépasse !

Je pose une main sur la minuscule bosse qui déforme subrepticement mon ventre. J'ai tellement mal pour ce petit être qui fera son entrée dans quelques mois au sein d'une famille partie à vau-l'eau entre-temps. Mon oreiller est désormais humide et moi, je suis ridiculement pathétique ! Je serre les dents. Les pensées sont comme une musique entêtante. Elles ne vous quittent pas d'une semelle. En tout cas, voyage d'affaires ou pas, la prochaine fois que j'adresserai la parole à Auxence, ce sera pour lui annoncer que je demande le divorce.

Et que je suis enceinte.

26

Shiloh

Allongée sur le canapé, je reprends mon souffle, un sourire fatigué aux lèvres. Son corps encore luisant d'une fine pellicule de sueur pèse sur le mien avec retenue.

Mon ambitieux et très téméraire Marley...

Son nez niché dans mon cou me respire, tandis que sa bouche chérit ma peau avec délicatesse.

Malgré l'heure tardive et la douleur qui se diffuse progressivement dans ma jambe plâtrée, je me surprends à vouloir le garder contre moi encore et encore. Peut-être pourrait-il dormir ici ? C'est à peine s'il rentre chez lui ces derniers jours, j'imagine qu'il n'y aurait pas grande différence. Pourtant, j'ai conscience de m'emballer, rien n'est acté entre nous. Certes, nous avons cédé à la tentation plusieurs fois depuis vendredi, mais... je n'en sais rien, il se pourrait que mes sentiments se mélangent, amalgamant désir physique et profonde tendresse.

Je laisse mon regard s'égarer sur les muscles de son dos, ils roulent sous sa peau mate faiblement éclairée par l'halogène tamisé du salon. Ses jeunes années lui vont si bien ; encore dans la fleur de l'âge, il ne porte aucun vestige du temps qui passe. Mes doigts survolent ses omoplates, descendent dans la rigole creusée par sa colonne vertébrale. Le contact doux de mes ongles le fait frissonner. Je souris davantage. Plus bas, la courbe rebondie de ses fesses me nargue, et, sans que je m'y sois préparée, contracte mon bas-ventre. Je sens ses lèvres s'étirer dans mon cou quand les palpitations incontrôlées de mon vagin se rappellent à sa verge encore enfouie en moi.

Shit… je vais passer pour une affamée…

Je tiens à préciser, pour ma défense, que j'étais au régime sec depuis plus de trois ans ! Et voir Marley graviter autour de moi à longueur de journée n'a pas aidé à contrôler ma gourmandise. Dieu qu'il est délicieux, un peu comme ces friandises piquantes que Violet adore, les bonbons bigoût roses et bleus enrobés de sucre. Ceux qui donnent envie et qui, une fois en bouche, font saliver une seconde pour fondre ensuite sur la langue. C'est ça, Marley a réveillé mes papilles endormies et, plus que jamais, je voudrais hurler aux anorexiques de trouver leur bonbon.

Je me crispe lorsqu'un toussotement bref retentit à l'étage et me rappelle le rôle principal qui m'incombe dans cette maison. Même partiellement handicapée, même dans un état post-sexe grisant, je reste la mère de trois merveilleux enfants qui dorment au premier et pourraient se réveiller d'un cauchemar avec la grande idée de venir trouver maman. Je grimace en imaginant la moue perplexe de Violet, ou celle d'Emy qui serait dégoûtée en apercevant leur icône féminine emboîtée dans le baby-sitter sur le canapé, où elles s'assoient chaque jour !

– Il faut qu'on arrête de faire ça, soufflé-je en récupérant ma main.

Marley se raidit et déloge son nez de mon cou. Son regard sévère plonge dans le mien et me met mal à l'aise. Je n'avais pas conscience qu'il aimait tant que ça faire l'amour autre part que dans un lit, certainement une mode dont les futures trentenaires n'ont pas eu vent.

– Je ne veux pas arrêter, grogne-t-il, les pupilles encore dilatées de son orgasme récent.

– D'accord, mais… bredouillé-je. Ou alors il faudrait poser des verrous sur les portes, ils pourraient descendre, et…

Les traits tendus de son visage se lissent en une seconde et un sourire creuse ses joues. L'espace d'un court instant, je suis perdue. Principalement parce que je ne comprends pas son changement d'attitude soudain, et accessoirement parce que ce rictus est à croquer. Il laisse délicatement reposer ma jambe qu'il maintenait bloquée sous son bras. Ses doigts trouvent mes flancs et remontent sur mon ventre jusqu'à faire de délicieux va-et-vient entre mes seins.

Nouvelles palpitations… J'ai faim, terriblement faim…

Son souffle chaud frappe ma bouche entrouverte lorsque ses lèvres murmurent à quelques millimètres des miennes.

– Je t'emmènerai à l'étage, promis.

Ce n'est que lorsqu'il m'embrasse avec rage que je réalise le double sens des mots que j'ai prononcés un peu plus tôt. Il a cru que… a-t-il vraiment pensé que je voulais que nous arrêtions de…

For God's sake, no way ![25]

Mon cœur gonfle de sentir sa langue passionnée chercher

25. Pour l'amour de Dieu, hors de question !

ardemment la mienne, et la puissance des battements qui en découlent me fait presque mal. Je sais que notre relation est atypique, que nous aurons affaire aux regards réprobateurs des gens étroits d'esprit, pourtant je refuse d'arrêter. Pas maintenant, pas encore.

Marley a apporté de la lumière dans nos vies. Il a été mon garde-fou ces derniers jours, celui sur qui je pouvais m'appuyer. Il est la figure masculine qui manquait tant aux enfants, sans pour autant qu'il ne tienne un rôle de père. Il m'a ouverte à de nouvelles perspectives, et tout ça mélangé à ma folle amitié avec les filles me donne plus que jamais envie de vivre pleinement, de redevenir femme. Alors non, à moins qu'il ne le décide, je n'arrêterai pas.

Ses baisers s'intensifient, mes mains palpent avec besoin, son sexe enfle par à-coups et nos gémissements s'accordent, quand la résonance feutrée d'un pas traînant sur les marches de l'escalier me glace le sang. Nous cessons tous deux de respirer, les yeux écarquillés d'horreur, espérant encore que le bruit ne soit qu'un craquement incontrôlé de la charpente vieille des années cinquante.

– Man'man…

Fuuuuuuuuuck !

En une seconde, Marley me libère et saute dans son jean, me laissant nue et vulnérable sur le canapé. Je voudrais lui hurler de m'aider, de me rhabiller, de me rendre invisible, mais, à peine son tee-shirt enfilé, il dirige ses pas dans l'entrée. Je bascule sans aucune grâce, tremblante comme une feuille et brûlante de honte, avant d'attraper mon top aux pieds du canapé.

J'entends la petite voix ensommeillée de mon garçon

répondre à Marley qu'il veut maman et tousser comme une locomotive. La panique pilote mon corps et me fait oublier la douleur qui irradie maintenant ma jambe entière. Je passe mon haut sans trop de peine, mais j'ai beau me concentrer sur mes gestes pour enfiler ma culotte, je n'y parviens pas. Le pas lent de Marley se rapproche et je n'ai pas encore couvert mes jambes. Mon instinct de maman en mode « survie et dignité » s'actionne. Je m'empare du plaid posé sur l'accoudoir, fourre en boule ma jupe et mes sous-vêtements dessous, puis m'en recouvre.

– On va aller voir maman, champion. Est-ce que maman est OK ? lance Marley d'une voix hésitante.

– Elle ne peut pas se lever, mais oui, maman est OK, murmuré-je plus pour moi que pour les garçons.

Je passe les mains dans mes cheveux à la vitesse de l'éclair et souris exagérément en découvrant Allen, les joues marbrées de rouge, blotti dans les bras de Marley. L'image que me renvoient ces deux garçons m'attendrit tant elle déborde d'un amour et d'une confiance sincères. Et plus que jamais, mon cœur de maman fond.

– Viens là, mon papillon…

Je tends les mains vers lui, rapidement inquiétée par l'humidité de ses cheveux ébouriffés.

– Il a de la température, me confirme Marley en déposant Allen sur mes genoux.

S'ensuit un câlin empli de douceur avec mon petit bonhomme de 3 ans. Mes caresses et mes baisers ne sont pas aussi apaisants que l'antalgique que lui administre Marley, mais j'aime penser que ça l'aide. *Robocar Poli* en fond sonore à la télé, je sens peu à peu le souffle de mon garçon s'allonger malgré les quintes de toux qui maltraitent sa respiration, puis ses paupières lourdes de sommeil et de fièvre lâchent prise.

– Il ne pourra pas aller à l'école, demain, précisé-je à voix basse. Je dois aussi faire venir le médecin, mais… je ne pourrai pas m'absenter du boulot, mon boss est d'une humeur de chien ces derniers temps. Et j'ai besoin de ce job…

Marley me fixe, réfléchissant déjà à une alternative. Quand, au bout d'une courte minute, il soupire et ancre son regard désolé au mien.

– J'ai un partiel demain matin, et il y a un rendez-vous que je ne peux pas manquer en fin de matinée, mais si tu veux, je prends le relais après, je sécherai les cours de l'après-midi.

– Non, c'est hors de question ! Je vais me débrouiller, tu n'as pas à faire ça pour nous, je peux toujours m'arranger avec la voisine. C'est sûr, elle ne sera pas ravie de m'entendre frapper à sept heures trente demain matin, mais elle ne refusera pas, elle adore Allen, et puis elle aura pitié de moi avec ma jambe folle. Je suis désolée, Marley, je n'aurais pas dû sous-entendre que…

Je suis tellement prise par mon débit rapide d'excuses que je ne le sens pas approcher, et c'est à peine si je le vois s'asseoir à côté de moi tant mes yeux balaient la pièce sans discontinuer. Mais lorsque sa main glisse sous le plaid pour caresser tendrement ma cuisse nue, je cesse net de parler et sursaute de trouver sa bouche si proche de la mienne. Ses doigts libres encadrent ma joue, son pouce effleure la pulpe de mes lèvres, et immédiatement, une sérénité dont j'ai été privée depuis trop longtemps détend chacun de mes muscles crispés.

– Je récupérerai Allen à midi trente. Fin de la discussion.

Sa voix douce, mais directive, me tire un léger sourire. Je devrais répondre qu'il n'a pas à changer son agenda pour nous, qu'il n'a rien à prouver, que je ne lui en voudrai pas de vivre sa vie sans se préoccuper de nous, mais il ne m'en laisse pas le temps. Ou peut-être suis-je simplement hypnotisée par son charme fou et la petite étincelle qui brille dans ses yeux…

Il jette un bref coup d'œil à mon dernier-né toujours assoupi dans mes bras, puis ses lèvres trouvent les miennes et m'embrassent lascivement. Mes paupières lourdes s'abaissent lentement, et je me délecte des sensations exquises qu'il fait naître en moi. Tout semble facile avec Marley, l'insouciance et la jeunesse sûrement. Mais ce soir, je m'en contente et m'en nourris, sans plus réfléchir à demain…

***

Après m'être assurée que le légiste est encore plongé dans son autopsie, je récupère mon portable et appelle Élisabeth pour prendre des nouvelles d'Allen. La fièvre est tombée rapidement après mon départ, mais il n'a toujours pas retrouvé son appétit, lui qui pourrait passer la journée à grignoter. D'après ma voisine faussement acariâtre, le médecin se présentera chez elle avant midi. Nous raccrochons après qu'elle m'a promis de me tenir au courant.

J'ai à peine déposé mon téléphone dans le tiroir de mon bureau qu'il vibre d'un message entrant.

[Coucou, juste pour te confirmer

que mon frère passera bien ce matin,
il n'est pas du genre ponctuel,
mais il a précisé 11 h.]

Je jette un œil à l'horloge qui trône au-dessus de la porte et affiche dix heures cinquante-huit.

[Coucou, j'avais bien noté sa venue
sur le planning. Je l'attends de pied ferme ;-)
au singulier le pied, hein !
Comment vas-tu, aujourd'hui ?]

Je patiente, les yeux rivés à la petite bulle en bas de conversation annonçant une réponse à venir, mais change de fil de discussion quand un message de Marley s'ouvre sur mon écran.

[Des nouvelles d'Allen ?]

Je souris comme une idiote et lui note ce qu'Élisabeth m'a expliqué un peu plus tôt. J'aime qu'il se fasse du souci pour mon petit garçon, j'aime son côté attentionné et prévenant… Oui, je l'aime bien, vraiment bien. Je ne prends pas le temps d'ouvrir le nouveau texto de Del, car un nouveau message de Marley arrive.

[Attendons le diagnostic du doc, alors.
Et sinon, comment allait Monsieur
le chauffeur prétentieux, ce matin ?]

Je refrène un rire sincère devant sa jalousie et son sarcasme non dissimulés.

[On ne peut mieux !]

[A-t-il réitéré sa demande ?
Ou baisé ta main
comme un vieux romantique
à deux balles ?]

[Non, mais qui sait,
peut-être le fera-t-il ce soir…]

[Dis-lui que tu es prise,
ça devrait le refroidir.]

Mes joues me font souffrir tant mon sourire s'élargit à la lecture de ces quelques mots d'homme rustre et prêt au combat. En plus d'être adorable, ce sentiment d'appartenance est valorisant, réconfortant, ça booste ma confiance, mes sentiments pour lui et c'est… super excitant !

[Sinon ?]

[Sinon je m'en chargerai !]

Je craque…

[Je te laisse, j'arrive à mon rendez-vous.
À ce soir.]

Je suis en train de taper ma réponse quand la porte du cabinet s'ouvre et me fait lâcher mon portable bruyamment dans le tiroir. Je fais mine d'attraper mon standard pour prendre un appel imaginaire, puis me fige en découvrant dans l'embrasure celui qui enflamme mon cœur et ma culotte.

– Mais… qu'est-ce que tu fais là ?

Je souris à nouveau lorsque ses doigts essaient de discipliner sa masse de cheveux bruns. J'adore quand il fait ça…

– Tu bosses ici ?

– Je serais tentée de te répondre que non et que traîner ici, à respirer l'odeur de la mort, est mon passe-temps favori, mais oui, je travaille à l'Institut.

Marley avance prudemment sans même refermer la porte derrière lui, une attitude maintenant décontenancée. Est-ce que me savoir dans cet univers professionnel le met mal à l'aise ? Je fronce les sourcils, confuse. Il ne semble tellement pas être le genre d'homme à avoir ce type de préjugés…

– Que fais-tu ici ? Tu… tu voulais…

Je ne termine pas ma phrase, je n'ai simplement aucune sorte d'idée de ce qu'il peut bien venir faire à l'Institut. Des picotements commencent à chahuter ma poitrine et ma respiration accélère.

– J'ai rendez-vous.

Dans le but de camoufler ma gêne soudaine, je jette un œil au planning posé à côté du standard et laisse glisser mon index sur la matinée du jour.

– Ça m'étonnerait, je n'ai prévu que le passage d'un étudiant pour…

Mon souffle se coupe, les quelques lettres griffonnées sur

l'agenda grossissent, se mettent à clignoter en rouge vif et m'agressent, tant visuellement qu'émotionnellement.

Marley… Marley est… *Fuckin' bullshit !*[26] Marley est l'étudiant ! Le frère de Delilah !

Une vague de panique m'ébranle de part en part. Je me sens rougir, voire devenir incandescente, je n'ai plus de jambes, mes paumes sont moites et des perles de sueur naissent sur mes tempes. Ça ne peut pas… Non, pas son frère ! *Damn, no !*[27]

Malgré les tremblements qui ont pris d'assaut le moindre de mes gestes, je parviens à récupérer mon portable.

– Shiloh, détends-toi, il n'y a pas mort d'homme.

Je le foudroie d'un regard noir, puis me reconcentre sur ma tâche. Alors l'insouciance et la jeunesse, ça va bien deux secondes, hein ! Visiblement, Monsieur le prépubère a parfaitement intégré la nouvelle, pas moi ! Je parle de Marley à mes amies, à Delilah, depuis des semaines, sans aucune retenue, sans rien cacher ! Tout se passait bien, j'avais enfin trouvé un cercle de copines au top, des filles avec qui je n'avais aucun problème à échanger sur ma vie sentimentale et sexu… Je m'affale lourdement contre le dossier de mon fauteuil et pousse un geignement désespéré. Dire que je me suis étalée sur nos parties de jambes en l'air et plâtrées devant sa sœur… Et pas plus tard qu'hier soir, en plus !

Shit, shit, shiiiiiiiiiiit ! Elle va me détester, c'est sûr !

Je tente de me persuader que tout ça n'est qu'une mascarade en ouvrant enfin le message de Delilah reçu plus tôt. C'est certainement un malentendu, une erreur de prise de

26. Putain de connerie !
27. Bordel, non !

notes, une erreur de code génétique, ils ont peut-être été échangés avec d'autres bébés à la maternité !

Faites que ce soit le cas, faites que ce soit le cas…

[Je vais bien, en tout cas mieux
depuis que je vous en ai parlé.
Je veux juste que tout s'arrête au plus vite,
et en même temps, je redoute son retour.
Bref, ça passera. Je t'embrasse, ma Shishi,
et fais des bisous à Marley pour moi,
tu vas voir, c'est un chic garçon.]

27

Ninon

Un samedi soir sur la terre. Une lionne avance à pas de loup... (si, si, ça existe !) Se frayant un passage entre les Lego, les Playmobil et les Barbie décoiffées. Encore quelques mètres pour toucher son objectif, juste quelques pas, puis sauter et s'abreuver du cri de ses victimes... La lionne rétracte ses pattes arrière pour armer son saut, puis se jette sur la première proie, le plus petit, le plus chétif, mais également le plus bruyant.

J'attrape Lenzo par surprise et le coince contre les coussins du canapé pour lui chatouiller les côtes. Il hurle tant que je sens des vibrations étranges dans les oreilles, il se débat, rit à n'en plus pouvoir et me supplie d'arrêter. À ses côtés, Salomé se crispe déjà, elle espère et redoute la même sentence. En maintenant fermement le petit de la main gauche, je trouve le pied de ma grande et engage une séance de chatouilles mémorable.

– Ninon, pourquoi tu les excites alors qu'ils sont sages ?

Maman râle pour la forme depuis la cuisine, nous

préparant notre traditionnel apéro familial du samedi soir. C'est essoufflée que je me redresse pour la rejoindre, sous les jérémiades des petits. Ils me pressent de continuer, de rester allongée avec eux…

C'est toujours le même souci, ils ne savent pas s'arrêter.

– Maman, à quoi ça sert d'avoir des gosses si ce n'est pas pour retomber en enfance ? Sans compter que ma semaine de boulot a été une accumulation de galères… Leurs rires, c'est du baume au cœur.

Elle me frotte le bras avec un air compatissant. Chaque soir, je lui raconte mes affaires, maman m'aide à extérioriser les cris, les insultes, les pleurs et autres visions dégoûtantes qui font mon quotidien de policier. Elle est parfois chiante, mais elle est là et son soutien est important ; je lui rends son sourire avant qu'elle ne clôture notre moment d'émotion mère-fille.

– Ne pense plus au travail et profitons de ce moment ensemble.

– Amen ! Pourquoi tu n'es pas avec « qui tu sais », ce soir ? dis-je me mimant des guillemets.

Maman hausse les épaules et parle laconiquement d'un repas de famille où elle n'est pas encore conviée, avec une pointe de tristesse dans la voix. Je suis sur le point de la consoler, voire de lui faire admettre que ce type n'était pas fait pour elle, lorsque la sonnette de l'entrée se fait entendre et m'offre l'excuse parfaite pour ne pas renchérir sur le sujet. Je saute de ma chaise haute et la questionne en marchant :

– Tu as commandé quelque chose ?

– Non. C'est peut-être la tournée des pompiers… Pour les calendriers ou autre chose…

– Ah ah, très drôle, mais ce n'est pas la période ! Par contre, j'avais proposé à Delilah de m'amener ses enfants pour qu'elle puisse parler à son mari sereinement. C'est sûrement elle.

Je prends à peine le temps de tourner la clé de la serrure que la porte s'ouvre sur moi. Will est là et son visage colérique ne me rassure pas.

– Qu'est-ce que tu fais ici ?

Mon ex ne se donne pas la peine de me répondre et entre dans le salon en me contournant. Les petits crient de joie et courent le rejoindre. Le câlin est fugace, Will leur demande de s'éloigner en râlant. Quand il est passé à mes côtés, j'ai senti les effluves d'une odeur que j'ai trop bien connue et appris à détester. En quelques secondes, je me poste entre mes enfants et leur géniteur alcoolisé, m'adressant à lui avec un peu plus de fermeté.

– Will, tu n'as rien à faire chez moi. Je veux que…

– Je prends les gosses et je me tire ! Prépare leurs affaires pour le week-end !

Les petits se collent à mes jambes, excités par l'annonce. J'aimerais avoir leurs yeux et penser que la vie est belle, que leur papa les aime forcément et qu'ils passeront deux journées parfaites. Mais mon regard de femme bafouée n'est pas si optimiste.

– C'est hors de question ! Je ne vais pas les confier à un mec bourré ! Dégage !

Il s'approche férocement et j'ordonne à Salomé de s'éloigner avec son frère. Ils m'écoutent pour une fois, et se pelotonnent sur le canapé, certainement effrayés par les airs menaçants de Will.

– Ils viennent avec moi et je les laisse chez Flora. J'ai un concert à trois heures d'ici. Grouille-toi de faire les sacs et n'oublie rien, surtout ! J'ai pas de fric pour leur acheter quoi que ce soit.

– D'où te vient cette lubie soudaine ? Tu penses réellement que je vais t'autoriser à les emmener, pour les confier à une nana que je ne connais même pas ? Tu la sautes depuis, quoi ? Deux, trois semaines tout au plus !

Je sens la tension qui l'habite, la colère figée sur son visage m'apprend que notre échange ne sera pas serein. Nos rapports n'ont jamais été cordiaux depuis notre séparation, mais son état d'ébriété avancé va nous faire passer un mauvais moment.

– J'ai reçu le courrier de ta salope d'avocate ! Tu me réclames encore des sous, t'en as pas assez avec ton salaire de fonctionnaire ?

Alors, c'est donc ça ? Il veut les enfants pour payer moins de pension ? Ce type me dégoûte de plus en plus. Je l'ai aimé pourtant, adulé même lorsqu'il prenait sa basse et jouait dans les cafés-concerts de la ville avec son groupe. J'étais naïve, trop jeune, trop amoureuse et je paye mes erreurs.

– J'ai demandé une révision de ta pension, effectivement. Elle était basée sur le fait que tu gardes les enfants un week-end sur deux et la moitié des vacances scolaires. Ils ne t'ont pas vu depuis des mois…

– C'est bon, me fais pas la morale. J'suis pas d'humeur.

Je souris et laisse même échapper un petit gloussement, puis je reprends sur un ton presque moqueur :

– Je te connais tellement… C'est quoi ton « humeur » du jour ? Whisky ? Rhum ? Les deux ? Laisse-nous maintenant, tu fais peur aux enfants.

Je me détourne pour qu'il saisisse l'ordre que je lui intime. Et, alors que je marche vers le salon, je prends conscience de ma première erreur, car Will me dépasse en me bousculant, il ne lui faut qu'un instant pour agripper le bras de Lenzo. Il crie, lui ordonne de le suivre, Salomé court contre ma mère quand je me rue sur mon ex. Tout se passe très vite, trop vite, pourtant un tas d'idées sordides me traversent l'esprit et une inquiétude tenace ne me quitte plus.

Il maintient Lenzo trop solidement. Il va le casser, il est devenu fou…

Pendant nos années de vie commune, je n'avais pas le dessus et me laissais insulter, acceptant qu'il me malmène verbalement. Je n'ai jamais réagi, mais aujourd'hui, alors que le regard de mon petit amour irradie d'angoisse, alors qu'il me supplie de l'aider en hurlant à tout rompre, mes doigts agrippent le manteau de Will et je le tire en arrière. Il lâche sa prise et je m'époumone en direction de ma mère :

– Courez dans la salle de bains et enfermez-vous à clé. Ne sors pas, maman ! Ne sors pas !

Will est fou de rage et s'approche, j'essaye de faire barrage entre lui et ma famille. Il titube et lève un index menaçant vers moi. Maman semble avoir du mal à faire réagir les petits, certainement transis d'effroi. Mon ex tente de passer à côté de moi, mais je ne le laisserai pas les atteindre. Jamais plus il ne touchera mes enfants. Je sens une force incroyable s'emparer de moi et je le pousse en arrière des deux mains. Mais pas assez fort, pas avec l'énergie nécessaire pour l'éloigner. C'est ma seconde erreur. D'un geste, son poing vient s'écraser contre ma tempe, le coup me fait perdre l'équilibre, une douleur assourdissante rayonne instantanément en moi.

C'est une illusion de croire que je suis à même de rivaliser, de douter de la folie qui l'anime. Je pars en arrière, incapable de me rétablir, mais je ne pense pas à moi. Je me dis qu'il a le champ libre et que maman ne pourra pas protéger mes amours. Le mot « faible » résonne à chaque martèlement de mon cœur, j'entends tout le monde hurler et je suis impuissante. Mon corps s'écrase au sol, j'ai à peine la force de regarder derrière moi. La porte de la salle de bains au fond du couloir claque, Will est encore à mes côtés et je ferme les yeux en discernant le cliquetis du verrou.

Merci, maman... merci... tellement...

Will est au-dessus de moi, ricane de mon état lorsque je me relève péniblement. Mon équilibre est précaire, mais je ne lui ferai pas le plaisir de m'écrouler à nouveau. J'aurai tout loisir de le faire une fois qu'il sera parti, en attendant, je puise dans mes menues réserves pour lui tenir tête et assimiler ses horribles paroles.

– T'es qu'une salope ! Comment j'ai pu te baiser et t'engrosser, bordel ! J'te préviens, rappelle ton avocate de mes deux et revois ta demande ! Sinon, je reviens le week-end prochain, ça s'ra mon tour de garde, tout flic que t'es, tu pourras rien faire contre moi !

J'avale ma salive au goût de sang et m'exprime avec rage.

– Jamais, tu m'entends ? Plus jamais je ne te les confierai. Tu es une loque humaine, regarde-toi, Will, qu'est-ce qui t'arrive...

Je ne sais pas pourquoi, je ressens une once de pitié pour lui et ce qu'il représente maintenant à mes yeux. Pourquoi être tombé si bas ? Pourquoi ne pas avoir rebondi après notre histoire ? C'est lui qui m'a trompée, lui qui devrait le mieux vivre ces deux ans de séparation. Il ne me répond pas et sort enfin de chez moi ; je le suis à distance pour fermer la porte d'entrée à double tour, mais il se retourne une dernière fois, me faisant sursauter.

– Il te reste sept jours, Nin' ! Après, j'te les prends !

Ses chaussures claquent sur les marches de l'escalier et je m'écroule au sol après avoir verrouillé, affaiblie, apeurée, en manque d'air. Cette journée a été parfaite, nous nous sommes promenés, les enfants ont eu droit à un tour de manège et Lenzo n'a pas fait de caprice pour un second tour. La soirée s'annonçait calme, Salomé ayant choisi son dessin animé préféré. Celui où une gamine des îles part sauver la planète avec un bonhomme musclé et tatoué. Elle s'identifie à la petite fille métisse et connaît les paroles des chansons sur le bout des doigts, Lenzo adore les tatouages qui se meuvent sur le corps du gros costaud. Mais ce soir, un autre gros costaud est entré et a ébranlé notre bel équilibre.

Je sèche mes larmes, me relève et avance dans le couloir. Ma tête est douloureuse, mon poignet et mon épaule me lancent, car je suis tombée dessus, mais plus encore, mon cœur est à la dérive. J'ai mal de le sentir tambouriner entre frayeur et chagrin. Que vais-je bien pouvoir leur dire, comment les rassurer ? La vérité est si difficile à entendre pour un enfant. Ça me ravage d'imaginer la désillusion de leur regard. Je frappe doucement à la porte et parle d'une voix calme pour leur indiquer qu'ils peuvent sortir.

L'entrebâillement laisse apparaître le visage crispé de maman, je m'agenouille sur le pas de la porte et la supplie de laisser le passage aux enfants. Lenzo sort le premier et fonce dans mes bras, hurlant de tristesse. Salomé est sur la retenue, comme toujours, et glisse ses mains sur mes joues. Elle pleure, mais ne s'écroule pas ; cette petite puce de 5 ans a tellement de courage.

– Tu saignes, maman.

Je soupire et lui demande de venir me faire un câlin. Elle s'accroupit pour se coller à moi et me questionne timidement :

– Est-ce qu'il est parti pour de vrai ?

– Oui, mon amour, ne t'inquiète pas.

– Il a dit qu'il allait revenir, mais moi je ne veux plus jamais le voir. Dis qu'il ne peut pas nous emmener, s'il te plaît, maman, dis-le.

Je serre les dents, étouffe un sanglot et caresse ses cheveux en lui demandant de se calmer.

– Nous parlerons de tout ça un peu plus tard. Il faut que je reprenne mon souffle. Nous sommes en sécurité, je serai toujours là pour vous protéger, je te le promets.

Je me redresse en voyant une ombre au-dessus de ma tête. Ma mère est là, du coton et un antiseptique dans les mains. Elle me sourit faiblement lorsque je lui demande d'attendre un peu, j'abdique sous son regard sévère.

– Ma chérie, tu as une vilaine coupure au niveau de l'arcade. Moi aussi, je suis une mère et j'ai besoin de soigner mon bébé.

Ses paroles devraient m'agacer, mais pour l'instant, sa tendresse me procure un tout petit peu de réconfort et je me laisse aller à ses doux soins, gardant mes deux trésors contre moi, pendant ce qui me semble être un temps infini. C'est en sentant leurs respirations adoucies que je baisse enfin le regard. Ils se sont endormis, chacun assis sur une de mes jambes, vautrés sur ma poitrine. Je suis adossée au mur et n'ose bouger pour les installer dans leurs lits respectifs.

– Maman, peux-tu soulever Lenzo ? Je vais m'occuper de Salomé. Couche-le dans mon lit, je les garderai avec moi cette nuit.

Je me relève difficilement en serrant ma fille contre mon buste. J'ai mal partout d'être restée immobile, les muscles tendus, les nerfs à vif. Le poids de ma fille réveille une douleur insoutenable dans mon bras. Nous installons les enfants dans la chaleur de mes draps et nous sortons sans faire de bruit. Maman me devance et me propose une tisane. J'aimerais la contredire et m'enfiler un verre de vin, mais l'alcool a déjà fait trop de ravages ce soir, j'opte donc pour un tilleul. Je m'assieds sur une chaise haute et, usée de tristesse, pose mon front contre ma paume gauche.

– Est-ce la première fois qu'il lève la main sur toi ?

Je me crispe en remontant le regard sur la mine anxieuse de ma mère. Elle n'est pas du genre à hésiter avant de me faire ses reproches, mais cette fois, je sens une sorte d'inquiétude, d'embarras dans chacun de ses mots. Je baisse le menton en lui répondant, peu fière de ma situation.

– Oui. Il m'a déjà bousculée, mais jamais frappée, jamais comme ça.

– Il faut que tu ailles déposer plainte et faire constater tes blessures, tu dois…

Je l'interromps en levant la main et souris timidement. Elle est tendue et je tente de dissiper ses craintes. J'essaye, mais j'échoue, car ma voix se brise avant la fin de ma phrase.

– Je sais tout ça, maman. J'irai voir mes collègues dès demain matin. J'ai… j'ai peur. S'il arrive à les prendre, si…

– Nous ferons constater son état par la police ou faire intervenir ton avocate, elle saura…

– Maman, il peut venir à jeun et picoler tout le week-end ensuite. Comment saurai-je si les enfants sont en sécurité ? S'il ne leur fait pas de mal… J'ai tellement d'images atroces qui m'assaillent…

Elle se lève et m'enveloppe de sa tendresse quand je laisse enfin échapper tous les sanglots d'une tristesse enfouie depuis trop longtemps. Toutes ces années avec Will et sa façon dédaigneuse de me traiter, les absences, les colères soudaines, le mépris, toutes ces choses que j'ai gardées au fond de moi pour ne pas passer pour une victime, parce qu'il y a toujours pire ailleurs, je suis bien placée pour le savoir. Nous restons une bonne partie de la nuit à parler des conséquences de cette soirée et des changements que nous allons devoir apporter à notre mode de vie. Enfin, je l'embrasse avant qu'elle aille se coucher.

Je regagne ma chambre et contemple mes deux amours endormis dans les bras l'un de l'autre, comme pour se protéger mutuellement. Je devrais m'allonger à leurs côtés et les envelopper de ma chaleur, mais je n'y arrive pas. J'aimerais tellement être réconfortée, moi aussi. Je montre une image de femme forte, fière de sa situation, assez à l'aise pour me sortir de chaque galère, mais… je donnerais tout ce que j'ai afin de goûter à une vie posée, rejoindre un mari aimant chaque soir, entrevoir la routine qui fait si peur aux couples normaux. Je rêve qu'un homme m'entoure de sa douceur et apaise chacune de mes craintes. Je n'en peux plus d'être forte pour tout le monde et de porter ma famille à bout de bras.

Je suis si fatiguée, je me sens si seule…

Un samedi soir sur la terre, une lionne blessée trouve un coin reculé, panse ses plaies et pleure en silence. Elle accepte la défaite et médite sur ses nouveaux principes de vie… Elle faiblit, mais ne renonce pas. L'instinct de protection de sa tribu est plus puissant que le reste. Alors, ce soir, tapie dans la quiétude de la nuit, la lionne ouvre les vannes pour mieux rebondir au petit jour.

28

Lynéa

– On met *Toy Story* !

– Non, moi je préfère *Frère des ours* !

– *Toy Story* !

– *Frère des ours* !

– *TOY STORY* !

– *FRÈRE DES OURS* !

Ma tête va exploser. Je n'en peux plus de ce son en stéréo ! Ils ont exactement la même voix, seules les intonations varient et me permettent de les différencier. Je finis de remplir le plateau de petites douceurs à grignoter devant la télévision. Le dimanche soir, c'est notre soirée spéciale famille. Nous choisissons un dessin animé ou un film pour enfants que nous regardons, pelotonnés sur le canapé, sous des plaids douillets. Le plateau est posé en équilibre sur nos genoux et contient un mélange de nourriture. Des tomates cerises, du saucisson, des morceaux de fromage et de pizza.

– Ça suffit, les garçons !

– Mais maman, c'est Nolan qui…

– Non, c'est Hugo qui…

– … ne veut pas me laisser choisir !

– … ne veut pas me laisser choisir !

Et puis leurs rires éclatent dans un écho parfait qui me parvient et me percute le cœur. Que j'aime leur complicité !

– Pourquoi as-tu crié si fort, Line ?

Une pointe d'énervement jaillit soudainement face à la réplique de Marcus.

– Tu n'entends pas les enfants hurler ?

Bien sûr que non, il a cette faculté de faire abstraction de tout ce qui l'entoure. Excepté lui. Mais j'ai appris que cela était propre au mâle.

Marcus, les cheveux encore humides, vient vers moi pour s'emparer d'une tomate cerise qu'il jette dans sa bouche. Il sort tout juste de la douche et a enfilé une tenue décontractée. J'aime la façon dont les boucles brunes tombent sur son front. Il a toujours la même odeur ambrée et épicée. Je suis rassurée de l'avoir auprès de moi depuis toutes ces années. Même si le temps nous a égratignés, même s'il nous a changés.

– Je t'attends dans le salon. Fais vite, je crève de faim !

Je ferme les yeux pour ne pas lui balancer une petite pique. Pour ne pas lui dire que j'aimerais qu'il prenne la relève, parfois. Qu'il soit plus attentionné, comme au début de notre relation. Qu'il arrête de parler de l'intervention chirurgicale que j'ai dû subir après la naissance des enfants pour retrouver un ventre normal. Parce que je sais très bien que je ne ressemble plus à la jeune femme qu'il a sauvée d'une terrasse il y a des années. Je n'ai plus cette folie dans le regard ni cette volonté de bouffer la vie par les deux bouts.

Je suis souvent exténuée, vidée et je n'arrive même plus à savoir ce dont moi j'ai envie… Je me suis perdue en route. Quelque part entre le rôle d'épouse et de maman.

Les paroles que Marcus avait prononcées pendant notre voyage de noces me reviennent en mémoire.

« Quand nous aurons des moments difficiles, je veux que tu te souviennes de cet instant. Que tu prennes deux minutes pour fermer les yeux. Tu nous reverras assis ici, les yeux tournés vers l'horizon et le cœur comblé. N'oublie jamais que nous nous sommes dit oui pour le meilleur et pour le pire aussi. Mais dans le pire, tu seras toujours mon meilleur. Ma femme… »

Deux larmes perlent au coin de mes yeux. Je me rends compte que mon mari n'est pas parfait, mais que personne ne l'est. Qu'il faut du pire pour savourer le meilleur. Et ce meilleur, il est là, maintenant, dans le salon, à m'attendre pour passer un moment serein.

Je m'empare du grand plateau déniché chez Action et, d'un pas décidé, je les rejoins. Tous les trois installés sur le canapé, leurs six yeux me regardent arriver comme si j'étais unique. Les battements de mon cœur accélèrent et cette sensation d'être aimée vaut toutes les baises du monde. Tous les coups de reins, tous les cunnilingus de l'univers !

– M'man. On s'est mis d'accord avec Hugo.

– Ouaip ! C'est Nolan qui a eu l'idée, mais moi j'ai accepté !

Un petit sourire flotte sur mon visage. J'aime qu'ils fassent des concessions, la vie est faite ainsi.

– Qu'avez-vous choisi, alors ?

– Attends, on va te montrer.

D'un bond, ils se lèvent tous les deux en repoussant les plaids disposés sur leurs genoux. Comme au ralenti, je vois les couvertures tomber sur le plateau que je venais de poser sur les cuisses de Marcus. Dans un bruit sourd, les bols se renversent et s'écrasent sur le tapis bleu roi. Horrifiée, je regarde ce désastre. Lentement, je tourne la tête vers mes enfants, leurs petites moues tristes m'attendrissent. Ils attendent que la sentence tombe. En temps normal, je me serais énervée, j'aurais crié trop fort, faisant des moulinets de bras pour montrer mon mécontentement, multipliant les allers-retours pour ramasser le bazar. Frotter le tapis de toutes mes forces avec une éponge.

Mais aujourd'hui, je n'en ai pas envie. J'en ai marre de me perdre et d'avoir dû renoncer à ma folie juste pour… pour quoi, au fait ? Je ne le sais même pas. Puisque de toute façon, rien ne sera jamais assez bien aux yeux des autres. Mon choix est fait !

– Tant pis, nous mangerons assis sur le tapis.

Pour mettre mes paroles en pratique, je m'assois en tailleur par terre. Redressant les bols, je pioche une rondelle de saucisson et la glisse dans ma bouche. Mes enfants se joignent à moi et s'installent à mes côtés avec gaieté. En tournant la tête, je contemple Marcus.

Dans son regard bleu foncé, j'ai l'impression de déceler une petite lueur que je n'avais plus aperçue depuis des années…

***

– Tu veux dire que… Non ? Marley ?!

Un rire s'échappe de ma gorge. Ce lundi matin commence plutôt bien ! J'étais à l'heure à l'école. J'ai snobé Patsy en la regardant avec dédain quand je l'ai croisée devant le portail. Mon planning m'indique une journée peu chargée et Shiloh vient de m'apprendre une nouvelle de dingue !

– Le frère de Del est en fait une bête de sexe. Assoiffé de chatte ! Si j'avais su, je lui aurais peut-être demandé de garder mes garçons !

Mon amie grommelle dans le combiné, au bord du désespoir, elle me fait remarquer que ma blague n'était pas appropriée.

– Mais non, Shishi, je déconne !

Un petit coup retentit contre la porte de mon bureau. Merde, mon rendez-vous est arrivé.

– Je dois te laisser. Ne panique pas, surtout ! On s'en fout avec qui tu couches, du moment que vous savez tous les deux où vous allez.

Je l'entends me répondre que c'est justement ça, le problème. Une intervention spéciale ce soir ne sera pas de trop.

– Réunion de crise, *tonight*[28]. Il faut vider la semence nocive avant qu'elle ne contamine nos cerveaux ! Mets une culotte, par contre, Shishi !

Je raccroche rapidement après avoir rassuré Shiloh. Elle panique. Sa voix est haut perchée et une pointe de culpabilité s'y mêle.

– Oui. Entrez.

D'une main, j'attrape mes longs cheveux bruns pour les positionner sur mon épaule gauche. Je passe l'index sur mes lèvres pour vérifier que mon gloss est toujours là. Je suis terriblement nerveuse. Me levant pour l'accueillir, mon regard percute le sien et une violente décharge se répand dans mon

---

28. Ce soir.

corps. Sa cascade de cheveux roux rebondit à chacun de ses pas. Ses yeux verts pétillants m'hypnotisent. Elle n'a aucune conscience de l'effet qu'elle peut produire juste en entrant dans la pièce. Mes poumons semblent rétrécir, ne me laissant plus la possibilité d'inspirer avec force pour me ventiler. Plus elle s'approche de moi, plus je me retrouve paralysée. Sa main se tend vers la mienne pour la serrer. Et je sais déjà que ce contact va me perturber. Bingo ! En sentant sa paume contre la mienne, une chaleur m'irradie instantanément.

Il faut que je me reprenne. Je tire un peu sur mon chemisier bleu ciel et mets une main dans la poche de mon jean brut. Mes escarpins rouges me permettent d'être à la même hauteur que cette fabuleuse auteure prometteuse, Paige Costa Cruz. Je me racle doucement la gorge avant de parler.

– J'ai lu le dossier que vous avez déposé… chez moi… l'autre soir…

– Je tenais d'ailleurs à m'excuser pour cette venue, Lynéa. Je n'aurais pas dû.

Sa voix est basse et sensuelle. Si je n'étais pas aussi perturbée par sa présence, je penserais qu'elle me drague !

– Non, ce n'est rien. Votre manuscrit est incroyable.

D'un signe de main, je lui présente la chaise en face de mon bureau. Du premier tiroir, je sors le dossier papier de Paige, le pose devant moi et le tapote tout en continuant.

– Cette histoire, *Urma le panda et cet homme*, est poignante. Littéralement. J'ai été embarquée dans leur univers. Bien que je ne sois pas favorable à l'idée que des animaux vivent dans un zoo, je dois dire que vous êtes parvenue à changer ma vision. C'est le propre d'un manuscrit réussi.

– Merci, Lynéa.

Sa façon de prononcer mon prénom en prenant tout son temps est perturbante. C'est comme s'il glissait sur sa langue avant de franchir ses lèvres pulpeuses.

Ressaisis-toi, bon sang !

– Paige, il faut que je sois claire avec vous. En tant qu'agent, je me dois d'être proche des auteurs avec lesquels je travaille, mais…

Je n'ai pas le temps de lui dire qu'il faut mettre des barrières entre nous. Elle contourne mon bureau aussi vite qu'une lionne en chasse. Elle se penche vers moi et ses lèvres fondent sur les miennes. Un soupir s'échappe de sa gorge quand je sens sa langue si douce s'infiltrer pour rencontrer la mienne. Sa main se glisse sur ma nuque pour me rapprocher d'elle. Je me lève inconsciemment et son corps se plaque contre le mien. Sa poitrine est dure contre la mienne. La tête me tourne. Je la laisse m'embrasser avec sensualité et force.

– Je n'attends rien de vous, Lynéa, à part du bon temps. Vous allez m'aider à publier un manuscrit qui sera digne d'un best-seller. Et nous allons nous faire jouir ensemble aussi souvent que possible…

Putain de bordel de merde !

– J'ai envie de sentir votre chatte se contracter autour de mes doigts, le goût de vos tétons dans ma bouche et voir le désir enflammer vos prunelles.

Double putain de bordel de merde !

– Qu'en dites-vous, Lynéa ?

Avec douceur, elle déboutonne ma chemise. J'ai le souffle coupé. Ne parvenant pas à rassembler mes pensées pour en faire quelque chose de cohérent.

– Vous savez, vous n'êtes pas obligée de parler.

D'un regard gourmand, elle contemple mon soutien-gorge rouge en dentelle.

– Parfait. Ma couleur préférée.

Ses mains viennent caresser l'étoffe recouvrant mes tétons, qui prennent vie. L'air est chargé d'une excitation particulière. Mon esprit est en mode pause, je suis spectatrice de cette scène surréaliste. Lorsqu'elle se dégage de moi, je regarde Paige baisser la fermeture éclair de sa robe noire. Le vêtement tombe au sol. Elle ne porte qu'un string foncé. Ses tétons gonflés sont pointés vers moi. La curiosité me fait tendre le bras. Je soupèse son sein gauche sans la moindre sensualité. Qu'il est lourd ! Jamais encore je n'avais touché une poitrine refaite. J'ai l'impression de tâter un ballon de baudruche rempli d'eau, sur le point d'exploser.

– Je suis sûre que tu peux faire mieux, Lynéa.

Elle attrape ma main et l'amène sur son unique sous-vêtement. Mon cœur s'emballe quand je l'entends me murmurer à l'oreille.

– Donne-moi un orgasme, Lynéa.

Moi ? J'ai envie de rire. Mais je me retiens. Paige a un côté dominateur qui me flanque les jetons. Me lançant, je passe mes doigts en dessous de l'élastique et merde ! Je tombe sur une montagne de poils doux. Surprise, je retire ma main, ce qui ne semble pas la gêner puisqu'elle se décide à enlever son string.

– Ça plaît, en temps normal.

Ma bouche s'ouvre de stupeur, je photographie mentalement cette image pour la retranscrire au mieux à mes amies. De ma vie, je n'avais jamais vu le sexe d'une femme recouvert de poils roux et raides. Je me recule en portant la main à ma poitrine. Je bafouille légèrement en parlant. Ce n'est pas sa pilosité qui est la cause de mon état fébrile, mais plutôt le sentiment que je ressens en contemplant son corps. Il est indéniablement beau mais je ne ressens rien. Aucune envie.

– Je ne me sens pubiens… euh, plus bien… PLUS BIEN.

Mettant quelques mètres entre nous deux, je traverse mon bureau et reboutonne prestement ma chemise. Après avoir mis de l'ordre dans ma tignasse, je me tourne vers Paige. Toujours nue.

– Paige, il faut que tu partes… Je… je ne peux plus être ton éditrice.

Son œil vif brille d'une lueur de défi en réajustant sa robe. Elle s'empare du dossier resté sur mon bureau et s'apprête à s'en aller. Elle se tourne une dernière fois vers moi et, de sa voix aguicheuse, me dit :

– C'est dommage, nous aurions pu faire de grandes choses ensemble…

– Ou pas.

– Je ne lâche pas l'affaire pour autant et te laisse cogiter un peu… La graine est plantée, je viendrai la cultiver quand tu voudras !

La porte se referme sur cette femme terriblement belle qui ne me procure aucune envie sexuelle. Le soulagement s'empare de mon être. J'ai envie de crier et de danser en même temps !

– Tu n'es pas attirée par les femmes, Line ! Tu es juste bien trop curieuse !

Rassurée mais quelque peu gênée par ce rapprochement intime, je classe ce dossier tout au fond de ma mémoire pour qu'il ne soit accessible à personne. Il y a des expériences qu'on ne doit partager avec personne.

Je me saisis de mon téléphone et pour la première fois de ma vie, j'envoie un sexto à mon mari accompagné d'une photo de ma poitrine.

– Il est temps de reprendre du bon temps ! pensé-je à voix haute.

29

Delilah

J'avale l'énorme boule d'appréhension qui m'obstrue la gorge et inspire profondément sans parvenir à la chasser. Elle reste logée dans ma trachée, encore et toujours. Si seulement elle n'y avait pas élu domicile depuis des semaines, elle, ainsi que la flèche savamment plantée dans ma poitrine me transperçant le cœur. D'ailleurs, qu'il continue à battre est un mystère, étant donné la situation. Mon cher et tendre mari a tapé où ça fait le plus mal : dans le mille. Auxence a toujours été doué pour viser juste. Dommage que ce coup-ci, la cible soit l'organe le plus vital de mon corps.

– Maman, est-ce que Salomé sera là ?

La petite voix musicale de ma fille interrompt le flot sombre de mes pensées. Je lève les yeux vers elle dans le rétroviseur. Je ne peux m'empêcher de l'admirer. Elle porte une jolie robe framboise assortie au ruban noué au sommet de sa tête qui tranche avec le châtain de ses longs cheveux.

– Bien sûr, ma princesse.

La joie illumine ses traits, creusant deux belles fossettes dans les rondeurs de ses joues d'enfant. Une caractéristique que son frère et elle tiennent de leur père. C'est d'ailleurs ce qui m'a fait craquer pour Auxence. La première fois qu'il m'a souri, je suis tombée amoureuse de l'homme et de tous les détails de son visage. Penser à lui me noue l'estomac. Au feu suivant, un léger coup d'œil à l'arrière suffit à chasser l'angoisse. Mes deux bébés sont sagement installés dans leurs sièges-autos, tandis que j'enclenche la première aussitôt le signal lumineux changé en vert.

Ça va aller, me chuchoté-je à moi-même. *Tout va bien se passer... Je dois me montrer forte et courageuse et... tenir le coup. Sans oublier le plus important : ne surtout pas craquer !*

À cause de ces fichues hormones qui me chamboulent le boule, mes nerfs sont soumis à rude épreuve. L'hypersensibilité, c'est une plaie ! Je suis émotive puissance dix, c'est terrible ! Il me suffit d'une image, d'un mot ou d'une stupide publicité à la télé pour que les vannes s'ouvrent. Pour faire simple : je chiale pour tout et tout le temps !

Le son grave d'un klaxon provenant d'un véhicule à l'arrière me fait méchamment sursauter. De toute évidence, je ne vais pas assez vite. Dans le rétro, mon regard croise celui d'un type en costume cravate qui, dans sa voiture rutilante, s'impatiente, le majeur levé à mon intention.

Putain, mais quel connard...

Dommage que la classe ne s'achète pas !

Quand il déboîte comme un taré sans mettre de clignotant pour me dépasser, je descends rapidement ma vitre électrique et lui brandis à mon tour un majeur soigneusement verni.

Cette manie qu'ont les gens de vouloir aller à toute vitesse me sidère !

Contrariée comme pas possible, je m'engage à droite à la prochaine intersection pour me rendre chez Ninon qui a généreusement offert de me garder les enfants tandis que je crèverai l'abcès avec mon mari.

Justement, ce dernier doit déjà être à la maison en train de m'attendre, car, aussi surprenant que ça puisse paraître, il tenait également à me voir. Lui qui m'esquivait brillamment depuis des semaines, a subitement quelque chose d'extrêmement important à m'annoncer. J'ai tout de suite compris. Autant dire que mon sang n'a fait qu'un tour. Je ne sais pas ce que j'espérais. De toute évidence, certainement pas que ce soit Auxence qui prenne les devants.

Voyons le bon côté, si tant est qu'il y en ait un : cela simplifiera les choses pour nous deux. Plus vite nous officialiserons et mieux ce sera. Désormais, il n'y aura plus de « nous ». Ce sera : lui et moi… Définitivement séparés. J'essaie de sourire en me disant qu'il était grand temps d'avancer.

Mais à qui mens-tu ? me lance une petite voix acerbe à l'intérieur de mon crâne.

Ta gueule, conscience !

Je parviens à trouver une place dans l'allée pas trop loin de chez mon amie et me gare. Dans une sorte de chorégraphie bien rodée, je bondis hors de mon siège, glisse la lanière du sac à langer sur une épaule et coince ma pochette sous mon bras avant de détacher la ceinture des enfants. Loan, qui s'est endormi pendant le trajet, étouffe un bâillement adorable. Je saisis son cosy d'une main et la petite menotte de mon Hana de l'autre afin de l'aider à monter les quelques marches jusqu'à l'appartement. Quand nous arrivons enfin au bon étage, la porte s'ouvre sur deux charmantes têtes brunes, le sourire jusqu'aux oreilles, visiblement ravies de nous voir.

– Hana ! s'exclament les enfants en chœur.

Ma fille s'élance vers eux et tout ce joyeux monde disparaît à l'intérieur avant que nous ayons eu le temps d'échanger le moindre mot avec Ninon.

– Ils n'en pouvaient plus de l'attendre, me lance mon amie, alors qu'elle tend la main vers mon épaule pour me soulager du sac.

Voir son beau visage ainsi marbré de bleu me fend le cœur. Son salopard d'ex ne mérite rien de moins qu'une bonne castration au rasoir rouillé.

Connard de merde !

– Tu es sûre que ça va aller ? Si finalement, ça ne te botte plus trop de les garder, je comprendrai, tu sais, je peux m'arranger et les déposer ailleurs ?

J'hésite encore un instant à lui refourguer ma progéniture, même si elle me rassure. Mon amie a l'air épuisée. Elle n'est pas rentrée dans les détails, mais les hématomes parlent d'eux-mêmes. De ce fait, je ne peux m'empêcher de culpabiliser. Gérer quatre enfants toute seule ne sera pas une partie de plaisir !

– Tu plaisantes ? Je vais pouvoir bisouter ces ravissantes joues potelées à ma guise ! sourit Ninon à l'intention de Loan qui commence à papillonner doucement des paupières.

– D'accord.

Un dernier regard vers les prunelles d'un gris pierre de

lune de mon petit garçon qui me donnera la force dont j'ai besoin. Heureusement que je les ai, sa sœur et lui. Ils sont ma raison d'être, mon tout, ma vie.

Je m'apprête à partir, puis me ravise.

– Si jamais tu as le moindre problème, tu m'appelles, d'accord ? Je suis sérieuse, Nin', surtout n'hésite pas et je reviendrai illico.

– Ne t'inquiète pas, me rassure Ninon, complètement sous le charme de Loan.

Ses fossettes sont un vrai piège à filles.

– Allez, file, tes bébés sont entre de bonnes mains avec moi.

Je hoche la tête tout en envoyant des bisous volants du bout des doigts. Dans la voiture, j'attache ma ceinture puis me prépare mentalement à la confrontation qui m'attend. L'appréhension me gagne et joue à la corde à sauter avec mes nerfs. Durant les kilomètres qui nous séparent, j'essaie d'organiser mes pensées pour ne rien omettre. Je me connais, sous le coup de l'émotion, je pars en vrille et oublie l'essentiel.

Après vingt-cinq minutes d'un trajet sur des charbons ardents, je me gare à l'emplacement qui nous est réservé et sors en claquant soigneusement la portière avant de vérifier une seconde fois qu'elle est bien fermée.

– Arrête de perdre du temps, bordel ! me chuchoté-je.

J'essuie mes paumes devenues soudainement moites sur mon jean slim de grossesse. Un vêtement que j'ai chopé la semaine dernière après en avoir eu marre de porter uniquement des robes. J'avale ma salive et monte les quelques marches qui conduisent à notre maison. J'ai l'impression d'assister à la scène d'un mauvais film d'horreur se déroulant avec une lenteur angoissante. Le tout accompagné d'une petite musique aux notes stridentes de violon accentuant la terreur qui m'enlace étroitement.

Je glisse la clé dans la serrure en veillant à jeter un coup d'œil par-dessus mon épaule, des fois qu'un psychopathe surgirait de nulle part pour me poignarder dans le dos. Ma conscience me rappelle qu'il est bien trop tard car le couteau est déjà là, planté dans mon dos, et l'auteur du crime n'est autre que mon mari. L'homme qui m'a juré fidélité devant Dieu et tous nos proches.

Bref.

Lorsque je pousse la porte et esquisse un pas, je suis accueillie par un silence de mort et une maison plongée dans le noir total. Euh…

– Auxence ? appelé-je d'une voix monocorde.

Il avait dit qu'il serait là, bon sang ! Est-ce qu'il en a eu marre d'attendre et s'est tiré pour rejoindre sa… grrrr ?

S'il m'a fait ce coup-là, je jure qu'il n'aura pas à se donner la peine de ramasser toutes ses affaires. Je le ferai pour lui ! Et dans de solides sacs-poubelle !

J'avance de quelques pas dans le couloir, prête à mettre à exécution ma menace silencieuse, quand mon regard s'arrête sur le halo de lumière provenant de notre salon. Une main sur la bouche, je reste interdite face au spectacle qui s'offre à moi. Des dizaines de bougies allumées dont les lueurs ondoyantes dansent sur le visage souriant de mon époux sont disposées un peu partout autour de nous. Lui se tient au centre de la pièce, vêtu d'un smoking dont la vue me donne le vertige.

Je m'apprête à lui demander ce qui se passe quand une voix grave ainsi que les premières notes d'un piano s'élèvent dans les airs. Je reconnais immédiatement le titre, « The Time of My Life ». La chanson du meilleur film de tous les temps et accessoirement mon préféré. Je ne compte plus le nombre de fois où je l'ai regardé, sans oublier sa mythique chorégraphie que je pourrais reproduire les yeux fermés. Auxence le sait parfaitement, pour l'avoir bassiné avec ça à de multiples reprises.

Quel est le rapport avec notre discussion? Je ne vois pas très bien… Les informations se bousculent dans ma tête. Mon cerveau peine à les assimiler, en vain. Tout est trop confus pour moi, aussi je me contente d'observer mon futur ex-mari sans rien dire. Ce dernier s'avance lentement vers moi jusqu'à ce que nos pieds se touchent, un sourire ravageur au coin des lèvres qui fait naître dans le creux de ma poitrine une sensation que je pensais à tout jamais éteinte. Mon sang bat furieusement dans mes tempes au rythme des basses quand deux bras musclés, familiers, s'enroulent autour de ma taille et me rapprochent de ce corps que je connais par cœur et dont je peux sentir chaque pulsation à travers le coton de sa chemise.

– Tu es tellement belle.

Son souffle caresse mes cheveux et murmure des mots d'amour à ma peau qui ne peut s'empêcher de se parer de chair de poule. Un frisson me transperce quand la pulpe de ses doigts rugueux dessine les reliefs de mon décolleté. Je veux ouvrir la bouche pour lui demander ce que tout cela signifie, mais d'un baiser, il m'en empêche. Quand la voix féminine du duo prend le relais, Auxence se décolle et me fait pivoter par surprise, dans un parfait geste fluide. Je suis dos à lui, il enfouit son nez dans mon cou et le caresse en remontant vers la peau tendre derrière mon oreille.

Je n'en suis pas tout à fait certaine, mais il me semble avoir entendu un « je t'aime » soufflé en secret. Un barrage s'effondre à l'intérieur de moi, laissant s'échapper les émotions que je garde enfouies depuis trop longtemps. Au moment où la basse amorce son tempo, une main puissante s'enroule autour de mon poignet et me tire en avant, si bien que je me retrouve à tournoyer sur moi-même. Sur la pointe des pieds, je ne résiste pas et me laisse emporter par la poigne experte de mon mari dont les hanches ondulent à présent contre les miennes. Nos mouvements s'accordent et nos pas se calquent instinctivement sur les notes entraînantes.

Je suis perdue… N'étions-nous pas censés nous prendre le bec ? Au lieu de ça, nous voilà transportés dans une danse endiablée. Je me laisse conduire par le rythme, mes talons claquant sur le sol à l'unisson des battements de mon cœur. Ai-je précisé que je connais la chorégraphie comme ma poche ?

Oui, oui, tu l'as fait…

Le plus curieux dans tout ça, c'est qu'apparemment Auxence la danse aussi bien que moi. Mais… comment ? Comment est-ce possible ? Inutile de me demander ce qui se passe, car je n'y comprends foutrement rien !

Nos respirations ne font plus qu'une quand il se rapproche et arrime son regard au mien. Dieu, donnez-moi la force de résister à la lueur de désir que je décèle dans ses iris.

Une goutte de sueur roule entre mes seins tandis que nous tournoyons à nouveau ensemble. Bon sang, qui est cet homme, et surtout, qu'a-t-il fait de celui aux deux pieds gauches que j'ai épousé ? D'ailleurs ? Je plisse les yeux.

– J'ai pris des cours. Pour toi. Pour te faire ce cadeau,

répond-il à ma question informulée.

Qu'est-ce que…

– Des… des… comment ça ?

Il acquiesce vivement.

– Avec une prof que j'ai dénichée sur le Net, une pro, mais pas aussi douée que toi, ma chérie.

– Une pro… prof ? balbutié-je.

– Ouaip ! Elle s'appelle Tara Santini et je ne le regrette pas. Je serais prêt à tout pour toi, pour te faire plaisir…

La tête me tourne. J'ouvre de grands yeux et laisse échapper une larme de soulagement. Je ne suis pas sûre de bien comprendre… Serait-ce mon cerveau qui me joue un mauvais tour ? Je me serais torturée depuis des semaines… pour rien ? L'émotion me noue la gorge et m'empêche de murmurer la moindre phrase cohérente.

Nous réduisons notre allure. Auxence me ramène contre lui, sa voix rauque me chuchote des mots que je ne suis pas sûre de parvenir à assimiler, perdue dans le flou qui m'habite depuis des semaines. J'ai besoin d'un peu de temps pour démêler chacune de mes pensées.

– Joyeux anniversaire, bébé.

– Mais… mais ce n'est pas mon anniversaire, ne puis-je m'empêcher de répondre.

– Pas le tien, ma puce, mais le nôtre.

Battant frénétiquement des paupières, je tente de me remémorer quel jour nous sommes, quand deux paumes chaudes viennent encadrer mon visage et effacent délicatement les larmes qui roulent librement sur mes joues.

– Il y a très exactement sept ans aujourd'hui, reprend-il, tu avais le nez plongé dans un livre au détour de la rue

Crémieux et tu me rentrais dedans de plein fouet. Alors que le reste du monde continuait de tourner autour de nous, moi je tombais, je tombais éperdument amoureux de toi.

J'ouvre la bouche pour dire quelque chose… n'importe quoi… Sauf que les mots me manquent. Mon rythme cardiaque accélère à mesure que les lèvres charnues et pleines de mon mari fredonnent à ma peau tout l'amour qu'il me porte.

Un délicieux frisson recouvre mon épiderme tandis qu'il se penche davantage afin d'approfondir notre baiser. Sa bouche dont je connais chaque sillon se pose sur la mienne avec une passion que je pensais disparue à jamais. Nos langues se cherchent, se goûtent et se mêlent dans une lente et exquise capitulation. Des papillons chatouillent mon ventre de l'intérieur alors que ma poitrine se resserre. Mon sang s'embrase et envoie une profonde décharge à travers chacune de mes terminaisons nerveuses. Je suis abstinente depuis trop longtemps, si bien qu'un appétit féroce dont je ne mesure pas la puissance s'empare de moi.

Mon mari s'écarte de quelques centimètres et articule un « Je t'aime de toute mon âme » qui me percute en plein cœur. C'est plus fort que moi, submergée par l'émotion, je fonds en larmes, soutenue par la force de son étreinte. Alors que tout semblait perdu pour nous depuis quelques semaines, je ne peux m'empêcher de retomber follement amoureuse de mon mari…

30

Shiloh

– Je suis désolée de te demander ça, Ninon, et si tu n'avais pas été en récup' aujourd'hui, je ne t'aurais même pas appelée…

– Arrête de t'excuser, ça aurait été avec plaisir si je n'avais pas eu ce truc à gérer.

– Oui, bien sûr, je comprends. Je vais faire autrement, ne te tracasse pas. Ma voisine pourra sûrement les récupérer…

– Demande à Marley, bordel ! À quoi tu joues ?

Je grimace derrière le combiné. Ça va faire une semaine que je ne fais plus appel à ses services, tant pour son job de baby-sitter que pour ses performances de *mum-sitter*. Les enfants commencent à réclamer sa présence, et mon corps aussi. Pourtant, je tiens bon, prétextant pouvoir gérer sans lui. Je lui ai simplement expliqué qu'il me fallait prendre du recul sur ce début de relation encore trop bancale, et depuis peu, étroitement lié à une de mes nouvelles meilleures amies. Marley a tenté de protester, puis s'est moqué, s'est impatienté en feignant d'être fâché. Ces dernières vingt-quatre heures, il n'a simplement plus donné signe de vie.

– Ouais, mais non. Je peux me débrouiller toute seule.

– C'est aussi ce que te dit ton minou ?

Je grogne.

– Mon minou et moi avons besoin de temps pour réfléchir.

– C'est un truc d'Américain puritain, cette autoflagellation, ou quoi ? Ne réponds pas, c'était purement rhétorique. Parle avec Del, et fais-le vite pour éviter la déprime et le nœud coulant !

– Mais je vais bien ! mens-je en souriant.

Non, je ne vais pas bien. Je me sens à la fois lâche, égoïste, triste, indigne de mon amie, coupable et en manque. Je savais que cette relation était particulière, qu'elle sortait des sentiers battus, mais j'avais fini par arrêter de croire que ce que nous faisions était mal. Parce que c'était foutrement bon, grisant, et diablement épanouissant.

– Si tu ne lui en parles pas ce week-end, je m'en chargerai lundi.

– Mais on est vendredi… et tu… tu ne ferais pas ça, quand même ?

Je n'entends qu'à peine sa réponse tant la porte qui communique avec la salle d'autopsie claque bruyamment. Je sursaute, puis me raidis la seconde qui suit en découvrant le docteur Méto devant moi, son index à présent enfoncé sur mon standard. Ce… il a… le sale con !

– Les appels personnels sont interdits sur votre lieu de travail !

Je reste bouche bée devant l'air excédé du médecin. Il a coupé la communication sous mon nez, comme ça, sans prévenir !

– M'avez-vous bien compris, madame Autel ?

Sans que je ne puisse contrôler quoi que ce soit, mes poumons s'embrasent soudainement et l'air qui traverse ma trachée me brûle la gorge. Je sens le rouge me monter aux joues, ma peau me démange tant elle se consume de colère. Mauvais timing, mauvaise journée, mauvaise semaine ! Je m'appuie sur le bureau et me hisse sur ma jambe valide sans même vaciller, forte de tous ces cris que je garde en moi depuis des années.

– Ça fait des jours que vous êtes imbuvable avec moi, grossier et supérieur ! Quel est votre foutu problème ?

– Baissez d'un ton ! gronde-t-il en plissant davantage son regard sévère.

– Impossible, j'aurais dû mettre les choses à plat avec vous depuis longtemps déjà. Je suis une bonne assistante, je travaille dur, mis à part mon absence il y a trois semaines suite à ma chute, je n'ai manqué aucun jour à la morgue. Je réponds à chacune de vos exigences, les anticipe même, je ne me plains jamais, vous n'avez rien à me reprocher professionnellement si ce n'est de ne pas vous tailler la pipe dont vous rêvez ! Alors je répète, quel est votre foutu problème ?

Les murs tremblent presque. Depuis la mort de Tim, ma tristesse et mon amertume avaient étouffé mon sens de la repartie, je n'étais plus qu'un volcan endormi, mais à ce moment précis, je suis un putain de geyser de lave !

– Vous ne convenez pas pour le poste, c'est tout. Notre collaboration n'est pas fusionnelle. Vous déposerez votre lettre de démission sur mon bureau avant de partir.

Ce con s'écarte et pense rejoindre la salle d'autopsie après m'avoir officieusement virée. Suis-je en plein rêve ? Avant qu'il ne passe la porte pour retourner à sa dissection, je crache :

– Notre collaboration serait-elle plus étroite si je vous autorisais un accès à mon entrejambe ? Quelques allers-retours rapides entre mes cuisses, docteur ?

Je ris maintenant et sautille dans sa direction, une main toujours plaquée sur mon plan de travail.

– Je ne démissionnerai pas. J'ai besoin de ce boulot. Ne vous méprenez pas, je n'aspire pas à subir votre mauvaise humeur chaque jour, j'ai simplement besoin de nourrir mes enfants. Mais en admettant que vos arguments se tiennent devant le responsable des ressources humaines, ne soyez pas étonné de trouver sur son bureau mon compte rendu concernant vos agissements au sein du service. Vos propositions graveleuses et vos sous-entendus s'appellent du harcèlement, docteur, et j'ai cru comprendre que plusieurs de vos précédentes assistantes pourraient également en attester.

J'avoue, je m'emballe. C'est Ninon qui m'a parlé des quelques secrétaires qui ont démissionné pour ne plus subir les sautes d'humeur du médecin. Mais je suis prête à fouiller le registre du personnel pour retrouver chaque femme ayant bossé pour ce connard et les amener à plaider ma cause. Merde, j'ai besoin de ce taf !

Figé dans l'encadrement de la porte, le docteur Méto me toise, l'air livide et le souffle rapide. Une demi-seconde, j'imagine être allée trop loin. Il se pourrait même que ma conscience me chuchote de lui présenter des excuses. Malgré cela, mon regard déterminé reste vissé au sien, voilé et curieusement dénué de perversité. Aurais-je fait mouche ?

– Avons-nous un accord ? demandé-je en bombant le torse.

De longues secondes traînent dans un silence gorgé d'électricité dont je suis aux trois quarts responsable. Mais je ne me démonte pas et affronte mon supérieur hiérarchique, le dos droit, complètement au fait de mes droits de salariée et de femme. Une procédure serait interminable, coûteuse, et honnêtement, je ne suis pas certaine d'avoir les épaules assez solides pour la mener à bien ; pourtant, je dois faire illusion, car le médecin hoche la tête, planque son micropénis entre ses cuisses et finit par baisser les yeux en disparaissant dans son antre macabre.

J'ai… j'ai gagné. *Shit*, j'ai gagné pour de vrai !

Un sentiment exquis envahit ma poitrine, s'infiltre sous ma peau frissonnante et vogue dans mes veines. Je me sens telle la reine Élisabeth aux portes de Buckingham Palace, forte, fière et puissante ! Oui, bon, j'exagère peut-être un poil, mais à une couronne près, j'étais digne du trône ! Je retrouve mon fauteuil en souriant comme une idiote et m'offre le culot de rédiger un message à Ninon pour excuser la vacherie de mon patron. L'horloge numérique affiche quinze heures cinquante lorsque je clique sur « Envoyer ». Toujours euphorique de cette bataille presque trop facilement remportée, je contrôle le planning de cette fin de vendredi après-midi, appelle mon chauffeur personnel et ferme mon poste.

Je préviens le médecin de ma prise de congé anticipée, ce à quoi il ne répond que d'un geste désinvolte de la main, le nez plongé dans une carcasse ouverte et ensanglantée. Cette image m'aurait fait rendre mon déjeuner il y a quelques mois, mais plus maintenant. Mon Dieu, c'est glauque, cette vision est glauque, mais y être dorénavant insensible l'est encore plus.

Je rejoins Thomas devant l'Institut quinze minutes plus tard et le remercie de s'être libéré en avance. Son sourire charmeur sera sa première réponse, puis il complète en précisant que son week-end n'en sera que plus long. Je lui donne rapidement les coordonnées de notre destination et trépigne d'impatience à l'idée de surprendre mes loulous à l'école. J'ai l'impression que ça fait une éternité que je ne suis pas allée les chercher à la sortie des classes. Je suis heureuse de travailler, mais mon boulot de maman à plein temps me manquerait presque.

Le temps file si vite… Bientôt, ils rentreront seuls, en bus ou en métro, ils oublieront de m'embrasser en passant la porte après une longue et dure journée, ils déserteront le dîner, préféreront sortir avec leurs amis, rencontreront leurs moitiés et me laisseront moisir comme un vieux pain rassis abandonné dans le fond d'un sac de courses.

Mes amours. Mes papillons.

Je finirai seule. Vieille, sûrement aigrie, et seule.

Je n'hésite qu'un court instant avant d'extirper mon portable de la poche de mon manteau, et je tape, la boule au ventre :

[Salut Del, dis-moi, est-ce que tu aurais
un moment pour boire un café ?]

***

– C'est moi qui m'assois à côté de maman ! vocifère Violet en poussant Emy.

– Non, je suis la plus grande, je décide ! rétorque mon aînée en agrippant le col de sa sœur.

Allen babille tandis que Thomas s'évertue à sangler

mon petit bonhomme dans le siège-auto de secours, non sans se ramasser deux-trois gifles de doudou au passage. Les filles continuent de se défier à coups de manteau et d'argument ridicule. Et moi, je me surprends à vouloir retourner bosser avec mon patron inconstant, pervers et certainement nécrophile.

– *For God's sake!* Stop! hurlé-je sans jauger le volume de ma voix.

Je sépare les filles, force Violet à s'installer à mes côtés, et ordonne à Emy de prendre place à l'avant avec Thomas. Je n'ai qu'à dévoiler la cachette pas du tout secrète de friandises de mon chauffeur dans le vide-poches pour qu'elle capitule. J'entends déjà la maîtresse, la pédiatre, la dentiste et l'assistante sociale me sermonner: les sucreries c'est mal, mal, maaaaaaal! Je soupire, vaincue et incapable de trouver de meilleurs arguments pour dissiper l'atmosphère hostile qui emplit l'habitacle depuis cinq minutes.

Tous semblent s'apaiser maintenant, bercés par la circulation fluide, malgré l'heure de sortie d'école, et par la conduite agréable de Thomas dans cette superbe berline. Ma Violet se laisse peser contre mon épaule et entortille ses petits doigts autour de la ceinture de ma veste en fredonnant l'hymne de *La Reine des neiges*. Épuisé par cette semaine d'école, Allen suçote le coin de son doudou, le regard perdu derrière la vitre fumée. Emy explique posément à notre chauffeur les règles de leur jeu de cour du moment, sans omettre un seul détail.

Mon cœur de maman gonfle d'amour et un sourire serein apparaît sur mon visage. Mes pensées s'envolent quelques secondes vers mon défunt mari, puis dévient rapidement vers l'homme qui partage ma vie de façon atypique. Je me sens manquer d'air, ma gorge se serre, et presque instantanément, mes doigts me démangent d'attraper mon téléphone pour lui envoyer un texto qui hisserait le drapeau blanc.

Cependant, je n'en fais rien, et me nourris du calme éphémère de ce retour en voiture. Je ne ferai rien avant d'avoir vu Delilah. Je ne suis pas certaine de savoir quel discours tenir avec mon amie, ni quel prétexte appuyer ou encore quelle motivation avancer. Je ne sais pas moi-même où nous mène notre relation avec Marley, aujourd'hui mise en pause, alors devoir l'expliquer et demander l'aval de Del s'avère compliqué.

Le véhicule ralentit dans notre rue avant de s'arrêter devant la maison. Je remercie Thomas en lui souhaitant un excellent week-end et décline une fois de plus son insinuation de rendez-vous galant. Toujours avec beaucoup de classe, il encaisse mon refus et me laisse rejoindre notre *home sweet home*. Aidée de mes béquilles, je passe la porte d'entrée déjà grande ouverte et manque de m'étaler sur le cartable que Violet n'a pas pris le temps de ranger. En retrouvant mon équilibre précaire, je perçois un doux effluve sucré qui me chatouille les narines. Le brouhaha des enfants en cuisine m'interpelle, quand soudain, un timbre de voix viril traverse le long couloir et me fait frissonner de la tête aux pieds.

Marley… Il a toujours le double des clés.

Figée depuis une bonne minute, le souffle court, je me décide à les rejoindre. Le rire de Marley, répondant au râle gourmand d'Allen, me tire un sourire sincère. Emy sermonne sa sœur, Violet réplique, et tous rient aux éclats.

Je m'avance sur la pointe du pied, désireuse d'épier la scène avant d'être vue. Je m'arrête dans l'encadrement de la porte et les observe. Tous les quatre sont attablés autour d'une assiette pleine d'une trentaine de crêpes, mes filles ont opté pour la confiture de fraise et se régalent, tandis que Marley étale une généreuse couche de Nutella sur celle de mon petit garçon, qu'il a installé sur ses genoux, et dont la bouille porte les vestiges d'une cuillère de pâte à tartiner volée.

Je souris tendrement et m'appuie contre le chambranle, la poitrine gorgée d'un sentiment divin. Beau moment de partage. Je me surprends à lâcher une de mes béquilles pour tâtonner mon jean, à la recherche de mon téléphone. Je voudrais tant figer cet instant dans le temps, immortaliser la scène, parce qu'elle me donne envie d'y croire. Ce cliché pourrait être mon meilleur argument face à Delilah.

Delilah...

Un souffle de lassitude m'enveloppe et accélère mon pouls. Un léger mouvement de recul contre l'encadrement de la porte chahute ma béquille en équilibre contre le mur derrière moi, qui finit par s'écraser au sol dans un claquement sec. Je ferme les yeux et grimace en essayant de me fondre dans la peinture du mur porteur. Autant dire que ma tentative est vaine, car les pieds de la chaise de Marley crissent.

– Termine ta crêpe, Champion, je vais chercher maman et je reviens, murmure notre baby-sitter à l'attention d'Allen avant d'avancer vers le couloir.

J'ouvre les yeux après avoir reconnu le bruit étouffé de la porte de la cuisine, et sursaute presque en trouvant l'homme qui me fait perdre la tête, en face de moi. Seuls quelques centimètres nous séparent et empêchent le contact physique direct. Le revoir me fragilise, le sentir si près tout en étant si loin me donne le vertige. Les poings enfoncés dans les poches de son pantalon, il me scrute, détaille les courbes de mon visage. Sa respiration s'anime, soulève son torse parfaitement moulé dans un polo turquoise. Ses dents mordillent sa lèvre brillante d'une humidification récente.

Merde, j'en ai envie, terriblement envie…

– Bonjour, susurre-t-il sans détacher son regard du mien.

– Bonjour…

Le léger tremblement de mes cordes vocales le fait sourire et lui donne l'impulsion nécessaire pour venir coller son corps tendu contre moi. Ses mains englobent mon visage avec exigence, puis sa bouche, douce, chaude, impatiente, aspire mon souffle dans un baiser fiévreux. Mon autre béquille s'échoue sur le carrelage, subitement délaissée par mes doigts qui courent s'engouffrer dans la crinière brune de Marley. J'empoigne, je serre, je tire, je réponds avec urgence aux assauts de sa langue, tente de suivre son rythme, m'accroche, puis soupire d'aise lorsque ses lèvres glissent sur ma joue, embrassent la ligne de ma mâchoire et terminent leur course dans mon cou.

Ma température corporelle enregistre un pic indécent quand les doigts de Marley dézippent ma veste et se promènent sous mon top. Sa respiration est lourde, ses points d'appui sur moi ciblés, et le renflement de son érection impressionnant. Dans une autre vie, je lui hurlerais de me prendre ici, maintenant, sans peur, sans contrainte. Mais voilà, ma progéniture est derrière la cloison et n'attendra pas de m'entendre jouir pour quitter la table et nous trouver.

– Marley… murmuré-je dans un gémissement lascif.

– Tu m'as manqué, putain…

Mon cœur va exploser, et mon désir aussi s'il ne cesse pas d'aller et venir contre mon sexe déjà en alerte. Mon amant continue de chérir ma peau et remonte maintenant jusqu'à ma bouche. Ses lèvres effleurent les miennes sans jamais s'en emparer tandis qu'il libère mon sein de la dentelle qui le recouvre. Je halète, mon souffle est brûlant, le sien erratique.

– On ne peut pas…

– Je sais, me coupe-t-il. Je sais…

Ses pupilles dilatées s'ancrent aux miennes et, sans cesser ses caresses autour de mon téton, il exige d'une voix malmenée par sa respiration saccadée :

– Je t'interdis de me laisser sans nouvelles. Je n'ai pas envie d'arrêter, Shiloh. On se fout que ma frangine soit ta copine, je fréquente qui je veux et tu sors avec qui tu veux, en l'occurrence moi et personne d'autre. Tu ne me paieras plus pour les enfants, parce que ça ferait de moi une pute. Je veux ton lit, ta bouche, tes mains, ton rire, tes anglicismes, ton sourire…

Sa main s'aventure sous le volant de ma jupe et se faufile sous le coton fin de ma culotte. Son sourire pervers flirte avec mes lèvres tremblantes.

– … je veux ça aussi…

Il insère deux doigts en moi, m'obligeant à ravaler un gémissement. La main qui jusqu'ici jouait avec les rondeurs de mon sein, remonte sur ma poitrine et pointe l'endroit même où mon cœur tambourine frénétiquement.

– … et ça.

31

Ninon

– T'es chiante !

– Mais quoi ! Tu n'es pas heureuse pour moi, Ninon ?

– Si, bien sûr ma Del, seulement... j'aimais l'idée d'émasculer ton mari. Au lieu de ça, il prend des cours de danse pour toi. Mais... merde, c'est le mec idéal ! Pourquoi n'ai-je pas eu cette chance, moi ?

Delilah s'étouffe presque en buvant son verre de jus de fruits, tandis que je marmonne dans le mien, bien plus alcoolisé. Lynéa tente de sauver les meubles en me relançant sur mon ex :

– Je pense que Will est une cible parfaite, Nin'. Inutile d'en chercher d'autres.

Je soupire et contemple les alentours. Le bar est vide ce soir, il me semble avoir entendu mes collègues parler d'un match de foot, d'où le calme régnant autour de nous. Ça fait du bien, ma journée a été exténuante. J'ai repris le travail ce matin, après une semaine d'arrêt. Je n'ai pas cessé d'angoisser à l'idée que mes enfants perdent leurs repères après l'agression qu'ils ont subie. Je m'inquiète pour tout, tout le temps, bien plus qu'avant et ça devient presque alarmant. Je pense que mon entourage ressent mon stress, ce qui ne fait qu'accroître le leur…

Putain de cercle vicieux !

La semaine dernière, j'étais censée me reposer, me soigner, reprendre des forces, m'occuper de mes gamins, les rassurer, essayer de leur faire oublier l'horrible épisode vécu quelques jours auparavant. Mais je n'ai cessé de courir entre les rendez-vous médicaux et ceux avec mon avocate. J'ai continué sur la même lancée cet après-midi grâce à une confrontation avec Will au commissariat de police.

Je prends une autre gorgée de vin en soupirant, puis je réponds mollement à mon amie :

– Mon ex est… C'est un pur connard, mais je pense qu'il a compris la leçon. On ne touche pas à mes gosses !

– Que s'est-il passé depuis que tu as porté plainte contre lui ? demande Shiloh après avoir goûté le vin rouge pétillant recommandé par Malo.

– Mes collègues ont voulu lui rendre visite, histoire de le dissuader de revenir et de lui indiquer les peines encourues pour des faits de violences volontaires aggravées. Il a été assez bête pour se rebiffer, du coup : interpellation sur place avec perquisition du domicile. Et devinez ce qu'ils ont trouvé chez lui ?

Les filles haussent les épaules, pendues à mes lèvres. Elles raffolent toujours autant de mes histoires policières, mais j'avoue moins jubiler lorsque ces affaires me touchent personnellement. En effet, les derniers jours me laissent un goût amer en bouche. Je n'arrive plus à profiter du temps qui passe ni à faire confiance à qui que ce soit. Ma propriétaire, également ma voisine, a accepté de changer le code d'accès à l'immeuble et j'ai ajouté un énième verrou à ma porte d'entrée d'appartement. Je passe mes nuits à épier le moindre bruit, à aller et venir entre les chambres de mes enfants, à rassurer ma mère qui pense déjà partir s'installer à l'autre bout du monde. Sans oublier de jouer à la maman parfaite face à cette société à la con et surtout faire illusion devant les connasses aux allures idéales qui surveillent mes faits et gestes à l'école. J'ai remarqué leurs regards affolés en voyant mon visage boursouflé, j'ai aussi constaté leurs messes basses et leurs moqueries devant le piètre spectacle qu'est ma vie. Je n'ai pas de temps à perdre ni assez de force en réserve pour relever la tête et leur répondre. Je serre les dents et les ignore, mettant à mal le peu de dignité qu'il me reste.

– Nin', tu es partie où ?

Je sursaute en voyant la main de Lynéa gesticuler devant mes yeux. Ouais, je me suis cassée très loin d'ici, mon esprit vagabonde et ma concentration est mise à rude épreuve. J'accumule fatigue et nervosité.

– Oui… non, je suis là. Je disais quoi, déjà ?

– Qu'est-ce que tes collègues ont trouvé chez Will ?

– Ah ! En plus d'être un sombre connard, il excelle également dans le trafic de stupéfiants, cocaïne pour être précise.

– Il a tout pour plaire, tu peux me rappeler ce qui t'a séduit chez lui à l'époque ? s'amuse Delilah.

– Son groupe de musique. Je sais, c'est mince, dis-je en levant les mains devant moi. Bon, on prend un autre verre ?

Elles acquiescent, mais Lynéa, dans le rôle de l'amie parfaite, s'inquiète des mauvaises idées qui pourraient percuter le cerveau oxydé de mon ex.

– Tu n'as pas peur de laisser tes enfants seuls avec ta maman ? Il pourrait revenir, non ?

Je la rassure aussitôt en faisant signe à Malo de nous resservir la même chose.

– Aucun danger, sa garde à vue ne sera levée que demain matin. Nous sommes tous en sécurité.

Delilah profite de notre petit interlude pour une pause pipi incontrôlable que chaque future maman subit. Je la regarde s'éloigner, pensive.

– Je crois que je suis jalouse.

– Tu ne peux pas lui en vouloir d'être heureuse, Nin'.

– Bien sûr que si, je peux ! Del a tout pour elle. Son cul est splendide, son mari est canon et attentionné. Sans oublier qu'elle va avoir un bébé, tout neuf, tout beau, qui sent bon… Chier, quoi !

Lynéa éclate de rire entre deux bouchées de cacahuètes et secoue les mains en mâchant avant de prendre la parole.

– Tu désires un autre gamin ?

– Tu crois que je ne suis pas assez dans la merde ? T'es folle ! Et puis, pour ça, il faudrait déjà que je baise…

– Je peux arranger ça, si tu veux, intervient Malo en déposant nos verres vides sur un plateau rouge sombre.

Je le regarde, songeuse. Il est vraiment canon avec son jean parfaitement moulant, ses jolies chemises cintrées, ses épaules assez larges pour que je m'y accroche avec délice. Il transpire la gentillesse, mais…

– Impossible, j'aurais l'impression de sauter mon petit frère.

Malicieusement, je tourne mon regard vers Shiloh qui rougit à vue d'œil. Malo est déjà reparti, la mine en peine, mais je n'y prête pas vraiment attention, trop occupée à sonder mon amie.

– Tu sais ce que ça fait, toi, de se taper un petit frère ?

Je n'ai droit à aucune réponse, elle m'offre seulement un regard d'Américaine du Midwest débordant de haine et assez équivoque. Delilah n'est pas encore revenue de sa pause toilettes, donc j'insiste. En la titillant, j'oublie mes propres soucis et me moque.

– Allez, sois honnête et puis crache le morceau à Del, ça te fera du bien.

Je jubile de voir ma Shishi mal à l'aise, la mine grise, jouant avec ses doigts sans pouvoir sortir un seul mot.

– *You piss me off*[29], Nin' ! Je voulais lui en parler ce week-end, mais elle était trop occupée à vivre son bonheur absolu.

Shiloh parle d'une voix plus basse, à mon intention.

– C'est un peu gênant de discuter de ça devant Line. C'est sa meilleure amie et je…

Je lève les mains devant moi et réclame un temps d'arrêt, choquée, vexée et presque énervée.

– OK, stop ! Mettons les choses au clair. *Je* suis la meilleure amie de Line, *je* suis la première de toutes !

Mon regard, plus incisif que jamais, passe de l'une à l'autre pour faire entrer cette idée dans chacune de leurs petites têtes bien remplies. Lynéa, qui finalement semble suivre la conversation du coin de l'œil, s'amuse de me voir si sensible sur le sujet et en rajoute une couche.

– C'est pareil, Nin' ! Je vous aime toutes les deux, on ne va pas commencer à compter les points. Pour en revenir au vrai sujet, mettons les choses en ordre ! Ninon, depuis quand tu ne baises plus ton pompier ? Shiloh, tu devrais rapidement parler à Del avant qu'elle ne l'apprenne autrement.

29. Tu me fais chier.

Je prends la parole, puisque ma voisine semble être tétanisée par les propos de Line.

– Je n'ai pas appelé Thibault depuis mon week-end des horreurs. J'ai honte, mais j'ignore ses messages et appels depuis. Comment veux-tu qu'il ait envie de moi avec mon visage arc-en-ciel et mes galères interminables ?

– Y a du marron dans l'arc-en-ciel ? Non, parce que ton œil avait un joli bleu violine pendant quelques jours, mais ça s'assombrit drôlement… réplique Shiloh.

– Fais-toi sauter par ton baby-sitter et lâche-moi, OK ?

Si elle me connaissait vraiment, elle saurait que je peux tout balancer sans réellement avoir conscience du mal que je pourrais faire autour de moi, et je suis du genre à partir au quart de tour. Heureusement pour elle, Delilah, enceinte et fragile, revient des toilettes en se trémoussant sur le dernier titre à la mode. Je la rejoins et commence à la faire tournoyer autour de moi. Après tout, peu importent nos soucis, nos secrets et nos galères, nous sommes réunies toutes les quatre pour passer un bon moment. Une soirée juste à nous. Delilah ne remue pas longtemps avant de reprendre place, presque essoufflée, sur la banquette en cuir noir. Je continue pour ma part à me balancer, sous les applaudissements et sifflements de mes amies.

– Allez, Nin' ! Montre-nous ce qu'il te reste de tes jeunes années de danse !

Je ris, tente une pirouette sans pouvoir lever mon bras au-dessus de ma tête, à cause de mon épaule fragilisée. Je me loupe, je m'en fous. J'ai besoin d'enlever toutes les mauvaises ondes qui m'enveloppent depuis plusieurs jours. En me déhanchant, je me détends, j'oublie tout : mon statut de maman, mon métier envahissant, mon ex et sa violence, ma mère trop présente… C'est vrai que ma vie ne transpire pas la joie permanente, mais je suis résignée à ne rien regretter, à me battre bec et ongles pour avoir ces quelques moments de gaieté. Les courts instants de bonheur en compagnie des personnes que j'aime le plus au monde sont mon oxygène, ma raison de vivre, ma force pour continuer et me battre. J'ai besoin de ça, respirer ne me suffit plus, je veux exulter, crier de joie, hurler de bonheur. Avancer plus loin, plus haut, plus fort.

Bref, je suis bourrée…

En même temps, les anti-inflammatoires et anxiolytiques n'ont jamais fait bon ménage avec l'alcool.

Je m'assieds lourdement sur une chaise, essoufflée et heureuse. Enfin, c'est ce que je pensais, mais une petite bouffée nostalgique prend un peu plus de place en moi, jusqu'à me forcer à laisser sortir la boule d'angoisse qui me tord le bide.

– Je suis malheureuse, les filles. Will me tire vers le bas. J'avais l'impression d'avancer dans une relation normale avec Thibault. On discutait tellement, je ressentais qu'il y avait plus, que nous pouvions prétendre à autre chose qu'un plan cul banal. Je…

Je ne termine pas ma phrase parce que trois paires de bras m'entourent d'une douceur dont j'avais secrètement besoin. J'ai du mal à pleurer, à demander de l'aide, à laisser mes émotions s'évader de mon cœur. Mais avec elles, c'est différent, c'est plus, c'est simple. Mes larmes se transforment en rire lorsque Delilah fredonne une comptine insupportable.

– Mon petit lapin a bien du chagrin…

Tout le monde s'écarte en râlant et nous retrouvons nos verres, servis par le barman le plus gentil de la ville. Je clôture ma seconde sentimentale aussi sincèrement que possible.

– Les filles, je vous remercie d'avoir été là ces derniers jours et de remplir mes journées de rires avec vos posts insensés sur notre messagerie commune. Vous êtes un condensé de folie réparatrice.

– Oh, mais tu n'as pas besoin de nous remercier, c'est normal, répond Shiloh avec une douceur maternelle apaisante.

– Non, non, non ! Shishi, laisse-la parler, c'est si rare qu'elle se livre, cette saleté de flic au cœur dur ! réprimande mon amie d'enfance.

Elle a raison, je semble parfois insensible, mais cette façade s'effrite à vue d'œil depuis plusieurs semaines. Pour autant, je rebondis avec humour afin de ne plus laisser paraître ma fragilité.

– Bon, OK. Del, je t'offre Line en tant que meilleure amie, elle est trop méchante pour moi !

Delilah ne comprend rien et le regard complice que je partage avec Lynéa augmente un peu plus mon sentiment d'invulnérabilité, ce soir.

Le temps passe, bercé par nos conversations futiles mais nécessaires, et les verres s'enchaînent autant que nos rires. Interrompues par Malo qui débute son rangement de salle, nous nous quittons à regret. J'espère que la semaine va passer assez vite pour retrouver mes amies rapidement et m'enrichir de nouveaux moments de complicité.

Je marche lentement vers chez moi, profitant de l'air frais pour remettre mes idées en place. J'ai trop bu, c'est un fait, mais, au-delà de ça, la nostalgie ressentie il y a quelques heures ne me lâche pas. Je me demande ce qu'aurait été ma vie sans les déviances de William. Serions-nous heureux ? Aurions-nous réussi à garder une structure familiale sereine, un équilibre de couple agréable ? Je n'ai jamais regretté de l'avoir quitté, refusant de pardonner ses écarts, mais en ce moment, j'aimerais avoir une épaule sur laquelle me reposer, parler et être écoutée, choyée. J'adorerais partager ma vie avec une autre personne que ma mère. Elle reste importante pour moi et le sera éternellement, mais il serait temps de la décharger de certaines responsabilités. Ce n'est pas réellement son rôle de me seconder, elle n'a plus l'âge de supporter mes enfants à toute heure de la journée. Mais surtout, je pense être un frein, il y a tant de belles choses qu'elle se refuse de vivre pour être présente à mes côtés…

Je monte les marches mollement, entre mélancolie et fatigue, fouillant dans mon sac à main pour trouver mon trousseau de clés, lorsqu'un raclement de gorge me fait relever les yeux. Je stoppe ma progression, puisant dans toute ma volonté pour ne pas m'écrouler dans ses bras afin de ressentir toute l'affection qu'il sait m'offrir.

– Salut. Qu'est-ce que…

J'aimerais être assez froide pour qu'il comprenne que je suis méfiante, pour qu'il ne saisisse pas ma fragilité. Il me sourit et enchaîne calmement :

– Bonsoir. Comme tu ne réponds ni à mes messages ni à mes appels, je me suis permis de venir te voir.

– Oui. Je… j'ai eu des moments difficiles, il me fallait du temps. Comment vas-tu ?

Thibault s'approche, caresse mon visage meurtri sans poser de questions. Pourtant ses traits se durcissent, je ferme les yeux pour lui indiquer que je ne suis pas prête à en parler. Notre conversation silencieuse se prolonge lorsque ses deux bras m'entourent puis me forcent à me blottir contre lui. Les paupières closes, j'accepte sa douceur. Je veux me laisser aller, peut-être même pleurer et enfin relâcher toute la tension accumulée, mais… je veux aussi rester assez digne pour continuer à lui plaire et ne pas passer pour une pauvre fille à problèmes. J'aimerais également ne pas avoir toute ma famille derrière la porte pour pouvoir l'inviter à rentrer.

Mes désirs sont irréalisables et ça m'épuise.

La mort dans l'âme, je me détache de sa douce emprise, garde le regard baissé, espérant que la pénombre de la cage d'escalier atténue les marques sur mon visage.

– Je suis désolée de ne pas avoir donné de nouvelles, tu m'as manqué. Je voulais te rappeler après… Enfin, lorsque mes blessures se seraient estompées.

– Tu me laisses entrer chez toi pour m'expliquer ?

Je le contourne, déjà sur la réserve et frustrée de devoir l'éloigner de mon univers.

– Non, je… Mes enfants dorment, mais je ne suis pas à l'abri qu'ils se réveillent. Et puis…

Je devrais lui dire que je vis avec ma mère, mais c'est ajouter à mon sentiment d'infériorité que d'avouer que je ne peux pas gérer ma vie de femme active sans aide, que je suis bien incapable d'élever mes enfants seule. Avant de continuer à parler, je prends mon téléphone qui vibre dans la poche arrière de mon jean et décroche sans même regarder l'appelant.

– Oui ?

Maman chuchote et je comprends qu'elle est postée de l'autre côté du mur, épiant ma conversation avec Thibault.

– Dis-lui d'entrer, je vais dans ma chambre, tu ne me verras pas.

– Tu… je ne veux pas te…

Je l'entends se déplacer, puis elle reprend en parlant plus dynamiquement.

– J'ai fermé la porte du couloir et je m'occupe des enfants s'ils se réveillent. Vis ta vie de femme et oublie-nous pour une fois, tu le mérites, ma chérie.

Je raccroche sans répondre, un frisson d'émotion me transperce. Je suis à fleur de peau en ce moment, mais ce soir, entre le câlin groupé des filles, la visite impromptue de Thibault et les manigances de ma mère, mon cœur se gorge d'un sentiment nouveau : celui d'être entourée des plus belles personnes qui soient.

Encore dans mes pensées, je sens des doigts attraper délicatement mon poignet. Je relève la tête, dans un élan de courage, pour tomber sur le regard bienveillant de mon amant. Il se rapproche assez pour que son odeur, si particulière, si agréable, soit à ma portée. Son index soulève mon menton, prévoyant que ma volonté me fera défaut. La pulpe de son pouce caresse lentement ma joue, ses yeux rivés aux miens, je ne sais pas quoi dire ni par où commencer. Prévenant, il prend la parole avec un ton si serein que je me laisse porter par ses mots doux.

– Peu importe ce que tu as subi, je te promets de t'offrir assez d'attention pour effacer tes souffrances, si seulement tu m'autorises à avoir une place à côté de toi… Je serai là, à chaque moment. J'apaiserai ton trouble et te protégerai. Mais pour ça, il faut que tu aies confiance et que tu veuilles t'ouvrir à moi.

– Je… je n'ai pas besoin de…

Ses sourcils se froncent devant mon début de mensonge. Je ne peux poursuivre, je n'ai de toute façon plus l'énergie de faire semblant.

– Ton côté femme forte est très attirant, Ninon, mais je ressens ta fragilité. Laisse-moi être là pour toi. Donne-nous une chance de devenir autre chose qu'un flirt passager.

Mon poignet se libère et ses doigts viennent croiser les miens, espérant que je réplique favorablement à ses désirs romanesques. Je ravale un sanglot, contrôle mes tremblements et tente de choisir mes mots.

– Oui… je le veux.

Nous sourions bêtement devant ma réponse, puis je me laisse aller dans ses bras, me haussant sur la pointe des pieds pour que nos lèvres se frôlent, nos émotions s'apprivoisent. Alors que ses mains remontent le long de mon dos, je me rends compte que nous échangeons notre premier vrai baiser. Celui des promesses. Celui du rêve que je n'osais plus faire. Celui qui scelle nos deux âmes pour n'en former qu'une.

32

Lynéa

Depuis quelques jours, j'ai l'impression de retrouver ma libido d'adolescente. Les joues qui rougissent, le cœur qui s'emballe et des idées cochonnes qui parcourent mon esprit. Marcus aussi a joué le jeu des sextos, mais sans être trop bourru ni vulgaire, tout en subtilité et imagination.

[Il me tarde de m'aventurer
sur tes courbes avec ma langue.]

À moi également !

Depuis ma mésaventure avec Paige, j'ai décidé de prendre les choses en main. De prendre LA chose de mon mari en main, surtout, voire en bouche. Ces gestes intimes ont permis à notre complicité de renaître et, ainsi, de pouvoir communiquer sans se balancer des remarques déplacées.

Depuis ce changement, je me sens mieux. Désirée par l'homme qui, il y a des années, m'a fait renaître. Sans son intervention ce fameux soir, j'en suis consciente : j'aurais sauté dans le vide. Explosant en milliers de morceaux sur le trottoir. Plus rien ne me retenait à la vie. Avant. Lui.

Même si notre quotidien ne correspond pas à l'idéal que je m'étais imaginé, je dois avouer qu'il le devient petit à petit. C'est comme si je m'étais réveillée d'une hibernation. Où mon rôle de maman aurait pris le dessus sur tout autre chose. Maintenant que les garçons sont de plus en plus autonomes, je peux savourer le bonheur simple de me retrouver moi. Une femme encore jeune qui a des envies. L'envie de réaliser des rêves, de parcourir le monde. L'envie de faire l'amour avec mon mari comme à nos débuts. Avec passion. En se dévorant littéralement. Je dois dire que Ninon et Shiloh y sont pour quelque chose. Après les avoir entendues raconter leurs parties de jambes en l'air, une pointe de jalousie m'avait envahie. Moi aussi, je veux des orgasmes tous les jours !

Je rougis en repensant à hier soir. À la langue de Marcus dans mon intimité, à ses doigts enfouis au plus profond de moi. Aux bruits que nous avons dû étouffer au moment de l'extase.

– Maman, pourquoi tu souris ?

Mon fils chasse mes pensées indécentes.

– Parce que je suis heureuse, mon chéri.

– Tu es vachement plus belle que quand tu cries !

Les enfants sont merveilleux ! Sans filtres, sans peur du jugement. J'aime cette spontanéité.

– Et toi, tu es vachement plus beau quand tu ne fais pas la tête.

– Ah mais ça, j'ai une explication !

Nolan lève son index pour éclaircir les choses. Je fonds

littéralement quand il fait ça. Je sais d'avance que je vais avoir droit à un discours rigolo.

– Explique-moi. Je suis tout ouïe.

– Non, ne dis pas oui maintenant, maman !

– Moi, maman…

– Non Hugo, ne me coupe pas la parole !

– Aujourd'hui j'ai joué…

– NOOOOOOOOOOOOOON ! hurle son frère, me déchirant le tympan en même temps.

Avant que notre conversation ne dégénère, je stoppe la crise aussitôt.

– Les garçons ! Du calme. J'ai du temps pour vous écouter chacun votre tour.

Hugo croise les bras et fait la moue.

– C'est pas juste. C'est toujours Nolan qui parle. Moi, j'en ai marre de l'entendre.

Je l'attire contre moi et le positionne sur mes genoux. Je passe ma main dans ses cheveux bruns. Notre petite complicité à nous.

– Quand il aura fini, ce sera Nolan qui va t'écouter. Chacun son tour, mon poussin.

– Je peux commencer ?

– Oui, vas-y, mon lapin !

– Alors. En fait, si je fais la tête, c'est parce que j'ai besoin de manger des bonbons.

Un gloussement s'échappe de ma bouche. Je laisse mon fils continuer de parler.

– Mon copain Maël m'a dit que pour grandir, il fallait beaucoup de sucre. Le sucre donne des muscles. Et plus tu en as, plus tu peux devenir un super-héros. Quand tu me dis non, maman, pour manger des bonbons, et bah, je me dis que tu ne veux pas que je sauve le monde. Et ça, ce n'est pas très gentil de ta part !

Son doigt s'agite dans ma direction. Il pose son autre main sur sa hanche et me fixe intensément.

– Nolan, tu sais pourquoi je ne veux pas que tu manges beaucoup de bonbons ?

– Pour les dents ! intervient son frère.

– Oui, Hugo, aussi pour ça. Mais c'est surtout que je ne souhaite pas que tu deviennes un super-héros. Je veux que tu deviennes toi.

– Moi ?

J'ai terriblement peur que mes fils se sentent seuls quand je m'éteindrai… Il faut que je leur apprenne à exister par eux-mêmes.

– Les bonbons ne peuvent pas faire de toi quelqu'un que tu n'es pas. Il faut que tu n'aies pas peur de tes choix. D'en faire. D'oser et de vivre, surtout.

– Ça veut dire que je ne serai jamais un super-héros ?

– Tu seras mieux que ça ! Tu seras un super-toi !

Je tends mon poing vers lui et Nolan y cogne le sien.

– Et si on mange du chocolat ?

La petite voix d'Hugo me fait craquer.

– Pareil, mon doudou !

Je les serre tous les deux contre ma poitrine, respirant leur odeur. Soudain, une minuscule pensée naît en moi… Je tente de la faire taire, mais elle prend vie et vient se nicher au fond de mon cœur et de mon esprit. J'essaye de la contenir, de lui dire de fuir. Mais rien n'y fait, elle s'obstine à rester.

Non Lynéa, sois raisonnable, un peu. Tu ne peux pas faire ça, ce serait remettre toute ta vie actuelle en question. Ce serait miser toutes tes économies à la roulette.

Et plus j'y pense, plus l'idée me plaît. Je vais en parler à Marcus dès ce soir. D'ailleurs, j'entends la clé dans la serrure et la porte se refermer derrière lui.

– Coucou, tout le monde !

– Papa !

Les garçons se ruent sur leur père et lui sautent au cou. L'émotion prend le dessus, une boule de bonheur se forme dans ma gorge. Quand mon mari dans son costume bleu nuit se penche vers moi pour m'embrasser lascivement, je ne peux m'empêcher de lui dire.

– Il faut qu'on parle ce soir, Marcus.

Je le sens se raidir en entendant mes mots. Il soupire doucement. Je sais qu'il n'est pas à l'aise quand il s'agit d'avoir une conversation face à face.

– Je suis crevé, ma puce…

– C'est important. Quand les enfants seront couchés, nous…

– … ferons l'amour sur la table de la cuisine ?

Ses yeux brillent de désir. Et je trouve cette idée très tentante !

– On discute et après tu me culbutes.

Un rire s'échappe de sa bouche, il est sexy quand il rigole. Mon homme.

– Tu as toujours été douée pour les mots, ma femme !

– Pas que pour ça, j'espère !

Je fais semblant de bouder.

– Et pour un tas d'autres choses aussi.

– Comme quoi ?

Il fait mine de réfléchir avant d'énumérer une liste.

– Cuire les pâtes, repasser le col de mes chemises, choisir les cadeaux pour les enfants. Prendre des bougies qui sentent bon et préparer le café à la perfection.

– Pour les pâtes, elles cuisent dans un Tupperware. Je ne repasse jamais et la Tassimo fait seule le café.

– Ah bah, tu es douée pour les bougies et les cadeaux alors !

Je lui donne un coup de poing dans l'épaule et nous passons le début de soirée dans un climat détendu. Quand vient l'heure de coucher les enfants, nous les embrassons à tour de rôle, puis nous nous posons dans le canapé.

– Il faut qu'on parle, Marcus.

– Tu ne veux pas qu'on passe directement au moment de la table de la cuisine ?

– Non.

– J'aurais tenté.

– J'ai bien réfléchi. Non en fait, pas du tout, l'idée m'est venue d'un coup…

Pendant quelques minutes, j'explique à mon mari ce que je ressens et pourquoi ces pensées sont arrivées en moi.

– J'aime ma vie comme elle est. Ne te méprends pas. Mais j'ai besoin de renouveau. J'étouffe. Comme une plante qui n'a plus de place pour pousser dans son pot de terre. Tu comprends ?

– Pour être tout à fait honnête avec toi, moi aussi j'y ai pensé, aujourd'hui…

L'adrénaline qui monte avant de connaître son avis tambourine à mes oreilles. Nous avons ce lien indescriptible tous les deux.

– Et la réponse est oui…

Je ne le laisse pas finir sa phrase, je me jette à son cou et ce n'est pas sur la table de la cuisine que nous faisons l'amour, mais directement sur le canapé. Entre le livre pour enfants de Nolan et le dinosaure d'Hugo. Avec pour seul éclairage, les bougies senteur fleurs de printemps que j'ai allumées.

Nous passons la nuit dans les bras l'un de l'autre. Et Marcus réalise l'un de mes fantasmes, sans même que je m'y attende ! Un truc tellement intime qu'en y repensant, je ne peux m'empêcher de rougir.

***

– Il est arrivé habillé de noir avec une peau de bête sur les épaules. Une épée à la main. Il était tellement canon que j'en ai gémi d'avance ! Je suis une fan de Jon Snow.

– Celui de *Game of Thrones* ?

– Oui, Del ! Le brun ténébreux avec un côté sauvage !

– Il a commencé à m'attacher les poignets et doucement…

– STOP, Line !

Ninon m'interrompt en secouant la main.

– Non, c'est au-dessus de mes forces d'imaginer Marcus te faire ça !

– Bouche tes oreilles alors !

– Tu es un peu comme ma petite sœur, et je connais ton mari depuis tellement d'années qu'il est aussi comme mon frangin. L'inceste, très peu pour moi !

Nous rions toutes les quatre. Fidèles à nous-mêmes et surtout à notre rendez-vous du lundi soir !

– Bref, tout ça pour dire que depuis deux semaines, je baise comme une chatte en chaleur ! Mon corps est tellement excité qu'il a même oublié dame Nature. Mes menstruations sont toutes perturbées !

– Ou alors c'est la ménopause, ma Line ! plaisante Ninon.

Je mime un revolver avec mes doigts et appuie sur la gâchette dans sa direction.

– Mauvaise !

Je souffle sur mon index, comme les cow-boys après un duel.

– Hey, les Drôles de dames !

Malo s'approche de nous avec une planche de saucisson dans une main et une de fromage dans l'autre. Il les dépose au centre de la table. Telles des affamées, nous nous jetons goulûment dessus !

– Pour ton info, Malo, les Drôles de dames sont trois.

– Mes Drôles de dames à moi seront quatre, alors !

Il a réponse à tout, j'apprécie sa repartie ! Du coin de l'œil, je le vois se dandiner de droite à gauche en attendant quelque chose. Ninon le regarde et ne peut s'empêcher de lui demander ce qu'il veut.

– C'est que… euh… Voilà, mon gamin fête ses 7 ans à la fin du mois.

– Déjà ?

– Le temps passe si vite.

– Montre-nous une photo.

– Il a dû avoir grandi !

Nous l'abreuvons de paroles ; les enfants, c'est notre rayon, et le sien est particulièrement craquant.

– Laissez-moi finir !

– Vas-y, Charlie, crache le morceau !

– C'est autre chose que je vais cracher... Bref, je m'égare ! Il n'a pas beaucoup de copains à l'école, il est hyperactif et souvent dans sa bulle.

Cette fois-ci, nous l'écoutons sans l'interrompre, touchées par sa révélation.

– Avec ma femme, nous avons invité toute sa classe à son anniversaire. Mais aucun ne vient... Ça me troue le cœur d'imaginer mon gamin seul à sa fête.

J'entends Del renifler. Shiloh et Ninon échangent un regard de compassion et j'ai les larmes au bord des yeux.

– Avec son chapeau sur la tête. Seul à regarder le clown faire ses pitreries et à admirer le magicien.

– Alors tu nous demandes d'amener nos enfants à son anniversaire ?

Si j'ai bien compris où il veut en venir... Ses prunelles s'illuminent et un sourire radieux éclaire son visage.

– C'est vrai ? Vous feriez ça ?

– Bien sûr, Malo.

– Génial, je vous apporte les invitations !

Il part tout content derrière son bar.

– Il nous l'a bien vendu !

– Il est fort, ce mec.

– Et tellement attachant, aussi !

Nous finissons notre soirée à parler de la vie, des rêves qu'il nous reste à accomplir et de la chance que nous avons...

33

Delilah

– Maman, je peux venir avec vous, s'il te plaaaaît ?

Je caresse les boucles châtain de mon Hana et secoue la tête malgré son air absolument adorable. Difficile de résister à ses prunelles bordées de longs cils, surtout quand elle me fait sa moue du Chat Potté.

– Ma puce, c'est impossible.

Elle fronce les sourcils et se retourne vers son père pour lui jouer le même manège affectif dans le but de l'attendrir.

– Papa ? S'il te plaît, s'il te plaît, s'il te plaît ?

Elle est trop craquante. Je suis à deux doigts de céder, cependant, sa déception sera d'autant plus grande si elle nous accompagne jusque là-bas pour finalement attendre à l'extérieur. Le regard d'Auxence me confirme qu'il pense la même chose.

Depuis qu'Hana est au courant, elle est tellement excitée qu'on la croirait montée sur ressort, aussi je peux comprendre qu'elle soit déçue de ne pas venir avec nous. Je m'accroupis pour être à sa hauteur, car la voilà qui boude à présent. Je saisis son menton entre mon pouce et l'index, et relève son visage tristounet vers moi.

– Hana, on en a déjà parlé, tu te souviens ?

Après quelques secondes, elle approuve.

– Donc tu te rappelles également que les enfants ne sont pas autorisés à entrer dans le cabinet du médecin.

– Oui, me répond-elle d'une voix fluette, sa lèvre inférieure légèrement tremblotante.

– J'ai une idée. Que dirais-tu si je t'apportais une photo ?

Son expression s'illumine instantanément, chassant le nuage gris de ses yeux.

– Pour ça, tu dois me promettre d'être sage avec Louise en mon absence, tu veux bien ?

Chantage, quand tu nous tiens…

Elle hoche frénétiquement la tête, un énorme sourire flotte sur son visage aux rondeurs de l'enfance. La minicrise est passée. Mon cœur chavire. Elle est tellement belle. En toute objectivité, bien sûr !

Évidemment…

J'embrasse ma petite fée sur le sommet du crâne, son attention désormais entièrement tournée vers Peppa Pig qui saute dans une mare accompagnée de son frère George.

Génial. Je comprends maintenant pourquoi je retrouve ses bottines un peu trop souvent barbouillées de boue quand elle rentre de l'école.

– On y va, Bébé ? me demande Auxence.

J'acquiesce et enfile ma veste avec son aide. Dans le vestibule, je m'empare de mon sac et vérifie le contenu de mon dossier pour être sûre qu'il ne me manque rien. Tout est là, parfait.

Avant de quitter la maison, nous faisons un petit crochet par la cuisine pour embrasser Loan. Dans sa chaise haute, il s'amuse avec son jeu Sophie la girafe. Il raffole du son produit par le couineur. Louise, face à l'îlot central, tient dans une main un saladier dont elle fouette énergiquement le contenu de l'autre. Un agréable arôme de vanille embaume l'air de la pièce. Mon estomac grogne devant ce que je devine être une pâte à pancakes.

– Delilah, vous allez être en retard… me sermonne Louise.

Elle me connaît un peu trop bien.

– Ne vous inquiétez pas, je vous en mets une assiette de côté, reprend-elle avec un petit sourire de connivence.

Louise est une véritable perle. Je me penche et embrasse mon fils sur le sommet de la tête, lui aussi. Dieu qu'il pousse vite ! Où est passé mon bébé d'à peine trois kilos ? Avant de dire ouf, il sera aussi grand et fort que son père, aura des copines et puis viendra le jour où il rencontrera l'amour de sa vie… Et en oubliera sa vieille mère, celle qui a passé des jours et des nuits à le bercer, celle qui a ruiné ses seins pour l'allaiter, celle qui… Je déglutis et, les yeux embués de larmes, je m'arrête immédiatement avant de me suicider.

Bien que je sois à fleur de peau depuis le début de cette grossesse, je pensais – à tort – que ces maudites hormones s'étaient un tant soit peu calmées ; visiblement, ce n'est pas du tout le cas. Nostalgique, je me perds dans la contemplation de mon amour. Il mordille maintenant allégrement les oreilles de cette pauvre Sophie.

Auxence se racle la gorge dans mon dos.

– Hum… Del, ma puce, cette fois, on est vraiment à la

bourre. Tu vas devoir dégainer une excuse en béton si nous ne partons pas dans les trois secondes.

Je sors de ma légère transe. Il n'a pas tort. Mon esprit se met alors en marche pour trouver une raison plausible à avancer en cas de retard.

– Une que tu n'as pas déjà servie, s'amuse-t-il.

Il me gratifie d'un sourire en coin ravageur. Celui-là même qui me liquéfie de l'intérieur.

– Dis-toi que nous serons de retour dans moins d'une heure, ce n'est pas comme si nous allions entreprendre un safari au cœur de l'Afrique.

– Je le sais bien. C'est juste que… je ne pourrais l'expliquer…

J'imagine qu'au fond de moi, je culpabilise de passer trop peu de temps avec eux.

– Ne t'inquiète pas, tout va bien aller.

Nous sommes en route pour le cabinet médical qui se situe à moins d'un quart d'heure à pied. Un silence agréable s'installe entre nous, interrompu uniquement par les klaxons stridents et les vapeurs des gaz d'échappement émanant des véhicules en file indienne qui viennent ajouter leur contribution à la circulation déjà engorgée. Nous sommes loin du glamour et du romantisme de « la plus belle ville du monde ».

Nous marchons au pas de course tandis que je tente de calquer les miens sur ceux d'Auxence, m'accrochant, comme une huître à son rocher, à la main qu'il me tend. Les doigts tendrement entrelacés dans ceux, forts, chauds et solides de mon homme me font oublier le malaise des dernières minutes. Je vois apparaître la petite bâtisse qui abrite le cabinet de ma sage-femme. C'est elle qui doit s'occuper du suivi durant toute ma grossesse, et aujourd'hui, nous avons rendez-vous pour l'échographie du premier trimestre.

Déjà.

Après des semaines à me faire du mauvais sang et à vivre des journées entières dans le noir, j'apprécie désormais ce que m'offre la vie : un éventail de rose ou peut-être bien de bleu, bref, je redécouvre la couleur et prends goût aux plaisirs simples que l'on partage en famille.

Jusqu'à ces deux dernières semaines, je pensais que tout était bel et bien fichu entre nous.

Un vent frais souffle au-dessus de nos têtes alors que nous ne sommes plus qu'à une dizaine de mètres de notre première rencontre avec notre futur enfant. Je lève les yeux vers Auxence, ses iris d'un bleu aussi profond que l'océan capturent mon regard. Mon cœur cogne fort contre ma poitrine. J'y vois tout ce que j'ai besoin de savoir en cet instant : il sera toujours là pour m'épauler, peu importent les épreuves que le destin voudra mettre en travers de notre chemin.

Une célèbre citation dit que si tout seul, on va plus vite, ensemble, on va plus loin. C'est entièrement vrai, et c'est ce que nous faisons, mon mari et moi. Nous allons plus loin, ensemble.

Auxence, un peu comme s'il avait deviné le contenu de mes pensées, m'adresse un sourire franc et éclatant, creusant automatiquement sa belle gueule d'une fossette unique. Exactement la même que celle de notre fils, qui l'a héritée de son père.

Je retiens un cri de surprise quand, au moment de traverser, il s'immobilise et m'attire contre lui. Je cille plusieurs fois sans comprendre. Qu'est-ce qu'il me fait ? Un remake de Christian Grey ? On dirait bien… À la différence près que mon homme passe ses bras autour de mes épaules et se penche pour cueillir délicatement un baiser sur la commissure de mes lèvres.

– Je t'aime, me souffle-t-il, son attention entièrement tournée vers moi.

Je me perds dans la contemplation de ses yeux qui réchauffent non seulement toutes mes cellules, mais mon cœur également.

– Je t'aime aussi.

Je prends une grande inspiration, et tandis que nous nous remettons en marche, son bras autour de mon cou m'attirant à lui, ma poitrine se resserre.

– À quoi penses-tu, ma puce ?

À quoi je pense ?

Je me suis monté la tête, j'ai cru que ce pour quoi je me battais depuis des années était brisé, tout ça parce que j'étais trop flippée pour l'ouvrir, pour affronter les choses. Ça ne me ressemble pas ! Depuis quand suis-je devenue cette poule mouillée qui a peur de son ombre ? Où sont passées la forte tête et l'étiquette de grande gueule dont ma famille m'affublait ? Peut-être s'est-elle perdue entre les responsabilités et le manque de confiance en soi…

Je rentrais à la maison, résolue à en finir avec les secrets, pensant stupidement qu'il trempait sa tige dans un autre pot de mayonnaise, choisissant la fameuse Tara de ses textos à sa femme. Or, la vérité, c'est qu'il s'est entraîné durement pendant des semaines dans le but d'apprendre à danser sur ma chorégraphie préférée, pour m'en faire la surprise à l'occasion de l'anniversaire de notre rencontre. Après l'avoir haï de tout mon cœur, j'ai fondu en larmes et lui ai dévoilé la grossesse que je cachais de mon côté. Sa réaction ne s'est pas fait attendre ! Fou de joie à l'idée d'avoir un nouveau miracle, il a bondi le poing levé et m'a annoncé que désormais, il ne laisserait plus le travail prendre une si grande part sur sa vie de famille.

Cette épreuve, aussi difficile à vivre fût-elle, nous a rapprochés. Depuis, nous savourons à leur juste valeur les petits moments de bonheur. Blottis avec les enfants sur le canapé devant un dessin animé, un bol de pop-corn dans les mains et un plaid sur les genoux. Des petits déjeuners à rallonge le week-end en refaisant le monde autour de la table et en rattrapant le temps perdu. Des mercredis après-midi en cuisine avec Hana à préparer des *pop cakes* et à l'écouter me raconter ce qu'elle a appris à l'école. Découvrir que mon petit Loan d'amour a maintenant deux minuscules dents qui viennent de percer et m'apercevoir qu'il grandit si vite, presque trop vite. C'est tout ça, le vrai bonheur. Une suite d'instants ordinaires qui, mis bout à bout, rendent ma vie extraordinaire.

Le bonheur, c'est aussi le rire de mes enfants quand je leur chatouille les côtes ou que leur père leur fait faire l'avion dans toute la maison. Les voir s'épanouir et être heureux.

C'est également passer toutes les nuits dans les bras musclés de mon mari après avoir fait l'amour à la lueur de dizaines de bougies. L'entendre me chuchoter que je serai toujours la seule et unique à ses yeux, malgré les quelques kilos en plus venant accroître généreusement mon tour de taille et mon tour de… cul.

Le bonheur, purement et simplement.

– Je pense à nous, soufflé-je.

Ses pouces sur le haut de mes pommettes caressent doucement ma peau, provoquant des papillons dans mon ventre que l'on devine aisément sous la blouse marine que je porte. Mes cheveux détachés sont ramenés sur une épaule, je n'ai pas eu le temps de me maquiller, mais l'affection retrouvée de mon mari est le meilleur des enlumineurs. Mon teint n'a jamais eu autant d'éclat et mes yeux n'ont jamais autant brillé. L'amour rend définitivement plus beau !

Nous voilà donc dans le cabinet médical. Notre tour est le suivant. Après les renseignements habituels, je m'installe sur la table et relève ma blouse. La main d'Auxence dans la mienne, exerçant une douce pression, veut tout dire.

Je suis là pour toi.

La sage-femme est adorable, d'une gentillesse incroyable. Je me sens presque aussitôt à l'aise. Elle me prévient lorsqu'elle applique le gel et, la seconde suivante, l'écran s'illumine. Mon cœur s'arrête de battre dans ma poitrine. Comme mes deux précédentes grossesses, le miracle se produit à nouveau. Je tombe amoureuse immédiatement de ce bébé qui n'en est pas encore un. Je suis en amour de ce nez riquiqui, cette petite bouche, ses minuscules doigts, ses adorables petits pieds et de tout ce qu'il veut bien nous dévoiler.

Je tombe LI-TTÉ-RA-LE-MENT et TO-TA-LE-MENT amoureuse.

Les larmes roulent sur mes joues librement à présent, c'est comme si l'on retirait un poids de mes épaules. Et ce poids a un nom : remords. Une charge que j'ai portée bien trop longtemps. Un poids qui s'en est allé. Enfin. Auxence, dont l'émotion fait briller ses pupilles, demande si nous pouvons déjà entrevoir le sexe.

– On peut, bien sûr, mais la confirmation ne sera possible que le trimestre prochain avec la seconde échographie.

– D'accord.

– On commence par le premier s'il se laisse faire, dit la sage-femme.

C'est la voix d'Auxence qui me sort de ma contemplation.

– Comment ça, le premier ?

Je ne percute pas sur-le-champ. Pas même quand elle lève son index et son majeur en l'air accompagné d'un sourire béat. Qu'est-ce qui lui prend ? Elle fait partie d'une secte ou quoi ?

– Dites-moi que ce geste veut dire « Twix, deux doigts coupe-faim »… demande Auxence.

La sage-femme éclate de rire et nous annonce ce que j'avais sous le nez depuis le début de la consultation, mais dont mon esprit, trop focalisé sur les battements de cœur à l'écran, n'a pas assimilé le reste.

Nous quittons le cabinet, doublement surpris, mais également doublement heureux. C'est tellement inattendu, imprévu et étourdissant. J'ai la surprise de trouver un message de Shiloh qui m'invite à prendre un café chez elle. Apparemment, elle a une nouvelle à m'annoncer.

Moi aussi…

34

Shiloh

Shiloh_ Je stresse…

Lynéa_ Arrête ! Que veux-tu qu'il se passe ?

Ninon_ Au pire, elle t'arrache la tête.

Lynéa_T'es dure, Nin'. Del ne ferait jamais ça, c'est pas du tout son genre, elle préférera lui couper la langue d'abord.

Ninon_T'as raison, et elle continuera avec chaque phalange…

Lynéa_ Oui, clairement, elle arrachera tout sauf la tête !

Ninon_Ça comptera dans les vingt à trente piges de réclusion…

Lynéa_ Je me chargerai des oranges pour Del !

Ninon_ Et moi de la couronne de fleurs pour la dépouille de Shishi !

Lynéa_ On est vaches ! Mais qu'est-ce que je ris !

Ninon_ Je crois que je me suis pissée dessus ! Mon fils me demande pourquoi je me marre comme une baleine !

Je voudrais dire que je souris en les lisant sur l'écran fissuré de mon téléphone, que mes mains ne sont pas moites. J'aimerais en rire, ne pas sentir la perle de sueur qui naît sur mes tempes. Elles plaisantent… Bien sûr qu'elles plaisantent ! Mais… leur *fucking* humour est à chier !

Lynéa_On a perdu Shishi !

Ninon _Allez, l'Américaine ! Reviens, on te fait marcher !

Lynéa_Tant que tu ne touches pas à ses enfants, Delilah n'en viendra pas aux mains.

Ninon_Il ne faut pas toucher à son mari non plus…

Lynéa_À sa famille, quoi !

Ninon_Merde… t'as touché à son frère ! Et pas seulement serré sa main pour un « bonjour » hein, t'as aussi serré sa queue !

Lynéa_T'es morte…

Ninon_J'en peux pluuuuuus !

Ces garces, que j'imagine entre deux casseroles à se tordre de rire, m'envoient un chapelet de stickers hilares. Au bout du dixième, j'ai autant envie de m'enfermer au sous-sol que d'aller botter leurs petits culs de mauvaises comiques. Oui, enfin, ça, c'est si je n'étais pas encore condamnée avec mon plâtre. Enfoncée dans le canapé, je sursaute en entendant le ronronnement d'un moteur traverser la fenêtre qui donne sur la rue. Puis, plus rien. J'attends, le souffle court. Pas de claquement de portière. Mon cœur se remet à battre, et mes doigts s'activent enfin sur les touches de mon téléphone.

Shiloh_ Je vous déteste.

Lynéa_ On te charrie, ma Shishi.

Ninon_C'est à ça que servent les amies, à détendre l'atmosphère.

Shiloh_ La définition française de l'amitié est bien glauque.

Lynéa_ Tout va bien se passer.

Ninon_ Mais oui !

Shiloh_ Je voudrais vous y voir, shit ! Je n'ai jamais eu autant la trouille de ma vie, même mon accouchement sans péri pour Violet n'était rien en comparaison !

Lynéa_T'exagères !

Ninon_ Fallait pas te taper son frangin…

Lynéa_ Nin' !

Ninon_J'arrête, mais je regrette presque que Delilah l'apprenne ce soir, je m'amuse trop !

Mon sang se glace lorsque quelques coups cognent à la porte d'entrée.

Shiloh_ Elle est là…

Lynéa_ Va ouvrir !

Ninon_ Rest in peace, darling… [30]

Je grogne en lisant le dernier message d'encouragement de Ninon et verrouille mon écran. Cette peste me le paiera si je sors de cet instant « confession » en vie.

Ça va bien se passer… Ça va bien se passer…

Delilah est une femme douce et sans histoires, son couple

30. Repose en paix, chérie…

va mieux, son sens moral est aiguisé, elle comprendra, peut-être même qu'elle en rira… *Bullshit !*[31]

Mes doigts cramponnent le tissu trop rêche du canapé avant d'empoigner mes béquilles. Je tremble comme une foutue feuille morte en me hissant sur ma jambe valide et tente de rejoindre le vestibule. Le silence qui inonde la maison ne m'a jamais paru si lugubre, la cacophonie de mes monstres me manque, leurs rires, leurs geignements incessants aussi, même si d'ordinaire ils m'occasionnent quelques envies d'ailleurs.

Qu'est-ce qui m'arrive ? Merde !

J'essaie de bomber le torse malgré mon boitement. De nouveaux coups sont frappés à la porte. Je m'apprête à accélérer, mais me fige en voyant la poignée s'abaisser.

– Shiloh ?

Même sa fichue voix transpire de douceur et d'empathie…

Le battant s'entrouvre lentement et son visage se faufile dans l'entrebâillement.

– Je me permets d'entrer, je sais que…

Elle m'aperçoit et son teint déjà rayonnant s'illumine davantage. Dieu qu'elle est belle… Les hormones sûrement, ou les retrouvailles avec Auxence qu'elle pensait avoir perdu. Je n'en sais rien, et finalement, je m'en fous, tout ce que je sais, c'est que je voudrais qu'elle m'offre ce même regard tendre en quittant la maison tout à l'heure.

– Tu n'aurais pas dû te lever, dit-elle en refermant la porte.

Prévenante, en plus…

Ses bras fins m'enlacent rapidement tandis qu'elle

31. Ben voyons !

embrasse ma joue. Je tremble un peu, pas assez pour que ce soit visible à l'œil nu, mais suffisamment pour que Delilah le sente et s'écarte en me scrutant avec inquiétude.

– Tu vas bien ? Tu as une petite mine… C'est ta jambe ?

– Non, non, ça va. Je… je suis contente de te voir.

Elle plisse les yeux une poignée de secondes, doutant de ma sincérité. Je souris avec conviction, en tout cas autant que mon pouls déconnant me le permet, et j'enchaîne :

– Tu veux boire un thé ? Un café ? J'ai de la limonade, si tu…

– Va t'installer dans le salon, je m'occupe de tout.

Elle ôte sa veste sans attendre et la dépose sur la patère près de la porte avant de me faire signe de filer. Sans se départir de son sourire joyeux, elle me contourne et traverse le couloir en direction de la cuisine.

– Tes enfants ne sont pas là ? Je me faisais une joie de les revoir.

Sa voix un tantinet déçue parcourt les quelques mètres qui nous séparent et accompagne les bruits de céramique.

– Non, ils sont partis faire un tour au parc à jeux avec M… avec le baby-sitter.

– C'est chouette, tu es vraiment tombée sur une perle, dis-moi !

Je ne réponds pas. J'en suis incapable. Elle n'a pas idée à quel point son frère est incroyable… Je me laisse tomber sur les coussins du canapé, l'estomac noué. Je la questionne sur sa grossesse, sur sa journée, sur ses enfants, sur tous les sujets dont je peux user et abuser pour éviter le dossier « Marley ». Le bonheur s'entend dans son timbre quand elle termine une anecdote sur Auxence et revient après cinq minutes d'absence, les bras encombrés du plateau de thé.

– Tu sais, propose-t-elle en s'installant à mes côtés, j'ai pensé à quelque chose en chemin. Est-ce qu'on ne ferait pas venir nos hommes samedi, pour l'anniversaire du fils de Malo ? Peut-être pas tout l'après-midi, mais j'aimerais beaucoup rencontrer le pompier de Ninon…

Tension en hausse… Poumons vides et en souffrance… Nausée…

– … et ton baby-sitter, bien sûr ! Qu'est-ce que tu en penses ?

Muette, je l'observe remplir les deux grandes tasses de thé fumant et m'en tendre une. Elle sourit encore en soufflant sur la surface ambrée qui diffuse des effluves de cannelle et arque les sourcils, quémandant silencieusement une réponse.

C'est le moment, je crois. Non, c'est même certain, c'est maintenant. Je n'ose plus la regarder, préférant de loin dénombrer les branches en deuil de mon ficus assoiffé, planqué derrière le coffre à jouets d'Allen, face à moi.

– Shiloh ? Tu es sûre que ça va ? Tu vas finir par me foutre la trouille…

– Ça va… enfin, non… Delilah, non, ça ne va pas…

Je plante mon regard agonisant dans le sien, mangé par l'inquiétude. Elle délaisse son mug en une seconde et vient attraper ma main libre qu'elle serre avec force.

– Parle-moi, dis-moi, tu me fais peur…

– Je ne sais pas vraiment par où commencer… J'espère seulement que tu me diras que j'ai été bête, que ça ne servait à rien de ruminer…

– Shiloh, qu'est-ce qui se passe ?

Elle semble tellement tracassée que, l'espace d'un

instant, une petite flamme d'espoir vacille dans ma poitrine et réchauffe ma peau glacée. Delilah continue de faire pression sur mes doigts pour m'insuffler du courage. Elle comprendra…

Merde, il faut qu'elle comprenne…

– Je ne veux pas perdre ton amitié, Delilah.

– Mais de quoi tu parles, bordel ?

Tous les mots que je m'étais imaginé lui dire se mélangent et finissent par disparaître. Je ne vois plus que l'effarement dans ses grands yeux bruns, ceux qui me supplient de mettre un terme à ce suspense hitchcockien. J'inspire un maximum d'air, gênée, honteuse, mais désespérée, et révèle enfin mon secret :

– Je ne vous ai jamais donné le nom du baby-sitter, non pas que je ne le voulais pas, c'était marrant au début, et puis… c'est devenu compliqué… Del…

Elle acquiesce par automatisme, apeurée, m'intimant de poursuivre.

Ouverture du SAS. Largage de la bombe dans… trois… deux… un…

– Il… il s'appelle Marley.

Son hochement de tête se fige. Il ne lui faut que peu de temps pour assembler les quelques éléments en sa possession et réagir. Je pourrais dire que je m'y attendais, pourtant ça n'empêche pas la douleur de me cisailler l'estomac lorsque sa main quitte lentement la mienne.

– Oh…

Poussée par je ne sais quel instinct de survie, ma poitrine se charge et mes cordes vocales vibrent frénétiquement au rythme de mes mots :

– Je n'en savais rien, Delilah, je te le jure. Si j'avais su qu'il était ton frère, jamais je… je n'aurais rien fait ! Je m'en veux, je me sens mal, et j'ai honte ! J'ai essayé de tout arrêter, mais… S'il te plaît, Del, dis-moi que tu me crois ? Je sais que ça ne se fait pas, il est dix ans plus jeune, vous partagez le même sang et tu es mon amie, je sais tout ça, pourtant, je… je l'aime beaucoup, Del, il… il est tellement gentil, attentionné. Il a un bon fond, mes enfants l'adorent, tout est tellement plus tranquille depuis qu'il est entré dans nos vies et…

– Est-ce que tu te sers de lui ?

– Non ! Enfin, il cuisine, c'est vrai, il s'occupe des enfants, et…

– Je sais ce qu'il fait chez toi ! Je veux savoir si tu joues avec lui, s'il n'est là que pour te servir et te faire jouir ! Est-ce que tu le paies pour… Merde, non, ne me dis pas que…

– Il ne veut plus être payé pour les enfants, et il n'a jamais été question de le rémunérer pour le sexe ! Je ne joue pas avec lui, Delilah, tu sais qui je suis, tu m'as entendue parler de Marley pendant des semaines, je te le répète : je l'aime beaucoup !

Elle soupire après avoir dardé sur moi un regard orageux et s'enfonce dans le canapé en calant ses paumes sur son ventre arrondi. Je reste un moment à l'observer, cherchant à entrer dans sa tête, à comprendre le cheminement de son raisonnement. Sans succès… Ses traits sont tendus alors qu'elle scrute à son tour la plante défraîchie de l'autre côté du salon, mais son irritation s'est envolée. Elle semble perdue maintenant, tiraillée entre l'envie de me croire et celle de protéger son frère. À bout d'arguments, je détourne les yeux et fixe, moi aussi, le pauvre ficus. Nos respirations amples brisent le silence pesant qui s'étend autour de nous depuis plus d'une minute à présent. Si mes sentiments pour Marley étaient clairement définis, s'il était plus âgé, si je n'avais pas déjà un mariage à mon actif, la discussion n'aurait pas lieu d'être.

La seule certitude que j'ai aujourd'hui est que je ne veux pas les perdre. Ni l'un ni l'autre.

Jusqu'ici immobiles, engluées dans un amas de pensées diverses, nous sursautons lorsque la porte d'entrée s'ouvre bruyamment.

– Pipi ! Pipi ! Pipiiiiiiiii !

Emy file dans le couloir sans même nous voir, ses mains déboutonnant déjà son pantalon. Mon cœur reprend une course folle en entendant Violet sautiller sur le porche, et lorsque la voix rauque et chantante de Marley nous parvient, je crois que je meurs. Ils ne devaient pas revenir si tôt, ils avaient même parlé d'aller manger au McDo tous les quatre. Marley devait attendre mon message…

– Maman, j'ai vu une fée ! Emy dit que c'était une libellule, mais moi je suis sûre que non !

Ma cadette arrive à cloche-pied dans le salon sans même avoir pris le temps d'enlever son manteau et son écharpe. Delilah sourit devant le câlin que m'offre Violet, puis accepte le baiser baveux de ma fille sans une once d'agacement dans les yeux. Marley et Allen entrent à leur tour dans le salon, et l'atmosphère se détend autant qu'elle s'alourdit. Le regard qu'échangent Delilah et Marley, sombre et inquisiteur, ressemble à ces duels de western. Le premier qui dégaine a gagné…

– Del.

Marley approche de sa sœur et l'embrasse, non sans une pointe de retenue. Malgré cela, il garde une stature confiante et dynamique en contournant la table basse pour venir jusqu'à moi. Jamais je n'ai eu autant envie de manier l'art de la téléportation. Delilah observe avec intérêt son frère s'assurer que mes enfants sont occupés à jouer, puis se pencher vers moi et encadrer fermement mon visage. Ses lèvres d'une douceur folle se posent sur les miennes plusieurs secondes. Une vague de chaleur se diffuse dans ma poitrine, ce même sentiment apaisant que seul Marley est capable de me faire ressentir. Je n'oublie qu'un court instant mon amie à mes côtés et mes enfants qui chahutent près du coffre à jouets. Mais ces quelques secondes sont magiques, elles font partie de celles que je voudrais démultiplier des heures durant, parce qu'elles me font planer, elles m'offrent des perspectives de vie délicates et grisantes. Un avenir serein.

Je ne veux pas le perdre.

Je suis légèrement sonnée quand Marley se redresse pour faire face à Delilah, pourtant ses mots me ramènent brutalement à la réalité.

– Vous aviez terminé ? demande-t-il en souriant fièrement.

Son arrogance me fait rire certains jours, m'exaspère à d'autres, mais ce soir, elle fait gonfler mon cœur. Parce que je suis celle pour qui il est prêt à se battre.

– Depuis quand travailles-tu comme nounou ? demande Delilah, la mine bien moins dépitée que tout à l'heure.

– Est-ce que c'est vraiment la question, Del ?

– Non, tu as raison, est-ce que ta patronne te traite convenablement ?

– Lorsque je bossais pour elle, oui. Mais depuis que j'ai démissionné…

Il me lance un regard lubrique au possible et revient sur sa sœur en murmurant chaudement :

– … tu n'imagines pas la façon dont elle abuse de mes services, Del…

For God's sake ! Donnez-moi une corde, de l'arsenic ou un flingue, mais s'il vous plaît, achevez-moi !

Le rouge me monte aux joues devant ce sous-entendu on ne peut plus sexuel. Je vais prendre feu tant je me sens gênée. Mes paumes viennent recouvrir mon visage en un temps record quand des dizaines de souvenirs de nos conversations de filles me reviennent, façon grand huit.

Mon souffle se coupe en entendant Delilah pouffer et remuer à côté de moi. J'espace mes doigts, pas vraiment sûre de savoir interpréter le rire de mon amie sans la voir, et la découvre maintenant assise sur le bord du canapé, sa tasse de thé sous le nez.

– Grands dieux, Marley, épargne-moi les détails que je connais déjà ! D'ailleurs, je vais prendre rendez-vous avec la psy demain matin à la première heure pour un lavage de cerveau, je ne veux plus jamais t'imaginer en train de… Merde, ça y est, j'ai envie de vomir…

Delilah mime un haut-le-cœur et Marley laisse résonner son plus beau rire. À quel moment la situation est-elle subitement devenue drôle ? Ai-je perdu connaissance à un moment donné ? Je les fusille du regard tour à tour, épiant leur échange complice et silencieux. Le sourire de Delilah, le vrai, celui que je lui préfère, me saute aux yeux quand elle observe son frère s'avancer vers Violet et Allen. Marley s'accroupit face au coffre à jouets et en sort un des puzzles qui s'y cachent avant d'étaler les pièces devant mon dernier-né. Emy se joint à eux, visiblement soulagée d'avoir vidé sa vessie de colibri, et oblige Marley à s'asseoir pour s'installer sur sa cuisse.

Le silence n'est plus. Leurs complaintes et cris de joie enfantins s'envolent dans la pièce et se mélangent aux recommandations de l'homme qui partage mon lit. Lorsque ce dernier calme une chamaillerie entre les filles, le coude de Delilah vient s'abattre dans mes côtes et attire mon attention. Elle ne lâche pas des yeux la scène qui se joue devant elle, dont mes enfants et son frère sont les acteurs, puis chuchote :

– Quel beau tableau…

Je me sens respirer, comme si l'air m'avait fait défaut depuis des jours et qu'enfin il m'était permis de m'oxygéner à nouveau. Elle sourit.

– Le plus beau, annoncé-je, fière et sincère.

Elle croise mon regard un court instant, puis avale une gorgée de son thé avant de préciser, les yeux rivés sur mes quatre amours :

– Si tu lui fais du mal, je serai obligée de te tuer, tu le sais ?

J'éclate de rire, très vite rejointe par mon amie.

– Je sais, oui, Ninon et Lynéa m'ont prévenue !

– Parce que ces pestes le savaient ?

– Oui, mais… je ne savais pas comment… et puis après…

– Détends-toi, je leur briserai la nuque à elles aussi.

35

Ninon

Quel concept à la con, non, mais sérieusement ! Sous prétexte que Delilah accepte que son petit frère se tape l'Américaine, que son mari est redevenu un mec parfait à ses yeux, elle nous sort l'idée la plus idiote du siècle : inviter nos hommes à se joindre à cet anniversaire !

Si j'étais rationnelle, je prendrais en compte le fait d'aimer nos conversations de filles sur Internet. Il est vrai qu'elles ont le pouvoir de dédramatiser chaque situation compliquée, donc il est temps de rendre les choses plus officielles, de se voir autrement que toutes les quatre dans notre repaire à alcool, mais…

Non, finalement, il n'y a pas de mais.

Malgré mon humeur de chien mouillé, je suis heureuse de les retrouver, certaine que la boule de stress qui occupe mon esprit à l'idée de ce premier exercice de famille élargie s'évaporera dès que nos sourires se connecteront les uns aux autres. Gamine, je rêvais d'avoir des sœurs. Couchée sous ma couette duveteuse dans une chambre de princesse décorée avec soin par mon père, je réveillais les amies imaginaires qui dormaient dans des lits chimériques pour raconter ma journée. J'adorais nos discussions fictives et je les retrouve à présent avec trois nanas aussi réelles que cinglées. Je n'échangerais mes sœurs de cœur pour rien au monde, elles complètent ma vie, apaisent mon énergie, transcendent ma folie.

Perdue dans mes pensées, je peine à éviter les silhouettes qui envahissent le trottoir. Les gens n'ont rien d'autre à faire que de déambuler devant les vitrines un samedi après-midi ? Dois-je rappeler que je suis d'une composition sensiblement mauvaise aujourd'hui ? Le premier connard qui bouscule mes enfants se prendra la rafale de jurons que je garde précieusement en réserve.

Les seuls admis à se coller à moi sont les petites miniatures qui évoluent tranquillement devant moi, le seul autorisé à me frôler l'épaule est le pompier qui marche sereinement à mes côtés. Nous formons une sorte de famille presque recomposée, mais pas réellement à l'aise dans nos rôles à peine fixés. Salomé nous surveille en tournant la tête furtivement, glissant son regard sévère vers Thibault.

Nous sommes toutes les deux dans la même situation, chamboulées dans une relation que notre mère entretient depuis des semaines et que nous avons apprise par hasard. Je souffle bruyamment en repensant à ma discussion matinale avec maman. Son annonce a certainement joué un rôle dans mon état d'énervement. Ce voyage programmé à la dernière minute en compagnie de son chéri nouvellement retrouvé. J'ai voulu râler, lui faire annuler un projet que je juge stupide ou encore insister pour qu'elle me présente ce type et que je fasse toutes les recherches possibles sur lui, histoire d'être certaine qu'il ne soit pas une sorte de détraqué, mais… Son regard énamouré, son air d'adolescente frivole m'ont stoppée dans ma lancée.

Elle semble heureuse, épanouie même. J'ai pu le constater en voyant ses épaules se défaire du poids qu'une veuve porte au quotidien. Je n'entends plus ce petit air mélancolique à la fin de ses rires, ce sentiment culpabilisant de continuer à vivre, à éprouver de la joie malgré la perte de l'être aimé. Alors, pour toutes ces raisons, j'ai souri, l'ai prise dans mes bras en lui faisant promettre de profiter de ce voyage comme il se doit. Je vais galérer sans elle, je le sais déjà, sa présence m'est devenue indispensable. Outre l'organisation du quotidien, j'avais pris l'habitude de m'épancher sur son épaule le soir, discuter de tout et rien et partager nos apéros du week-end.

Cinq semaines d'absence… Elle va me manquer. Chier !

– Nin', je crois que ta fille va bientôt me sauter au cou pour m'étrangler.

Je quitte mes idées maussades, rejoins le moment présent et souris en observant Salomé, de plus en plus agacée.

– C'est possible, tu es son sujet de conversation préféré depuis que…

– … depuis qu'elle nous a surpris endormis dans ton canapé ?

– Mouais, c'est ça.

J'aimerais expliquer à Thibault que son comportement est normal, qu'elle a le droit de se poser toutes ces questions et que si cette relation naissante lui fait trop de mal, je me verrai dans l'obligation de m'éloigner de lui. Je n'ai pas le temps d'ouvrir la bouche que je suis interrompue par ma petite furie. Salomé se retourne avec vigueur pour s'adresser à mon amant.

– T'façon, moi, j'aime plus ma maman que toi, alors hein !

Nous arrêtons notre progression, Thibault s'accroupit pour se mettre à son niveau et l'observe en souriant avant d'engager la conversation.

– Tu l'aimes comment, ta maman ?

Elle hausse les sourcils, comme étonnée qu'il daigne lui parler, blasée de devoir répondre à cette question évidente. Elle prend des allures de petite peste et me ferait presque rire si je n'avais pas peur qu'elle foute ma relation en l'air.

– Je l'aime jusque chez les Japonais et le retour !

Salomé toise mon mec avec tant d'audace que je ne souris même pas à cette comparaison géographique étonnante. Elle reprend avant que Thibault ne puisse enchaîner.

– C'est Julien, mon maître, il dit que les Japonais habitent très loin de chez nous, de l'autre côté de la terre. Alors tu vois…

J'adore les déductions qu'elle peut avoir du haut de ses 5 ans et je m'amuse de son tempérament de plus en plus audacieux. Elle me ressemble et j'en suis fière. J'espère qu'elle entretiendra cette repartie. Après m'avoir sondée silencieusement en relevant sur moi son regard rieur, Thibault prend enfin le temps de lui répondre avec une voix douce et chaude, une expression rassurante qui ne me fait l'aimer que plus.

– Eh bien, tu l'aimes vraiment super fort, ta maman. Si tu veux comparer, je te dirais que moi, je l'aime jusqu'à la sortie de la ville…

C'est tout ? Il aurait au moins pu aller jusqu'à la frontière allemande, non ?

Avant que je ne poursuive mon laïus mental, il termine son explication.

– Tu aimeras toujours plus ta maman que moi, et elle vous aimera plus que moi à jamais. Sur ce terrain, vous me battez à plate couture.

Salomé semble rassurée, lui offre même un timide sourire et rebondit sur sa dernière réplique.

– Et tu pourrais me battre à quoi ?

– J'ai un jeu de memory à la maison et je suis un véritable champion, si tu veux.

Salomé n'attend pas la fin de sa phrase, hausse les épaules en soufflant et reprend la main de son frère pour déambuler sur le trottoir. Puis, quelques mètres plus loin, elle répond à Thibault sans même se retourner.

– C'est un jeu de bébé. Par contre, on peut faire un Puissance 4, je bats déjà maman et mamie.

Par cette simple phrase, par cette attitude redevenue nonchalante, ma fille accepte ma relation. Je contracte la mâchoire sous l'effet d'un bonheur que je pensais perdu à jamais lorsque je me suis séparée. J'ai envie de croire à ce début d'histoire, j'ai besoin de les garder tous les trois auprès de moi, car nous formons une sorte d'équilibre nouvellement parfait. Les doigts de Thibault se mêlent aux miens et nous continuons notre marche, plus calme.

– Je crois que j'ai gagné cette bataille.

– Avec la fille, oui. Par contre, avec sa mère…

Je l'observe, feins un regard mauvais, plus que celui de ma princesse il y a quelques minutes, et renchéris :

– Mais, chéri ! « Jusqu'à la sortie de la ville »… J'ai le droit d'être vexée, non ?

J'ai le droit, hein ?

Le rire bruyant de Thibault perce le brouhaha ambiant, il décroche nos doigts emmêlés pour poser son bras sur mon épaule et m'attirer contre lui. Ses lèvres rencontrent les miennes pour un baiser fugace mais électrique, puis sa main caresse ma joue avec une tendresse qui fait fondre ma vexation.

– Je parlais peut-être de Tokyo, va savoir…

En passant le porche de l'immeuble de Malo, je suis encore perdue dans son regard, planant sur sa façon bien à lui de me dire qu'il tient à moi. Nous rejoignons la cour intérieure joyeusement achalandée. Salomé et Lenzo s'extasient de bonheur en découvrant les animations proposées, mais ma concentration reste focalisée sur mon cœur tambourinant si fort qu'il est sur le point d'exploser.

Si je n'étais pas déjà amoureuse, je le serais devenue à cet instant. Grâce à cette nouvelle comparaison géographique et ce sourire à tomber par terre, je connais maintenant les sentiments que Thibault éprouve pour moi.

Je n'ai plus peur de le présenter aux copines, je suis même fière d'être à ses côtés pour commencer une vie de couple sereine.

***

Lynéa

Nolan et Hugo trottinent joyeusement devant nous. Esquivant les passants qui arrivent à contresens et les crottes de chien. Je ne sais pas lesquels sont les plus nombreux sur ce fichu bitume.

Mes escarpins noirs à semelle rouge me compressent les pieds. J'ai l'impression qu'ils ont rétréci depuis le mois dernier ! Ou alors est-ce mes pieds qui ont grossi ?

Je porte le cadeau dans un bras et mon sac contenant la précieuse lettre dans l'autre. Je n'ai pas eu le courage de l'ouvrir. Depuis quelques jours, elle me nargue. Sagement cachetée avec le logo du laboratoire dessus. Une boule de panique me serre la gorge. Si jamais les résultats ne vont pas en ma faveur, comment prendrai-je la nouvelle ?

Mal, Line. Très mal. Tu as 34 ans, bordel de merde...

Inconsciemment, je me replonge dans ma bulle. Parce qu'à l'aube de mon anniversaire, j'ai pour mauvaise habitude de dresser le bilan de ma vie. De me rendre compte que je n'ai pas réalisé mes rêves. Aucun tour du monde. Aucune originalité. Une vie dictée par les obligations et les horaires. Des cheveux toujours impeccables grâce à Rodrigue, mon coiffeur, et les centaines d'euros qu'il me prend. Un détartrage annuel, une épilation mensuelle et une carte fidélité chez Zara. Voilà le côté trépidant de ma vie ! Ah oui, je m'octroie régulièrement des soins du visage pour ne pas voir ma peau vieillir. Je ne sais même pas à quoi je pourrai ressembler plus tard. Ma maman a arrêté de prendre de l'âge, pour toujours elle aura 45 ans et cette magnifique peau de pêche. Mon père aura éternellement ses beaux cheveux bruns et son petit sourire en coin. Le manque créé par leur absence n'a jamais été comblé. Bien qu'avec les années, la colère se soit atténuée, je resterai à vie cette orpheline.

La main de mon mari posée sur mon épaule me fait sursauter.

– Que se passe-t-il, Line ?

Ses yeux bleus me scrutent. Depuis quelques mois, une nouvelle complicité nous lie. De celles qui ont dépassé les années, qui se créent sur les épreuves de la vie, sur les chemins que nous empruntons. Je sais que Marcus a souffert du suicide de son frère et de la froideur de ses parents. Je sais aussi qu'il est bourré de défauts, qu'il est souvent égoïste, nombriliste et procrastinateur aussi. Il nous arrive régulièrement de nous engueuler à propos des tâches ménagères et des enfants. Mais à cet instant, je réalise que mon tour du monde, c'est lui. Mon mari me fait passer par une multitude d'émotions, par des phases qui me poussent à continuellement grandir et avancer.

– Nous nous sommes dit oui pour le meilleur et pour le pire aussi. Mais dans le pire, tu seras toujours mon meilleur.

Un sourire vient éclairer son visage. Je n'ai pas été facile à vivre ces dernières années, j'en suis consciente. Ça n'ira pas en s'arrangeant, mais la vie est faite ainsi. Je pense que Marcus se sent aussi responsable que moi, sauf qu'il ne me l'avouera jamais.

Ensemble, nous franchissons le hall de l'immeuble de Malo. Je reste sans voix devant la cour intérieure qui s'étend sous mes yeux. Elle est entourée par les appartements et ne doit pas faire plus de cent mètres carrés. Mais elle est si joliment décorée que je ne peux m'empêcher d'admirer les lanternes qui pendent un peu partout, les tables rondes colorées, les chaises assorties. Il y a des grappes de ballons suspendus, deux petites aires de jeux gonflables et un bar à bonbons. Je lève la tête et je tombe en béatitude. Des guirlandes lumineuses sont accrochées de balcon en balcon et créent un plafond étincelant.

– Ahhh, j'adooooore !

Je tape des mains comme une gamine ! Je vois Malo s'approcher de nous quatre. Les enfants trépignent d'impatience à l'idée de se jeter dans le château gonflable !

– Alors, les amis, qu'en pensez-vous ?

Malo ouvre grand les bras, fier de lui. Quant à Marcus, il se raidit. Il ne s'attendait pas à voir un jeune homme aussi canon. Il devait imaginer notre barman vieux et bedonnant. Les deux mâles se serrent la main en se jaugeant du regard. Puis mon mari lui donne une tape dans le dos. Cela veut dire qu'il a passé le premier entretien visuel avec succès !

– L'anniversaire des garçons tombe le mois prochain. Si jamais ils me font une crise pour avoir des jeux gonflables, tu devras m'offrir des cocktails pendant quatre semaines !

– Marché conclu, Lynéa ! Au fait, où est Louis ? Louis ? LOUIS !

Un petit blondinet à lunettes sort de derrière un arbuste dans le coin de la cour.

– Oui, papa ?

– Regarde, mon grand, tu as deux autres copains qui sont venus jouer avec toi.

Les yeux du petit Louis s'agrandissent de surprise. J'en aurais presque les larmes aux yeux tellement il semble ébahi.

– Oh, c'est vrai ? En plus, je les connais, ils sont dans mon école !

Mes fils, pas farouches pour un sou et très sociables, s'approchent de lui et l'abreuvent d'un flot de paroles.

– Elle déchire, ta fête d'anniversaire.

– Ma maman a acheté un jeu de société pour toi. Moi j'aurais préféré te prendre un dragon.

– On va jouer ?

Voilà comment naît une amitié. Tous les trois, nous regardons nos enfants devenir copains et se jeter dans le château gonflable, où ils rejoignent la progéniture de Ninon.

– Hey, Line !

Je me retourne et aperçois Ninon accompagnée d'un homme bien bâti ; ils sont déjà installés autour de la table au milieu de la cour. Pendant que Marcus fait la bise à mon amie, je ne peux m'empêcher de lancer au pompier :

– Je suppose que tu es Thibault. Si jamais il te vient l'idée, un jour, de faire souffrir mon amie, c'est avec de la super-glu que tu devras recoller les morceaux de ta bite.

Légèrement surpris, il ne bouge pas. Parfait, le message est passé, je peux donc me présenter.

– Je suis Lynéa, bienvenue dans la bande !

– Arrête de lui faire peur, Line !

– Non, je le mets en garde. Nuance.

– Ne vous inquiétez pas, elle aboie mais ne mord pas !

– Dis, Marcus, tu es censé aller dans mon sens, je suis ta femme.

C'est dans cette joyeuse cacophonie que nous nous installons tous. Les hommes d'un côté et les nanas de l'autre. La femme de Malo s'est jointe à nous et nous tentons de ne pas la laisser de côté. Shiloh arrive quelques minutes après, accompagnée de ses enfants et du baby-sitter. Elle nous montre ses béquilles en signe d'excuse. Et c'est une Delilah tout essoufflée que nous apercevons faire son entrée avec le restant de sa famille, en retard bien entendu !

Une fois les enfants occupés et les parents en train de boire un café, il est temps pour moi d'ouvrir cette fichue lettre. Je suis entourée de mes amis, qui sont devenus ma famille de cœur. Alors, tout en sortant l'enveloppe de mon sac, je prends la parole.

– Sur ce morceau de papier se jouera mon destin et un peu celui de nous tous.

– Arrête avec ton suspense, Line, tu me fous les jetons, rétorque Ninon.

Marcus me fixe, prêt à connaître le résultat. Il sait que je suis partie faire des analyses, il a respecté mon besoin d'attendre. Après tout, mon avenir va prendre un nouveau tournant… Ou pas…

– Qu'est-ce que c'est ?

– Dis-nous !

Seule Del ne me pose pas de question, elle a reconnu le nom du laboratoire sur l'enveloppe. Mes doigts tremblent légèrement en déchirant le côté pour en extraire la feuille de papier. Tout en parcourant des yeux les quelques lignes qui s'y inscrivent, je parle pour chasser mon angoisse.

– Marcus et moi avons décidé, d'un commun accord, de perturber notre vie actuelle. De lui apporter un nouvel amour et une plus grande force. Un peu comme les cinq doigts d'une main. Chacun a sa place et ensemble, ils forment un tout. Et… PUTAIN DE BORDEL DE MERDE !

– Line ?

– Quoi ?

Aucun mot ne parvient à sortir de ma bouche, je porte la paume à ma gorge, je suffoque. Je manque d'air. Ce n'est pas possible ? Comment ? Pourquoi ? Soudain, un fin filet de voix parvient à dépasser mes lèvres et sort.

– Nous ne serons pas cinq, dans quelques mois, nous serons six.

Le temps que toute la tribu comprenne, les larmes coulent sur mes joues.

– Encore des jumeaux !

– Deux paires de jumeaux !

– Apérooooooooooooooooo !

– Mais il n'est que seize heures !

– On s'en fout, y a pas d'heure pour célébrer la vie !

Les voix fusent, les rires aussi, mes amies me serrent dans leurs bras. Quelle aventure que de vivre !

***

Delilah

Mon cœur s'emplit de joie face à l'incroyable nouvelle que notre amie vient de partager avec nous. Un doux sourire flotte sur mon visage au moment où, avec Auxence, nous nous jetons un regard de connivence. Installée dans le fond de mon siège, je contemple le tableau que nous formons tous ensemble.

Tout d'abord, Shiloh. Cette amie qui débarque d'un autre bled, avec son accent à couper au couteau et son franglais en yaourt dont je ne saurais plus me passer désormais.

Je me rappelle notre première rencontre comme si c'était hier. Le regard dissimulé par les bruines d'un passé trop lourd pour ses frêles épaules. Mais derrière les craquelures, se cachait un tempérament de feu. Il fallait bien ça pour mater le cheval sauvage qu'est mon frangin.

Marley et Shiloh…

Shiloh et Marley !

Ouais… C'est totalement fou et en même temps d'une évidence absolue, quand on les observe graviter l'un près de l'autre. D'ailleurs, le voilà qui s'approche d'elle, passe un bras autour de sa taille pour l'attirer vers lui et lui chuchoter des mots dans le creux de l'oreille dont elle seule connaît le secret. Voir mon frère amoureux est une grande première ! Et je dois dire que je ne pouvais espérer mieux pour ce morveux, devenu l'homme responsable et attentionné qui me fait face.

Comme si ce dernier avait senti mes pensées l'effleurer, il lève ses yeux – identiques aux miens – et accroche mon regard. Et comme nous l'avons fait tant de fois quand nous étions plus jeunes, nous avons cette espèce de conversation silencieuse.

Je pince les lèvres : « Fais gaffe à tes fesses si tu fais du mal à mon amie. » Il a beau être mon frère, je le mets en garde comme je l'ai fait un peu plus tôt avec Shiloh. Après tout, ils comptent aussi bien l'un que l'autre pour moi. Un rictus léger apparaît sur ses lèvres : « Jamais de la vie, frangine ! Plutôt crever que de lui faire le moindre mal, je tiens trop à elle pour ça ! »

Bien ! Je suis fière de toi, frangin !

Il me répond par un clin d'œil taquin puis se tourne vers sa petite amie dont les prunelles étincellent et qui, malgré sa jambe plâtrée, n'a jamais semblé aussi heureuse et épanouie qu'à présent. Je détourne mon attention, rassérénée par le bonheur qui émane de ce couple atypique mais d'une évidence folle. L'amour rend plus beau…

Mon regard s'arrête sur Ninon. Cette femme a plus de couilles que nombre de mecs et pourtant, elle nous a permis de la voir telle qu'elle est réellement, elle nous a dévoilé ses faiblesses et ses cassures. Quand je serai grande, je voudrais être exactement comme cette nana, aussi forte, intelligente et volontaire.

C'est une dure à cuire, mais malgré son courage, elle a besoin d'être aimée dans la chaleur des bras d'un homme, un vrai, qui se servira de ses mains uniquement pour la protéger. Je suis tellement heureuse que ce soit quelqu'un comme Thibault. Il a l'air d'être celui qu'il lui faut, celui auprès duquel elle pourra panser ses blessures et se reconstruire. Vu comme il la dévore des yeux et ne la quitte pas d'une semelle, je n'ai plus d'inquiétude pour Ninon qui n'a jamais autant resplendi qu'aujourd'hui. Les dernières traces de bleuissures qui marbrent son doux visage ne gâtent en rien la beauté naturelle de ses traits. L'amour rend définitivement plus beau…

Mon regard balaie l'assemblée et se pose sur ma Lynéa. Petit bout de femme avec un cœur gros comme ça, elle est forte, pleine d'humour et depuis que je la connais, elle a toujours été là pour me prêter main-forte et m'apporter son soutien.

– Que voulez-vous, Marcus aurait dû s'appeler Lucky Luke ! s'exclame cette dernière.

Avant d'ajouter :

– Parce qu'il tire plus vite que son ombre, deux fois.

Toute la tablée éclate de rire.

– Ben… merci pour moi, chérie !

Lynéa répond à son mari d'un tendre baiser sur les lèvres avant de préciser que ce n'est pas ce qu'elle voulait dire, mais plutôt l'inverse.

Euh…

Je crois que notre Lynéa est ivre… de bonheur. Avec constamment le mot pour rire, alors qu'au fond ça n'a pas toujours été la joie, elle semble avoir retrouvé la paix avec elle-même. C'est certain, dorénavant, mon amie va enfin pouvoir vivre ses rêves, et non rêver sa vie. Cette nouvelle grossesse lui va déjà à ravir ! Et le must : nous voilà en cloque toutes les deux. Je me souviens que nous en avions parlé une fois, comme ça, pour déconner, sans penser que ce soit réellement possible…

– Ce serait drôle, n'empêche, qu'on soit enceintes en même temps, non ?

– Ouais, et pourquoi pas des jumeaux tant qu'on y est !

Le destin est farceur. Mais pas autant que Lynéa, dont les gloussements sont tellement contagieux que nous voilà tous pris d'un fou rire monumental.

C'est à cet instant précis, juste ici, qu'il se passe quelque chose d'inattendu autour de cette table qui nous réunit. Des liens se tissent, les amitiés se consolident et l'amour irradie. Et c'est comme si nous étions tous, chacun d'entre nous, exactement là où nous devrions être : ensemble.

La paume chaude de mon homme sur le haut de ma cuisse me rappelle sa présence à mes côtés. Là où sera toujours sa place. Avec un discret petit signe du menton à mon attention, il me donne le feu vert. C'est à nous, à présent, d'annoncer notre nouvelle. Les mains sur le miracle grandissant au creux de mon ventre, je me racle la gorge.

– Les gars, je ne sais plus si je vous avais dit, mais j'avais mon échographie en début de semaine, celle du premier trimestre.

– Pourquoi je n'étais pas au courant ? s'exclame Lynéa, arquant un sourcil dans ma direction.

– C'est génial, ça ! lance Ninon.

– Vous avez pu voir le petit haricot, alors ? demande Malo.

– Eh bien, oui, nous avons pu, enfin…

– Crache le *fuckin'* morceau, Del ! s'enflamme Shishi.

Là, je lève deux doigts.

– Quoi ? T'as la dalle ? Tu veux un Twix, c'est ça ? m'interroge Marley.

Je me mords la lèvre inférieure pour éviter d'éclater de rire et secoue négativement la tête.

– *Nope*, je n'ai pas envie d'un Twix… Quoique… je ne serais pas contre un peu de chocolat.

– Et la voilà qui passe du coq à l'âne, s'amuse Lynéa.

Elle me connaît si bien.

– *Stay focused*[32], scande l'Amerloque.

J'insiste alors avec mes doigts quand tout à coup, un sourire apparaît sur le visage de mes amies, et au même moment des cris de joie fusent de toutes parts.

– Waouh !

– Putain de merde !

– *Are you kidding me ?*[33]

Lynéa bondit et me prend dans ses bras. Je sens une nouvelle étreinte, puis encore une autre. Je devine immédiatement que Shiloh et Ninon se sont jointes à nous pour un câlin géant dont nous avons le secret. Il y a quelques jours, nous étions exactement dans la même position, mais c'était pour se soutenir et partager nos larmes.

Il y en a également aujourd'hui. La différence ? Celles-ci

32. Reste concentrée.
33. Tu te fiches de moi ?

sont emplies de bonheur à l'état brut, et uniquement de ça. Un bonheur que nous savourons volontiers dans les bras les unes des autres, cette fois-ci.

Alors, c'est vrai ce que l'on dit... Après la pluie, vient toujours le beau temps !

***

Shiloh

Nos rires se mélangent au brouhaha des enfants qui ne cessent de bondir d'un château gonflable à l'autre. Lynéa et Ninon se rappellent les années fac, en particulier cette anecdote qui raconte leur descente musclée et alcoolisée des escaliers du bâtiment principal, une veille de vacances. Le défi était d'arriver la première au rez-de-chaussée à cloche-pied ! Delilah manque de s'étouffer avec son virgin mojito quand Nin' explique le double salto brillamment exécuté par une Line complètement bourrée. Une côte fêlée quand même, et un énorme hématome sur le cul qu'elle a gardé des semaines !

Malgré mon hilarité, partagée avec chaque personne assise autour de cette grande et magnifique table en merisier, je me surprends à regretter de ne pas avoir vécu ces moments avec elles. J'aime tant notre amitié. J'aime tant me sentir enfin moi. J'essuie les larmes aux coins de mes yeux tandis que mes amis reprennent leur souffle, et des images de l'ancienne femme que je voyais dans le miroir me reviennent par bribes. Il y a quelques mois, je n'étais qu'une veuve expatriée pour qui la vie était synonyme de lassitude, je courais après le temps, après l'argent, après un bonheur passé. Je n'attendais pas de miracle, seulement une petite bouée pour m'aider à garder la tête hors de l'eau.

Et puis, le cyclone Ninon est arrivé, elle m'a secouée, m'a sortie, m'a ouvert les yeux sur ce que pouvait être le bonheur au présent. En les regardant tour à tour, je me sens chanceuse, presque bénie par le Seigneur pour tant d'amour et la promesse d'un avenir encore meilleur. Le sourire aux lèvres, je lève les yeux sur ce sublime ciel, parfaitement dégagé cet après-midi. Mes pensées s'envolent vers Tim quand les hurlements hystériques de Violet et Emy retentissent dans la cour, accompagnés du râle essoufflé d'Allen, en nage de sauter toujours plus haut, toujours plus loin.

Toi, mon premier amour, toi qui as capturé mon cœur avec tant de facilité, toi qui m'as donné les plus merveilleux des petits monstres, toi qui n'as pas eu d'autre choix que de nous laisser. Toi. Je t'aime, pour toujours et plus encore. Toi, merci pour tout. N'en veux pas à celui qui aujourd'hui serre ma main si fort que je me sens de nouveau planer, légère d'un amour grisant et addictif, vois plutôt combien tes enfants l'aiment, regarde les étoiles qui brillent dans leurs yeux quand il est près d'eux. Vois comme il nous rend heureux, comme la vie est plus douce depuis qu'il a foulé le perron de cette maison qui était la tienne autrefois. Vois. Et sois fier de nous. De moi. Sois tranquille, dorénavant, nous serons bien.

– Où es-tu partie, *honey* ?

Le murmure de Marley fait voler les quelques mèches de cheveux calées derrière mon oreille, puis réchauffe la peau fine de mon cou qu'il chérit délicatement. Une nuée de papillons virevolte dans ma poitrine et étire mon sourire déjà franc. *Honey*…

Oui, nous sommes bien.

Je tourne la tête pour accrocher son regard châtain et chuchote contre sa bouche :

– Je n'étais pas loin, *babe*…

Le baiser qu'il dépose sur mes lèvres est d'une tendresse folle, ma tête tourne presque tant mon cœur s'emballe rapidement. La douleur dans ma poitrine a disparu, pourtant mes pulsations cardiaques sont rudes, elles cognent, frappent et me hurlent ce dont je suis déjà convaincue depuis deux jours. J'aime cet homme, sans plus aucun doute.

– Allez, Shishi ! Lâche sa bouche, merde ! siffle Ninon de l'autre côté de la table.

Mon sourire grandit autant que celui de Marley, mais nous ne bougeons pas, seul mon majeur se dresse timidement vers mon amie et la salue. Elle rit, Line et Del aussi.

– Ce qu'ils sont vulgaires, ces Américains ! scande Nin'.

– Et pas du tout pudiques ! enchaîne Delilah.

– Pensez à nos hormones de femmes enceintes, hein, précise Lynéa, je ne suis pas loin d'allonger Marcus sur la table et de lui tailler une…

– Hop, hop, hop, chérie ! Calme tes ardeurs, les enfants ne sont pas loin ! s'esclaffe Marcus en plaquant une paume sur la bouche de son épouse.

Nous rions encore lorsque Malo remet nos verres à niveau sous les yeux à la fois envieux et pétillants de joie de Line et Del. Nos deux femmes enceintes de jumeaux, j'ose à peine imaginer leurs nuits dans quelques mois. *For God's sake*, c'est derrière moi tout ça. Trois accouchements, trop de vergetures, trop des bourrelets qui ne me quitteront plus jamais, et des soucis triplés à l'infini, franchement, j'ai fait ma part ! Ce qui ne m'empêche pas d'être immensément heureuse pour elles. Tant que c'est chez elles et pas chez moi, hein !

Une autre heure passe dans une cacophonie exquise. Les enfants ont branché leur batterie de secours et continuent de crier en tentant à présent de percer la piñata Star Wars. Et nous, nous buvons, gloussons à tour de rôle ou ensemble, picorons le gâteau qu'ont à peine touché ces jeunes ingrats. Chocolat, caramel, avec un soupçon de vanille… Ces enfants n'ont aucun goût !

Alors que Malo augmente le volume de l'enceinte Bluetooth qui diffuse dans l'air un rythme jazzy depuis que nous sommes arrivés, je capte un regard en coin d'Auxence, le mari de Del fraîchement devenu mon beau-frère. Il toise Marley. Je m'étonne une seconde en apercevant sa ligne de sourcils froncés, son œil sévère, presque réprobateur ou… agacé ? Je ne sais pas vraiment expliquer ce sentiment étrange que je sens planer entre eux, toujours est-il que ça me met mal à l'aise.

Je chasse cette idée certainement grotesque de mes pensées quand « Fly Me to the Moon » de Sinatra retentit et me fait battre la mesure du doigt sur la main de Marley. J'adore cette chanson, elle me rappelle papa et mon initiation aux danses de salon, les soirs d'hiver près du feu de cheminée, dans notre petite maison de campagne. Je n'étais qu'une enfant, pourtant, dans ses bras et sur ses pieds, je me sentais la plus fabuleuse des danseuses… Il faut que je les appelle, ça fait bien trop longtemps que je n'ai pas entendu leur voix.

– Viens…

Je jette un regard incrédule à Marley qui se lève d'un bond tout en tirant sur ma main.

– Où ?

– Viens danser.

– Qu… quoi ? gloussé-je en m'arrimant à l'accoudoir de ma chaise.

– Allez…

Il tire si fort que je décolle de mon assise et manque de m'étaler dans l'herbe.

– *Shit*, Marley, je te rappelle que…

Je n'ai pas le temps de finir ma phrase que ses deux bras musclés me soulèvent et me hissent sur son bassin.

– Je sais, ton plâtre. Plus qu'une semaine, et…

Ses paumes empoignent maintenant mes fesses tandis que mes doigts s'enroulent autour de son cou. Son regard est aussi brûlant que le sourire carnassier qui anime ses lèvres quand il murmure en commençant à me faire danser lentement :

– … à nous les folles parties de jambes en l'air.

J'éclate de rire, mon front maintenant collé au sien, et me laisse bercer par Sinatra contre le torse délicieux de mon homme.

Mon homme…

Je crois que d'autres couples se forment sur la piste improvisée. Oui, je crois, je n'en suis pas certaine, Marley a capturé mon regard et n'a pas prévu de me le rendre. À moins que ce ne soit moi qui n'aie plus envie de m'en défaire. Peu importe, le principal, c'est lui, moi, cette douce frénésie d'un amour en construction, cette folle tendresse dont sa bouche fait preuve en effleurant la mienne. Je me laisse aller sans plus me soucier des possibles regards qu'Emy, Violet et Allen pourraient porter sur nous. J'appréhendais tant la réaction de mes enfants – des filles surtout –, il allait de soi qu'une seule grimace, qu'une seule moue critique devant l'annonce d'un amour naissant m'aurait fait cesser net notre relation, non sans me briser en un millier de morceaux. Pourtant, Marley et moi avons eu droit à de multiples sourires, de nombreuses questions logistiques, mais une approbation générale. Tout était parfait, merveilleusement parfait…

Les rires ont cessé à présent, seuls les cris de joie des enfants se mélangent maintenant à la musique. Les rayons du soleil couchant suffisent à nous tenir chaud en dépit de la légère brise, les effluves d'alcool nous enivrent davantage, et le bonheur nous étreint tous.

Ce n'est que lorsque Violet et Emy approchent pour réclamer le même traitement de faveur à Marley que je m'autorise un rapide tour d'horizon. Je ne m'étais pas trompée, hôtes et invités ont investi la cour tout autour de nous. Malo et sa femme ont eux aussi rejoint la piste improvisée. Lynéa et Marcus sont tendrement enlacés, se susurrant des mots doux. Delilah et Auxence semblent à peine toucher le sol tant leurs pas sont légers et accordés. Ninon et Thibault dansent lascivement, serrés l'un contre l'autre, sous le regard attentif de Salomé.

Bénie soit cette journée délicieuse…

– Marley, moi d'abord ! s'égosille Violet.

– Non, c'est avec toi qu'il a dessiné tout à l'heure, maintenant c'est à moi ! rétorque Emy.

– Tu dessinais aussi, j'te f'rai dire !

Marley retient son rire devant les arguments infondés de

mes filles et s'évertue à garder son équilibre tandis qu'elles tirent sur sa manche à tour de rôle.

– Mes papillons, lancé-je. Je veux bien vous le prêter, mais laissez-moi descendre d'abord !

Sans attendre, Marley avance jusqu'à la table et retourne ma chaise face à la cour avant de m'y déposer. Sous mes yeux de mère et de femme comblée, je regarde cet homme, dix ans plus jeune que moi, passer son bras sous mes deux filles et les faire grimper chacune sur ses hanches.

« Sunrise » de Norah Jones retentit maintenant dans le jardin et cadence leur déhanché sous les rires de Violet et Emy. Un sentiment dingue gonfle ma poitrine et ralentit les battements de mon cœur. Marley était la clé… Qui aurait cru qu'il le serait le jour où je l'ai découvert sur le pas de ma porte, avec son sourire aguicheur et son regard sombre, presque arrogant ? Pas moi, et pourtant…

La minute suivante, les pères sont réquisitionnés, Hana danse avec Auxence, Salomé s'autorise une chorégraphie très personnelle avec Thibault, Marcus sautille avec Nolan et Hugo sans se soucier du rythme, tandis qu'Allen, Loan et Lenzo entament une ronde rapide au milieu des danseurs. Je sens mes amies approcher plus que je ne les vois, tant je suis hypnotisée par le spectacle que jouent mes amours. Ce n'est que lorsque la main de Delilah attrape la mienne que je reporte mon attention sur notre quatuor de femmes bancales mais heureuses. Elles se sont assises en ligne face à la piste de danse éphémère, à côté de moi. Nos yeux pétillent, nos sourires rehaussent nos pommettes rosies et notre amitié se consolide un peu plus.

Je m'empare à mon tour de la main de Lynéa, qui,

elle, saisit celle de Ninon. Après un échange de regards complices, nous scrutons nos familles, amis, enfants, maris, et soupirons d'aise.

– J'vous aime, mes poules pondeuses, souffle Nin'.

– J'ai le droit de me sentir à part ? ris-je sans détourner les yeux de la cour.

– T'étais comprise dans la bande de gallinacés, Shishi. Je suis sûre que tu vas nous en faire un quatrième.

– Tu rêves ! m'écrié-je.

– Oh si, Shiloh, si, s'il te plaît, me supplie Delilah.

– *No way...* [34]

Je ravale mon rire en entendant ma belle-sœur ronchonner, mais garde mon sourire et l'élargis quand Line annonce :

– Moi aussi, je vous aime, les filles. J'adore notre grande famille.

Les doigts de Delilah se resserrent sur ma main et mon cœur gonfle encore.

– C'est la séquence émotion... convient cette dernière.

– Oui, la première d'une longue série, murmuré-je.

FIN

34. Hors de question...

TITRES PRÉSENTS DANS CE TOME

« Sail to the Moon » de Radiohead
« Despacito » de Luis Fonsi
« Ain't Your Mama » de Jennifer Lopez
« Shape of You » d'Ed Sheeran
« The Time of My Life » de Bill Medley et Jennifer Warnes
« Fly Me to the Moon » de Franck Sinatra
« Sunrise » de Norah Jones

NOTE DES AUTEURES ET REMERCIEMENTS

C'est avec beaucoup d'émotion que nous écrivons ces quelques mots. Ce projet de coécriture a été un vrai délice et nous sommes immensément heureuses de le partager avec vous.

Nous tenons à remercier chaleureusement les éditions Déliées pour cette incroyable opportunité de figurer dans leur sublime catalogue. Merci à toute cette belle équipe de nous avoir permis de magnifier l'histoire de Ninon, Lynéa, Delilah et Shiloh.

Merci à celles qui nous ont accompagnées en amont: Manon, Cécile, Lili…

Merci à nos enfants d'être dans nos vies, de la remplir de couleurs, de rires et de souvenirs, ainsi qu'à nos sexy maris pour leur présence (et notre inspiration) au quotidien.

Merci aux chroniqueuses pour leur superbe retour.

Merci à toutes nos lectrices : sans vous, nous ne nous serions jamais lancées dans ce projet un peu fou.

Merci à toi d'avoir lu les tribulations de nos quatre mamans imparfaites. Nous espérons qu'elles t'auront fait passer un agréable moment.

Noémie, Ludivine, Delinda et Sonia.

Extrait

Ma nouvelle vie commencera quand je l'aurai décidé (non mais !)

MARIE PARKER

1

– À la vie, à l'amitié et à l'amour ! s'exclame Claire en levant son verre.

Je la reprends :

– À la vie et à l'amitié.

Béatrice m'adresse un regard réprobateur et fait claquer sa langue contre son palais. Je ne m'en soucie pas et vide mon verre de vodka en deux gorgées. Le premier *shot* a anesthésié toute ma bouche, lèvres comprises, et une partie de mon œsophage. L'alcool coule comme du petit-lait.

– Tu n'as pas le droit de tirer un trait sur les hommes, désapprouve Béatrice, éternelle amoureuse de l'amour.

– Bien sûr que si !

Claire pouffe devant mon air déterminé. Je prédis avec certitude que me passer d'une présence masculine sera aisé. Je refuse que quelqu'un me réduise à nouveau le cœur et l'amour-propre en miettes.

– Il faudra bien que tu baises tôt ou tard, fait-elle remarquer avec fatalisme.

Pendant cette dernière année, j'ai été tellement écœurée par les mâles (ces êtres méprisables !) que j'ai perdu toute envie sexuelle. Mais depuis plusieurs semaines, depuis que j'ai déménagé et que je dors dans un lit qui n'a pas accueilli mes ébats conjugaux, je réalise que les plaisirs de la chair me manquent. Hors de question de l'avouer à Claire, elle s'en servirait pour m'inscrire sur un de ces sites de rencontres avec lesquels elle me bassine.

– Tu comptes vraiment rester seule ? À vie ?

La stupéfaction se lit sur le visage de Béa.

– Je n'en sais rien, sans doute pas, finis-je par admettre dans un soupir résigné.

Première erreur.

– Haha, s'écrie Claire en remplissant nos verres.

– OK, les filles, ne nous emballons pas. J'ai mis du temps à me reconstruire, après que Grégoire…

– Ce connard de Grégoire, rectifie Béa, l'index tendu vers le plafond.

– Après que ce connard de Grégoire est parti. J'estime ne pas encore y être arrivée. Je ne sais plus comment exister seule.

– Putain, mais tu plaisantes, s'écrie Claire. Tu végètes cloîtrée depuis un an ! Que veux-tu de plus ? Emménager dans une grotte ?

Je regarde tour à tour mes deux amies. Comment leur faire saisir mes sentiments ? La plus longue relation de Claire dure depuis trois ans, une grande première pour elle, malgré ses 38 ans. Quant à Béatrice, elle détient un record de six mois, si j'exclus la dernière année vouée à une liaison secrète et à sens unique avec l'un de ses collègues. Comment pourraient-elles comprendre la douleur de se retrouver soudain sur le carreau après avoir passé vingt années de sa vie avec le même homme ?

– Depuis un an, je survis seule, mais je ne vis pas.

J'hésite sur le choix des mots. Claire me fixe d'un air incrédule, cherchant à donner du sens à mes propos. Je vais devoir développer, et l'alcool ne m'aidera pas.

– Je ne suis sortie que pour nos soirées entre filles ou pour accompagner Raphaël à ses activités. Avant de rencontrer un homme, je dois me prouver que je n'ai besoin de personne pour vivre. Et quand je dis vivre, je veux dire exister vraiment, avec un grand E.

Si par malheur je devais tomber amoureuse de quelqu'un, j'espère auparavant être devenue sûre de moi et indépendante. Je ne veux plus que mon monde tourne autour d'un homme. Si les filles m'entendaient penser, elles me feraient remarquer que mon monde tourne déjà autour d'un spécimen masculin : Raphaël, mon fils.

Je garde un détail pour moi : si je parviens à me prouver que je n'ai pas besoin d'un mâle, je compte poursuivre mon célibat autant que possible. L'amour, ça craint trop.

Claire écluse son verre et se ressert, vidant les dernières gouttes de vodka. Elle se lève avec agilité malgré le maigre taux de sang qui subsiste au milieu de l'alcool dans ses veines. Elle se dirige vers la table et s'empare d'une nouvelle bouteille.

– Je sens que je vais en avoir besoin pour la suite de ton explication, ricane-t-elle. Comment comptes-tu t'y prendre pour te prouver tout ton truc ?

Ma foi, je n'y ai pas réfléchi. Je tente de raisonner, mais mon cerveau imbibé fonctionne avec moins d'efficacité encore qu'à l'accoutumée.

– Une liste ! s'exclame Béatrice.

Claire et moi éclatons de rire. Béa et ses listes légendaires. Notre amie a toujours sur elle un calepin noir et un stylo. Grâce à ses outils magiques, elle dresse des inventaires sur n'importe quel sujet, prétendant y puiser la solution à tous les problèmes. En moins de temps qu'il n'en faut pour le dire, elle se tient le dos droit, le Bic en l'air, le carnet ouvert, telle une secrétaire zélée, dans l'attente d'un premier point à noter.

– Une liste de quoi ?

Deuxième erreur. Je devrais me taire ou détourner son attention plutôt que de l'encourager dans cette voie.

– De tout ce que tu veux vivre seule avant de croire de nouveau en l'amour, avec un grand A, me singe-t-elle.

À cet instant, son idée me paraît intéressante. Cela indique à quel point j'ai dépassé mon quota de vodka pour la soirée.

– OK. Aller au restaurant.

Je frissonne d'appréhension rien qu'en le formulant. Je m'imagine manger en silence, sans personne pour me distraire, me sachant épiée et plainte d'en être réduite à ce triste état. Je sens une boule se former dans ma gorge.

– Relax, cocotte, m'encourage Claire qui m'a vue me décomposer. Tu le mettras à la fin de ta liste. Quoi d'autre ?

– Le cinéma, suggère Béa.

Ce point-là me paraît à ma portée, je me détends. Je me trouverai dans le noir les trois quarts de la soirée. Les gens focaliseront leur attention sur l'écran et pas sur cette pauvre solitaire qui n'a trouvé personne pour l'accompagner.

Emportée par je ne sais quel élan d'optimisme, j'ajoute :

– Me rendre à la salle de sport.

Gérable aussi : nombre de femmes vont seules à la salle de sport. J'en retirerai des bénéfices secondaires : retrouver une silhouette plus ferme que celle dont j'ai hérité pour mes 40 ans, cette silhouette empâtée que mon regard évite lorsque je croise mon reflet.

– Assister à une conférence ou à un cours pour adultes.

J'amplifie l'énumération autant que possible. Une idée a surgi des brumes éthyliques qui ralentissent mes neurones : plus la liste s'allongera, plus elle mettra de temps à être réalisée, et plus longtemps mes amies me lâcheront avec la fin de mon célibat. Telle Pénélope défaisant sa toile, je vais reporter sans cesse à plus tard l'achèvement de mon ouvrage.

– Je note les deux séparément, précise Béatrice, me rendant service sans s'en douter.

Le silence s'installe. Je cherche ce que je pourrais ajouter, mais je pédale dans le vide.

– Une minute, s'écrie Claire. Il manque quelque chose. Je ne sais pas quoi, mais je sens que cette liste est incomplète.

– Une liste n'est jamais achevée, sauf si tu le décides…

Je me lance dans une tentative de philosophie pour échapper à une idée saugrenue de la plus irresponsable de nous trois. Certes, je veux prolonger mon célibat, mais pas avec un défi tordu.

– Chut ! ordonne Claire. Je réfléchis.

Béa et moi échangeons un regard amusé devant cet inhabituel air grave.

– Je sais, crie-t-elle soudain, nous faisant sursauter. Voyager !

Je tressaille. L'alcool ne m'anesthésie plus suffisamment ou l'annonce a un effet dégrisant, difficile de trancher. En tout cas, j'ai une certitude : je ne veux pas voyager en solitaire. Hors de question. Prendre un train ou un avion, loger dans un hôtel, visiter, manger, seule et cernée d'inconnus, pendant plusieurs jours. Impossible. La boule qui se trouvait dans ma gorge il y a seulement cinq minutes vient d'enfler brusquement et de tomber au fond de mon estomac.

– C'est noté, fait Béatrice d'un air satisfait.

– Quoi ? Non, non, ce n'est pas mon idée, elle ne compte pas. Barre cette ligne tout de suite.

Sa proposition me rend soudain hystérique.

– Pas question, répond avec un sérieux impressionnant le docteur ès listes. Tu ne peux rayer une ligne que lorsque l'action a bel et bien été accomplie.

Claire m'adresse un sourire ravi.

Connasse.

– Quand tu auras exécuté tout ça, et compte sur nous pour veiller à ce que tu le fasses, dit-elle d'un ton réduisant à néant l'optimisme de Pénélope, tu te rendras compte que tu n'as pas envie de rester seule et tu nous supplieras de t'inscrire sur un site de rencontres.

– Ou de te présenter un copain, renchérit Béatrice.

– Je vais peut-être réaliser au contraire que j'adore vivre seule.

Mes amies échangent un regard navré. Je conserve un infime espoir d'échapper à leur plan idiot.

– Et si je ne parviens pas à tout accomplir ?

La moitié des points me paraissent inaccessibles. Même dans mon état. Je n'ose imaginer le bilan quand, à jeun, j'aurai recouvré la raison.

– Dans six mois, ce sera la Saint-Valentin. Si tu n'as pas tout réalisé le lendemain de cette date ô combien symbolique, tu devras reconnaître que tu as besoin d'un homme, sinon envie, au moins dans certaines situations. Et si tu n'as rencontré personne, nous t'inscrirons sur un site de rencontres, conclut Claire avec un sourire diabolique.

– Ou je te présenterai un copain, précise de nouveau Béa.

Je suis coincée face à leur duo impitoyable. Claire se lève pour ouvrir son ordinateur portable.

– Qu'est-ce que tu fabriques ? Je te rappelle qu'il me reste six mois avant d'atterrir sur ton site de pervers.

La pointe d'angoisse qui perce dans ma voix ne laisse aucun doute quant à mon état.

– Je réserve tes vacances. Six mois, c'est vite passé. Si tu traînes, tu ne trouveras plus rien. Où veux-tu aller ? Non, dis-moi d'abord quand tu es libre.

Est-ce que « jamais » serait une réponse recevable ?

– Mi-novembre, finis-je par marmonner de mauvaise grâce.

Mon boss est conciliant et je pourrais prendre un congé la semaine suivante. C'est moi qui ai besoin de temps pour accepter l'idée. Claire pianote déjà comme une forcenée sur son clavier.

– Novembre, murmure-t-elle. Très bien. Je suggère un hôtel avec un spa. Tu en profiteras pour te détendre.

– Je n'en ai pas besoin !

– Ma chérie, tu es plus tendue que… oh là là, j'ai trouvé un truc ! s'exclame Claire.

Béatrice se penche pour regarder l'écran tandis que je feins l'indifférence. Je vois ses yeux et sa bouche s'arrondir, piquant ma curiosité. À contrecœur, je marmonne :

– Montrez-moi.

Fière de sa trouvaille, Claire fait pivoter son portable vers moi. Oh-la-vache ! Elle m'a déniché un hôtel de luxe. Les photos exposent les nombreuses commodités, de la piscine d'eau de mer jusqu'au spa en passant par les chambres immenses et la plage qui longe l'endroit, construit face à l'Adriatique. Du bout des lèvres, je lâche :

– Pas mal, mais hors budget.

Une lueur démoniaque brille dans le regard de mon amie et la panique me glace les sangs.

– En novembre, c'est carrément hors saison et ils bradent leurs chambres pour qu'elles soient occupées, répond-elle en pointant les tarifs très raisonnables affichés dans un coin de la fenêtre. Passe-moi ta Visa.

Je me lève comme un automate pour aller chercher la carte dans mon sac à main. Je devrais lutter, mais une sensation inattendue m'étourdit et ce n'est plus la vodka. Je ne le reconnaîtrais pour rien au monde, mais cela m'excite de partir à l'aventure et de me mettre au défi. À 40 balais, il devient urgent de savoir ce que j'ai dans le ventre. Hormis une boule d'angoisse.

– Alors, une chambre single… commente Claire en parcourant la page de réservation.

– Non, une chambre double, ordonne Béatrice.

Devant mon froncement de sourcils, elle précise :

– Tu pourrais rencontrer un homme là-bas. Ou ici, et décider de voyager avec lui.

Claire acquiesce. Novembre est dans deux mois et je ne compte pas coucher avec un inconnu. Je les laisse croire à leur délire.

– Une chambre pour deux du dix-sept au vingt novembre. Vérifie que Raphaël est chez son père cette semaine-là.

J'ouvre mon agenda d'une main tremblante et le tends à Claire. Le sort s'acharne contre moi : c'est bien la semaine de Grégoire.

– Quatre jours, trois nuits, ça te convient ? Hop, c'est booké.

Je me contente de hocher la tête, trop épuisée pour contester. Le piège vient de se refermer sur moi.

Extrait

La Bulle de Jade

ELSA CARAT

1

Laura

C'est officiel. Je hais la rentrée. D'ailleurs, qu'est-ce que c'est bien censé vouloir dire la « rentrée » ? Personnellement, je n'ai jamais eu l'impression d'être « sortie » de quoi que ce soit. Je suis tout aussi surbookée en juillet et en août ! À ceci près qu'en ce 3 septembre, toute la galaxie semble conspirer pour me mettre des bâtons dans les roues.

Ça a commencé dès mon arrivée à l'école avec ma fille. La fièvre de la rentrée a gagné les parents d'élèves qui se sont déplacés en meute pour déposer leur progéniture à l'école. Vivement les jours prochains qu'ils recommencent à les jeter à la garderie et que je retrouve de la place sur le parking ! J'ai été obligée de (mal) garer ma Clio grise devant la gendarmerie d'Auray. Heureusement, les hommes de loi devaient être trop occupés ce matin pour me mettre une prune, forcément pris, eux aussi, dans le tourbillon de cette journée soi-disant spéciale.

Devant la classe, la nouvelle auxiliaire de vie scolaire m'a regardée, effarée, tandis que je lui prodiguais mes dernières consignes pour Jade. La directrice s'est justifiée, accourant derrière mon dos : « Ah oui ! Excusez-nous, nous n'avons pas encore eu le temps de nous organiser avec l'AVS. Vous comprenez, avec tous les préparatifs de la rentrée… » Bah, non, je ne comprends pas. Si l'équipe enseignante profite de deux mois de vacances en été, c'est justement pour être au minimum au taquet le jour J, non ?

Et jusqu'au travail, l'effervescence de la période se fait ressentir. Un vrai complot !

La salle d'attente est bondée lorsque j'arrive au cabinet vétérinaire.

J'écarquille de grands yeux éloquents en direction de ma collègue, Agnès, qui s'empresse de me renseigner en ouvrant les mains :

– Bonnes résolutions de la rentrée. Tout le monde se décide à faire vacciner son toutou aujourd'hui. Ou bien ils culpabilisent de l'avoir abandonné dans un chenil pour trois semaines pendant qu'ils se doraient la pilule et l'emmènent chez le véto, dès leur retour, pour se donner bonne conscience… Ah ! Et il y a aussi ceux dont l'animal de compagnie a effectivement chopé une saloperie dans une de ces garderies bondées à l'hygiène douteuse, pour bestiaux en tout genre !

Ce qui explique cette odeur nauséabonde de vomi de chien qui me pique les narines. Logique.

– Bon, sinon, la rentrée de Jade s'est bien passée ?

Je regarde la rouquine et fais la moue en me débarrassant de mon blouson en jean.

– L'AVS n'avait même pas l'air au courant pour Jade !

Agnès grimace faisant remonter sa paire de lunettes rectangulaire et bleu turquoise sur son nez. Puis, alors que je me suis installée sur la chaise de bureau pivotante à côté de la sienne, elle pose une main réconfortante sur mon épaule.

– La directrice va bien finir par la briefer. Et puis, ça s'est bien passé l'année dernière, il n'y a pas de raisons que ce soit différent cette fois-ci…

C'est vrai que la rentrée précédente (en CP!) s'est relativement bien déroulée. Mais, tout de même. Il y a tout un tas de raisons de s'inquiéter et Agnès le sait bien, d'où son geste amical.

Jade a du mal à supporter le changement et ses réactions sont imprévisibles. Une fois, j'ai eu un retard de huit minutes pour aller la chercher à l'école et ma fille a fait une terrible crise d'angoisse. Aujourd'hui, elle change carrément de maîtresse et même d'accompagnatrice… J'ai tout fait pour maintenir un rituel et un maximum d'habitudes pendant l'été: lever quotidien à sept heures tous les jours de la semaine, activités à l'association comme tous les autres après-midi de l'année, spaghettis à la carbonara le vendredi soir et sortie au parc le dimanche, même si j'ai dû aménager un peu les horaires de notre promenade pour que Jade ne se retrouve pas au milieu de la foule des vacanciers venus visiter notre belle Bretagne.

Mais si pour la plupart des gens, la rentrée est source de stress, je n'ose imaginer dans quel état d'esprit se trouve ma petite Aspergirl, à l'heure actuelle.

Je soupire.

Agnès change de sujet pour me sortir de mes idées noires.

– Tu sais quoi ? Samedi, je me suis inscrite à la zumba ! Ça commence jeudi. On va bien rigoler. Tu devrais venir !

Je fronce les sourcils.

– Je sais pas… Je suis pas sûre… La zumba, c'est pas trop…

La sonnerie musicale du standard retentit. J'interromps ma phrase pour laisser Agnès décrocher son téléphone et débiter avec emphase sa traditionnelle phrase d'accroche « Bonjour, cabinet vétérinaire d'Auray… Ne quittez pas, s'il vous plaît ».

J'allais lui dire que la zumba n'est pas trop mon truc. Mais en réalité, ni le Pilates, ni l'aérobic, ni le step, ni même l'aquabiking ne sont mon truc. On a beau utiliser des termes qui fleurent bon le soleil et les destinations exotiques ou des anglicismes à la mode, ça n'en demeure pas moins de la torture !

Agnès raccroche quelques minutes plus tard et passe la main dans sa chevelure bouclée et un peu hirsute lui donnant cet air espiègle qu'elle affiche en quasi-permanence.

– De toute façon, tu n'as pas le choix. Je t'ai inscrite !

Hein ? Elle n'a pas osé !

Du coin de l'œil, j'observe le sourire triomphant de mon amie.

Si, bien sûr qu'elle a osé.

J'ouvre la bouche pour protester, mais elle m'arrête d'un geste autoritaire de la main.

– Pas d'excuses. Le jeudi soir, on termine tôt et Xavier vient rendre visite à Jade… Tu dis tout le temps que tu ne sais jamais où te mettre pour ne pas les déranger. Et puis, c'est Véro qui s'occupe de l'association ce jour-là… En plus, ça te fera du bien de te défouler et de penser un peu à toi ! (Elle pousse un profond soupir.) De toute manière, je n'avais pas le choix : dans ce fichu bled, si on ne s'inscrit pas tout de suite, il n'y a plus de places !

Comme si ce dernier prétexte pouvait justifier qu'elle prenne des décisions à ma place !

En tout cas, elle a mûrement réfléchi à la question. Comment se fait-il qu'elle connaisse par cœur mon emploi du temps ? Ça en devient carrément flippant ! Suis-je si prévisible ? J'avoue que la routine est bien ancrée dans ma vie mais, avec Jade, je n'ai pas vraiment le choix…

Qu'importe, le jeudi soir est le seul jour où je peux souffler un peu et par souffler, j'entends pousser de longs soupirs amoureux devant un des docteurs sexy de *Grey's Anatomy* ou bien, à la rigueur, souffler dans un éthylotest après une soirée karaoké bien arrosée au Saxo, mais certainement pas souffler comme un bœuf dans une salle de sport. D'ailleurs, ça ne s'appelle plus souffler mais cracher ses poumons !

– Hors de question ! Je n'irai pas ! Et compte pas sur moi pour te rembourser !

Derrière ses grosses lunettes, Agnès m'implore d'un air de chien battu qui pourrait concurrencer celui du petit yorkshire-terrier malade, dans la salle d'attente en face de nous, mais je secoue la tête, catégorique.

Elle passe alors au plan B qui consiste à bouder le reste de la matinée. Puis, après la pause déjeuner, tandis que je l'ignore toujours, elle décide de lancer l'offensive et opte finalement pour le plan C.

C comme chinchilla.

Depuis mon arrivée au cabinet, il y a deux ans, Agnès et moi avons passé une sorte d'accord tacite qu'elle décide de rompre brusquement cet après-midi, lorsqu'un nouveau client passe les portes automatiques du cabinet avec une cage à fins barreaux en métal, à bout de bras.

– Laura ? Je te laisse t'occuper de monsieur et de notre nouveau patient ? J'ai un dossier urgent à finir de remplir.

Ben voyons !

Je blêmis et tente de croiser le regard d'Agnès. J'espère qu'elle plaisante ou que ma mine décomposée réussira à l'amadouer mais elle s'échine à fixer sa paperasse.

Une boule se forme dans ma gorge pendant que l'homme (et accessoirement la bestiole dans la cage) avance vers le comptoir (et accessoirement vers moi). Le type dépose la cage sur la tablette juste sous mon nez et je fais mon possible pour ne pas avoir à découvrir ce qu'elle contient. Le regard fuyant, je tends une fiche de renseignements et un crayon au client.

– Bonjour. Tenez. Voici quelques documents administratifs à remplir avant que le vétérinaire ne s'occupe de… lui.

– Chandler ne s'alimente plus depuis hier et il est particulièrement amorphe même la nuit, alors que c'est à ce moment-là que les chinchillas sont normalement les plus actifs… C'est pour ça qu'on s'entend bien tous les deux, moi aussi, je travaille la nuit…

Le maître de Chandler trouve naturel de m'expliquer les symptômes de l'animal, alors que je lui demande seulement de compléter au plus vite ces fichus papiers et de déguerpir le plus loin possible.

– Je comprends… Je suis sûre que le docteur va trouver ce qui cloche, ne vous en faites pas.

D'un signe de la main, je l'invite à rejoindre la salle d'attente avec son… compagnon en récupérant les documents. Je suis plutôt satisfaite de moi. Mais Chandler s'agite soudain dans sa cage m'arrachant un cri de frayeur, puis de dégoût lorsque mes yeux se posent machinalement sur le gros rongeur.

Quelle horreur !

Le client me dévisage avec une expression suspicieuse, l'air de se demander comment une phobique comme moi a pu atterrir ici. Par réflexe, je suis montée sur ma chaise roulante et agite les bras dans tous les sens comme pour chasser des mouches imaginaires. C'est clair, il me prend pour une folle ! Quel culot ! Comme si c'était normal de se balader avec un énorme et immonde chinchilla, et de l'appeler Chandler !

En redescendant de mon perchoir improvisé, je tente de me justifier comme je peux, tandis qu'à mes côtés, la tête toujours penchée sur son dossier « urgent », Agnès essaie, tant bien que mal, de se retenir de rire.

– Excusez-moi, j'ai été surprise et j'ai eu… une mauvaise expérience, un jour, avec un chinchilla…

À moitié convaincu, le gars s'éloigne enfin de mon comptoir.

Encore tremblotante, je me laisse retomber lentement sur ma chaise.

– Merde, je ne pourrai plus jamais regarder un épisode de *Friends*.

À côté de moi, Agnès ne se contient plus et explose de rire. Je lui tire la langue.

Ma journée de travail s'achève presque lorsqu'une jeune gothique fait son entrée avec ce qui ressemble à un vivarium.

Achevez-moi.

Ma collègue lit la panique qui ne manque pas de déborder de mes yeux exorbités et commente sur un ton neutre entre ses dents, l'air pas du tout intimidée :

– Dans le meilleur des cas, c'est un lézard ou un caméléon. Dans le pire, un boa…

À bout de nerfs, je capitule :

– C'est bon ! Je t'accompagnerai à la zumba et je mettrai

même un de ces leggings hyper moulants et bariolés si tu veux !

L'expression « avoir le triomphe modeste » ne fait pas partie du vocabulaire d'Agnès qui lève les deux mains vers le ciel et pousse un cri suraigu, en signe de victoire.

Mais elle redevient mon amie lorsqu'elle ajoute assez fort pour que la jeune cliente nous entende :

– Laura ? Je crois que c'est l'heure de ta pause, non ?

Dieu soit loué !

Ni une, ni deux, je me précipite vers la porte non sans pouvoir m'empêcher de jeter un regard noir à la gothique. Mais qu'est-ce qui ne tourne pas rond chez ces gens ? Ils ne pourraient pas prendre un chien ou un chaton comme tout le monde ! Ça, je m'y suis faite avec le temps, mais les autres bestioles, j'ai toujours du mal…

Le truc, c'est qu'après le diagnostic de Jade, je recherchais désespérément un job dans ma ville et à mi-temps. Plus question de jouer les commerciales sans arrêt sur les routes. Le vétérinaire qui m'a recrutée avait, quant à lui, besoin de quelqu'un rapidement. J'ai préféré me concentrer sur mes compétences en secrétariat plutôt que mes soucis relationnels avec les bêtes (ce sont elles qui me détestent). Il a paru autant impressionné par mes qualités d'accueil et d'organisation que par mon décolleté généreux. Ma mère dit toujours qu'il faut faire avec ce qu'on a : c'était ça ou la cellulite. J'ai les deux ! Il m'a finalement embauchée. Je ne crois pas qu'il le regrette. J'ai fait mes preuves (professionnellement) et notre petit arrangement avec Agnès fonctionne plutôt bien. Enfin, tant qu'elle ne s'en sert pas comme un moyen de faire pression sur moi…

Déliées

Livres déjà parus

Sophie Auger
Quand le vent caresse mes cheveux

Morgan Bars
La Fille de Bretagne

Elsa Carat
Nos rendez-vous manqués
La Bulle de Jade

Delinda Dane, Ludivine Delaune, Sonia Eska, Noémie Lorena
Super Mums – Parfaitement imparfaites !

Angélique Féjean
Le Doux Parfum de l'avenir

Frédérique Hespel
Tout commence aujourd'hui. Le Journal de Léa Jaune
La vie est trop courte pour être triste
À l'aube de ma nouvelle vie

Marie Meyer
Au bout de mes rêves

Marie Parker
Ma nouvelle vie commencera quand je l'aurai décidé. Non mais !

Ma nouvelle vie commencera quand je l'aurai décidé. Non mais !
Marie Parker

Pour Léonie, le bonheur se résume en deux points : le bien-être de son ado chéri et les soirées arrosées entre amies. Fini les histoires d'amour. Terminé. Depuis son divorce, elle ne rêve plus du Prince charmant.
Ses infernales copines, Claire et Béatrice, ne l'entendent pas de cette oreille et lui concoctent une liste de défis. Si elle échoue, elle remet sa vie amoureuse entre leurs mains démoniaques. Rendez-vous arrangés, sites de rencontre, tout sera permis.
Et si l'Amour se trouvait juste là, sous sa fenêtre ? Victor, le pharmacien bienveillant ? Julien, le jeune collègue un peu trop attentionné ? Ou pire, Éric, le prof sexy de son fils ?

La Bulle de Jade
Elsa Carat

Laura est divorcée et mère de Jade, 8 ans. Très protectrice envers sa fille, son Aspergirl comme elle l'appelle, Laura a du mal à laisser entrer de nouvelles personnes dans leur vie. Pourtant, Fabien ne lui donne pas vraiment le choix : il débarque dans son quotidien comme une tornade !
Il y a aussi Sophie, jeune coiffeuse qui manque de confiance en elle et rêve du grand amour, et Véronique qui n'a jamais eu d'enfants, et hésite vraiment à flirter avec un gentleman sexagénaire rencontré au marché.
Trois femmes, trois générations, trois vies entrelacées qui nous ouvrent les yeux, les oreilles et le cœur !

Auteures : Delinda Dane, Ludivine Delaune,
Sonia Eska, Noémie Lorena
Édisource – Éditions Déliées
100, rue Petit, 75019 Paris
Imprimé par FINIDR – Lipova cp. 1965 – 73701 Cesky Tesin,
République tchèque
Dépôt légal : juin 2019 – Achevé d'imprimer : mai 2019
ISBN : 979-10-340-0013-5
Réf. contrat : ZMUM_001